나만 알고 싶은
국어 1등급의 비밀

ATTITUDE
태도

3개월 만에 3등급 급상승한 태도 리셋 학습법

나만 알고 싶은
국어 1등급의 비밀

엄태욱 지음

✦✦✦ 엄태욱 선생님 수업 후기 ✦✦✦

● 엄태욱 선생님을 만나기 전까지는 국어 문제를 제대로 푸는 방법을 몰라 틀리기 일쑤였고 국어가 어렵게 느껴지니 공부가 싫어졌습니다. 그런데 선생님께서 알려주신 공부법 덕분에 문제를 푸는 방법과 태도가 달라졌어요. 이제 더는 국어가 두렵지 않습니다.

- 풍무중학교 1학년 윤지원

● 선생님 수업을 듣고 첫 중간고사 100점, 기말고사 97점을 받았어요! 국어가 이토록 친근한 적은 없었던 것 같아요. 덕분에 어렵다고만 생각한 국어를 너무 재밌게 배우고 있습니다.

- 세곡중학교 2학년 강동우

● 문제를 감으로만 풀었는데 이제는 선지를 하나하나 보기 시작합니다. 중학교 첫 기말시험도 98점으로 마무리했습니다. 공부 태도가 달라진 것은 전부 엄태욱 선생님 덕분이에요. 점점 더 어려워질 국어를 선생님과 함께할 수 있어 다행이고 안심입니다.

- 신평중학교 1학년 강은우

● 선생님의 태도 리셋 학습법 덕분에 정답률이 크게 높아졌습니다. 전에는 지문과 문제 사이에서 자주 헤맸는데 낭비하는 시간을 줄이고 문제를 정확하게 풀어나가게 됐습니다. 지방 비학군지라 좋은 수업을 듣기 어려운데 최고의 수업을 듣게 돼 영광입니다.

- 성광중학교 1학년 김지후

★★★

● 원래 국어는 읽고 대입하는 것이 전부고 눈에 보이는 대로 풀면 된다고 생각했습니다. 그런데 수업 첫날 제가 생각하는 국어의 정의 자체가 잘못됐음을 깨달았습니다. 선생님은 기본적인 문제 읽기 방법부터 실제 지문을 마주하고 문제를 푸는 방법까지 체계화를 넘어 체화시켜 주셨어요. 독서와 문학 모두 정답률 60퍼센트를 웃돌았는데 선생님을 만난 후 80~90퍼센트를 넘어 이제는 100퍼센트 정답률을 달성하게 됐습니다. 이 태도가 앞으로도 제 성적의 밑바탕이 되리라고 확신합니다.

- 부산 신곡중학교 3학년 정다교

● 다시 태어나지 않아도 국어 성적이 올라가는 강의! 고1 모의고사 80점대에서 고3 모의고사 90점대가 나옵니다. 선지와 지문을 분석하며 전략적으로 문제를 풀어가는 태도를 갖추게 돼 이런 성장이 있었다고 생각합니다. 선생님 말씀처럼 태도를 갖추면 점수는 저절로 따라오는 것 같아요. 공부의 길을 찾지 못하고 방황하던 아이가 선생님을 만나고 내비게이션을 장착한 느낌입니다. 최단·최적 거리로 국어 1등급까지 도달할 수 있을 거라 믿어요!

- 세마고등학교 1학년 홍솔이 학부모

● 만년 2~3등급이던 제가 2개월 만에 1등급을 받았습니다. 워낙 수업이 재밌고 따라가기 쉬워 질릴 틈이 없어요. 단기간 성적 상승도 물론 감사하지만 몇 년이 지난 지금도 선생님께 배운 독해 방법을 잘 활용하고 있답니다. 한번 배워두면 평생 가는 수업이에요.

- 서울시립대학교 1학년 김효은

✦✦✦

● 국어 성적이 안 나올 때마다 '나는 어렸을 때부터 책을 안 읽었고 국어 재능을 타고나지 못해서 그래' 하고 생각했습니다. 그런데 선생님 수업을 통해 지문을 읽는 방법부터 다시 배우면서 비로소 국어에 대한 두려움이 줄었고 국어 1등급은 태도가 만든다는 말이 맞다는 사실을 깨달았습니다. 국어에 자신 없는 학생이라면 엄쌤 수업을 추천하고 싶습니다.

— 여주제일고등학교 1학년 이준서

● 원래는 국어 모의고사 4~5등급이 나왔는데 선생님 수업을 듣고 1~2등급으로 올랐습니다. 가장 큰 변화는 시험 당일 컨디션에 따라 결과가 다르던 문제 풀이 속도와 성적이 지금은 그와 상관없이 언제나 일정하게 유지된다는 것입니다. 엄쌤은 국어의 마법사입니다. 문학, 문법, 독서 모든 강의가 재밌으면서 짧은 시간 안에 성적과 국어를 바라보는 태도를 바꿔주니까요. 글 읽는 것도 싫어하던 제가 국어에 흥미를 느끼게 해주시고 성적까지 올려주셔서 감사합니다. 엄쌤을 알게 된 것이 제겐 너무나 큰 행운이에요.

— 예일여자고등학교 2학년 이다연

● 고3 3월 모의고사 70점으로 3등급 끝자락이었는데 수능에서 92점으로 1등급 받았습니다! 선생님 수업을 들으러 갈 때는 항상 기대가 됐어요. 성적이 오르는 것은 기본이고 학생들이 계속 삶을 꿈꾸고 계획할 수 있게 해주셨거든요. 선생님의 가르침은 앞으로도 제게 많은 도움이 될 것 같습니다.

— 성균관대학교 1학년 안예원

★★★

● 8~9등급의 노베이스에서 1~2등급의 태도를 가진 학생이 됐습니다. 그럴싸한 '느낌'으로 풀던 문학 지문을 정확히 인물, 사건, 배경을 근거로 판단해 풀게 됐고 단락별 주제나 키워드도 찾지 못했는데 '패러프레이징'을 정확히 찾는 태도를 기를 수 있었습니다. 지문을 끝까지 읽을 때까지 집중력을 유지하는 태도 또한 배울 수 있었습니다. 틀려도 괜찮다며, 이제부터 알아가면 된다며 웃어주시던 선생님의 모습이 아직도 눈에 선합니다. 하나부터 열까지 국어 태도에 관한 많은 것을 배우게 돼 후회가 없습니다.

- 문영여자고등학교 2학년 이나윤

● 고3 6월 모의고사 3등급에서 수능 2등급으로 성적이 올랐습니다. 백분위 92로 표준점수 또한 110점에서 124점까지 올릴 수 있었고요. "국어는 능력이 아니라 태도다." 이 한마디 덕분입니다. 능력은 타고나는 것이지만 태도는 스스로 만들어가는 것이죠. 선생님 수업은 글을 '어떻게 읽고 해석할 것인지'에 대한 근본적인 통찰을 다룹니다. 이 가르침은 수능에만 머물지 않고 대학 수업은 물론 살아가며 만나게 되는 다양한 텍스트와 상황을 아우르는 핵심적 통찰을 얻을 수 있게 해줬습니다. 국어는 태도입니다. 태도는 우리 삶을 바꿉니다.

- 광운대학교 2학년 이정우

● 고1 겨울방학 동안 수업을 듣고 2등급에서 1등급으로 점프했습니다. 이후 내신까지 1등급을 만들어냈고 수능도 1등급으로 마무리했습니다. 태도만 바꿨을 뿐인데 놀랍게도 정말 성적이 올라갑니다!

- 이화여자대학교 1학년 이다연

★★★

● 엄쌤의 수업은 마치 북극성 같아요. 늘 그 자리에 있으면서 무엇을 어떻게 해야 하는지 알려주니까요. 제게 국어는 가장 자신 없는 과목이었는데 선생님의 수업 이후 국어 전교 1등도 해보고 기말고사 만점도 받으면서 어느새 가장 자신 있는 과목이 됐습니다. 모의고사 성적도 1등급 컷에서 100점까지 받으며 최상위권을 향해 조금 더 다가갈 수 있었어요. 단순히 문제 하나를 푸는 방법이 아닌, 국어라는 과목을 어떻게 대해야 하는지 배운 것이 많은 도움이 됐습니다. 특히 수업을 듣기 전에는 확신 없이 감으로 푸는 편이었는데 수업을 들으며 문제가 의미하는 바를 정확하게 이해하고 내 약점을 파악하는 태도를 가지려 노력하면서 점점 국어에 자신감이 생겼습니다.

-양천고등학교 2학년 신요한

● 선생님 수업을 듣기 전에는 태도에 대해 그리 깊게 생각하지 않았고 글을 꼼꼼하게 읽을 필요가 없다고 생각했습니다. 그러나 수업을 듣고 나서 태도와 독해의 집중력 차이가 등급을 결정할 만큼 학습에서 중요하다는 사실을 알게 됐습니다. 운동선수 출신인 제가 서울대학교에 입학할 수 있게 된 결정적 계기 아닐까 생각합니다. '열심히 하고 있는데 뭐가 부족해서 국어가 어려운 걸까?', '공부가 처음인데 어떤 방향성을 갖고 시작해야 할까?' 고민하고 있다면 엄태욱 선생님의 수업이 답이 될 것입니다.

-서울대학교 3학년 최수혁

✦✦✦

● 처음 무작정 고등학교 모의고사를 풀었을 때는 주어진 시간 내에 문제를 다 풀지도 못했고 4등급에 머물러 있는 국어 초보였지만 3년간 선생님의 방법론을 토대로 공부한 결과 고등학교 3년 내내 내신 성적 1등급을 유지하고 국어 수능 성적 백분율 상위 1퍼센트라는 결과까지 얻었습니다. 이전에는 단순히 문제를 풀기 위한 문장 읽기에 급급했다면 선생님 수업을 듣고 나서는 글이 입체적으로 보이기 시작했고 문장 핵심과 문단 구성이 체계적으로 잡혔습니다. 특히 틀린 부분을 수정해 나가며 당시 잘못된 태도나 습관을 짚어보고 근본 원인을 파악하며 성장할 수 있었습니다. 낯선 용어나 어려운 분야의 지문을 볼 때 막연히 겁먹던 과거와는 달리 이제는 어떤 지문을 만나도 엄쌤의 방법론을 지켜 푼다면 해결할 수 있다는 자신감도 생겼습니다. 선생님 말씀처럼 국어를 잘하는 사람과 못하는 사람은 정해져 있지 않습니다. 국어 1등급은 절대적 능력이 아니라 국어를 바라보는 내게 달려 있습니다. 어떤 문제를 만나든 내 태도가 준비돼 있다면 원하는 결과를 얻게 될 거예요.

— 서울대학교 3학년 김유하

머리말

국어는 능력이 아니라
태도입니다

인사드리겠습니다. 국어 강사 엄태욱입니다.

제가 국어를 가르치면서 학생들에게 가장 많이 듣는 말이 뭔지 아세요? 바로 "국어는 매일 공부해도 실력이 느는지 전혀 모르겠어요"입니다.

국어 공부를 열심히 해도 구체적인 성과가 눈에 보이지 않으니 아이의 의지와 동기는 점점 약해져만 가죠. 자녀에게서 이런 안타까운 모습이 반복되면 엄마들 사이에선 지친 한숨과 함께 다음 말이 돌고 돕니다.

"국어는 집을 팔아도 안 된다!"

학생의 언어와 엄마의 언어가 서로 다른 말로 표현됐지만 그 뜻은 똑같습니다. 국어 공부는 노력으로 한계가 있다는, 결국 국어 1등급은 타고나야 한다는 겁니다.

정말로 국어 시험은 능력인 걸까요?

수능이나 내신 시험에서의 국어는 철저하게 구체적인 정보와 사실을 물어봅니다. '삶으로서의 언어'가 아니라 '시험으로서의 언어'를 추구하죠. 수험생 수십만 명이 시험을 볼 때 모두 다 같은 번호를 찍을 수 있도록 분명하고 확실한 판단 근거를 두는 시험입니다.

하지만 우리가 평상시에 사용하는 언어는 이렇게 선명하지 못합니다. 대부분 대충 말합니다. 내가 뜻하는 바가 정확히 무엇인지 육하원칙에 따라 설명하는 경우는 거의 없죠. "저쪽에 가서 이것 좀 빨리 가지고 와봐." 여기서 '저쪽'은 대체 어디일까요? '이것'은 또 무엇일까요? '빨리'는 1분 이내를 뜻할까요, 3분 이내를 뜻할까요? 맞습니다. 삶으로서의 언어는 원래 감感입니다.

그러니 삶으로서의 언어를 사용하는 학생들은 당연히 국어 지문과 문제에 모호하고 추상적인 개념으로, 다시 말해 감으로 접근할 수밖에 없습니다. "이 문제 정답이 왜 3번이야?"라고 물으면 "그냥 3번 같았어요…"라는 말이 중하위권에서 흔히 나오는데 이 대답에는 잘못이 없습니다. 아무도 그 학생에게 언어의 차이를 설명해주지 않았으니까요. 아이는 평소에 감각하고 사고하던 방식 그대로 시험을 치렀을 뿐입니다. 공부를 해도 국어 성적이 오르지 않는 근본적인 이유는 삶으로서의 언어는 어릴 적 한번 형성되면 쉽게 변하지 않기 때문입니다. 우리는 시험으로서의 언어로 국어 공부에 접근할 필요가 있습니다.

한국에서 국어와 관련된 능력 시험을 본다는 것은 외국어를 습득하는 일과는 다릅니다. 외국어 습득은 재능이나 선천적 능력에 많은 영향을 받지만 국어 시험은 후천적 환경과 경험 그리고 학습 태도에 더 큰 영향을 받습니다.

물론 국어 공부를 특별히 하지 않아도 곧잘 점수가 나오는, 언어 감각이 뛰어나 보이는 학생을 종종 보기도 합니다. 그리고 그 아이들 대부분이 '남의 집 자식'이죠. 어쩜 그 애는 그렇게 국어를 잘할까요? 어릴 적 책을 많이 읽어서일까요? 아니면 부모님이 똑똑해서일까요? 이 수수께끼 같은 물음에 대한 제 대답은 언제나 같습니다.

"지문과 문제를 대하는 태도가 그저 남들과 다를 뿐입니다."

지금 당장에는 내 자녀와 남의 집 자식 사이에 좁힐 수 없는 우열이 있어 보일지 모릅니다. 하지만 전문가 입장에서 보면 그 차이는 미미합니다. 한국어를 모국어로 사용하는 학생은 능력 면에서 큰 차이가 없거든요. 고전소설을 생각해 봅시다. 혹여나 선천적인 언어 능력이 좀 더 뛰어난 학생이라고 한들, 자신이 태어나지도 않았던 시대에 쓰인 고전 어휘를 배우지도 않고 술술 해석할 수 있을까요?

국어는 선천적 능력이 아니라 후천적 태도로 판가름 납니다. 1등급인 학생에게는 1등급의 태도가 있습니다. 이는 곧 공부의 태도입니다. 당장 눈앞에 보이는 시험 결과나 우열 관계보다 그 이후 앞으로 아이가 어떤 관점을 취하고 어떤 학습 태도를 보이는지가 훨씬 더 중요합니다. 해가 지나고 학년이 올라가는 동안 올바른 태도를 바탕으로 나만의 사고법과 문제 풀이법을 만들어 나가면 국어 영역 1, 2등급을 충분히 해낼 수 있습니다. 특목·자사고, 일반고, 지역, 교육 수준과 상관없이 누구나 좋은 등급을 받을 수 있습니다.

국어 강사로서 셀 수 없이 많은 학생과 부모님을 강의실에서, 설명회에서, 단톡방에서, 팟캐스트와 유튜브 방송에서 만나는 행운을 누려왔습니다. 그 감사함에 보답하고자 그동안 받은 질문과 고민을 정리해 이 책에 꾹꾹 눌러 담았습니다. 책은 크게 1부와 2부로 나눕니다. 1부에서는 국어 공부를 대하는 올바른 태도가 무엇인지 알아보고 2부에서는 그 태도를 바탕으로 한 문제 풀이법 등 실전 국어 전략을 살펴봅니다. 1부는 학부모님과 학생이 함께 서로의 마음을 확인하며 읽으시고, 2부에는 실전 꿀팁이 많이 있으니 학생들은 정독했으면 좋겠습니다.

국어 입시에 관한 올바른 정보 없이 깜깜한 길 위에서 헤매고 있을 학생과 부모님에게 이 책이 먼 길을 밝히는 환한 등불이 되길 진심으로 바랍니다.

엄태욱

차례

수업 후기 ● 4

머리말 국어는 능력이 아니라 태도입니다 ● 10

1부
부모와 아이가 함께 가는 1등급 프로젝트

1장 | 아이도 모르고 부모도 모르는 입시

아이도 부모도 잘못이 없다 ● 22

교양 독서와 입시 독서의 차이 ● 31

학원에 다녀도 불행한 아이, 불안한 엄마 ● 40

자기주도학습에 관한 오해 ● 50

태도를 바꾸지 않으면 성적이 바뀌지 않는다 ● 56

엄쌤 상담소▶ 선생님, 우리 아이는 왜 국어를 못할까요? ● 62

2장 | 최상위권의 공부 태도를 장착하라

태도 변화의 골든 타임 ● 66

국어 공부 입문기 ● 72

국어 공부 성장기 ● 84

국어 공부 도약기 ● 101

공부에 걸려 넘어졌을 때 ● 118

엄쌤 상담소▶ 국어, 언제까지 뭘 끝내야 하나요? ● 126

2부
1등급으로 직행하는 태도 중심 국어 전략

3장 | 국어가 쉬워지는 분석적·종합적 태도

    1등급의 공부 습관: 지문, 선지, 시간을 분석하라 ● 132

    1등급의 독해 방법 ① 서술어, 조사, 어미에 주목하라 ● 143

    1등급의 독해 방법 ② 끝없이 주제를 떠올려라 ● 151

    1등급의 독해 방법 ③ 출제자의 의도를 추론하라 ● 158

    엄쌤 상담소 ▶ 유독 특정 영역을 어려워해요 ● 168

4장 | 실수를 걷어내는 반성적 태도

    실수로 틀렸다고 함부로 착각하지 말 것 ● 174

    문제를 맞혔다고 함부로 기뻐하지 말 것 ● 183

    시험이 끝나고 진짜 공부가 시작된다 ● 192

    어제의 나와 오늘의 나를 비교하라 ● 204

    자기객관화 데이터 쌓는 법 ● 211

    엄쌤 상담소 ▶ 집중력이 부족한 걸까요, 끈기가 부족한 걸까요? ● 217

5장 | 수능 1등급을 실현하는 실전 태도

지피지기, 수능을 알고 12년을 투자하라 ● 222

높이 올라서면 수능이 보인다 ● 229

알수록 의심하고 경계하라 ● 237

나만 알고 싶은 1등급의 모의고사 활용법 ● 245

나만 알고 싶은 1등급의 기출 문제 회독법 ● 256

엄쌤 상담소 ▶ 고1, 2 모의고사 등급이 백분위 몇 퍼센트 정도면
고3 때 '안전빵'으로 1등급이 나올 수 있나요? ● 268

6장 | 내신 1등급을 완성하는 전략적 태도

수능과 내신의 스위치를 켜고 꺼라 ● 274

내신 1등급에 필요한 무기를 갖춰라 ● 281

내신 성적을 끌어올리기 위한 학원 활용법 ● 290

무조건 내신 1등급 받는 필승 공부법 ● 297

수능형 내신까지 철저히 대비하라 ● 305

7장 | 서술형, 논술형, 수행평가를 위한 1등급 글쓰기 전략

국어 역량의 완성은 쓰기 ● 328

1등급 글쓰기의 시작: 내적 대화와 외적 대화 활용하기 ● 333

1등급 글쓰기의 완성: 평가 기준을 충족하라 ● 345

맺음말 잘했다, 잘하고 있다, 잘할 것이다 ● 354

감사의 말 ● 358

부록 내신 시험 직후 해야 할 오답 체크리스트 ● 364

모의고사 전날/당일/직후 해야 할 일 체크리스트 ● 365

부모와 아이가 함께 가는
1등급 프로젝트

1장

아이도 모르고 부모도 모르는 입시

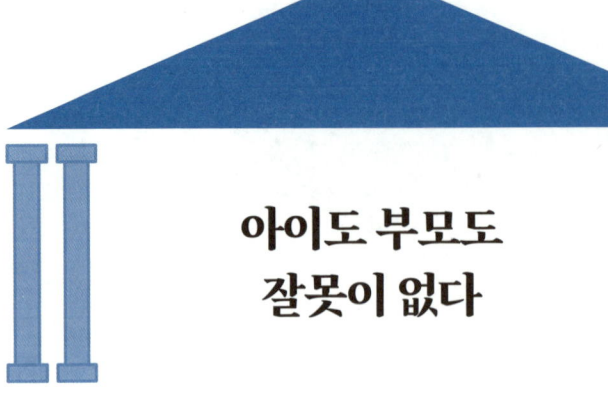

아이도 부모도
잘못이 없다

"초등학교, 중학교 학원은 엄마가 결정하고 고등학교 학원은 친구가 결정한다."

한 번쯤 들어본 적 있는 말일 겁니다. 당연하게 여기며 가볍게 넘기는 분이 많은데 깊게 생각해볼 필요가 있습니다.

'엄마가 결정'한다는 건 정보 주체가 아이가 아닌 부모임을 뜻합니다. 실제로 초·중등 시절에는 부모 역할이 정말 중요합니다. 저학년은 아이 스스로 계획을 세우고 수행하는 능력을 학습하는 시기라 아이를 올바른 방향으로 이끌어줄 어른이 필요하거든요. 이 시기 정보 대부분은 부모의 눈과 귀 그리고 손으로 들어오고 부모는 자식을 위해 이 정보를 가공합니다. 자연스레 아이는 8~9년이라는 세월 동안 자기만의 정보나 주관 없이 엄마 손에 이끌려 이 학원 저 학원 다니게 됩니다. 부모가 지시하는 방향대로 움직여 성적이 잘 나오면 문제가 없지만 기대한 만큼 성적이 잘 안 나오면 이때부터 부모와 자녀는 서로가 서로에게 조금씩 실망하고 불만을 품습니다. 그리고 아이 마음속에는 '의심'도 함께 자라나죠. 그 의심의 방향이 자기 내면으로 향하면 아이 생각은 다음과 같이 흘러갑니다.

'난 나름 한다고 했는데… 역시 공부머리는 타고나는 건가 봐. 내가 지능이 안 되나 봐.'

반대로 의심의 방향이 외부로 향하면 다음과 같은 생각이 커집니다.

'엄마는 내게 왜 이러는 걸까? 다 싫다.'

배신감 그리고 막막함

이런 자책과 불신 속에서 혼란스러운 사춘기를 겪다 고등학교에 올라가 첫 모의고사와 중간고사를 치른 아이는 대부분 2가지 감정을 맞닥뜨립니다.

첫째, '배신감'입니다. 그동안 나름 선행도 많이 하고 문제도 많이 풀었다고 생각했는데 막상 중학교에서 고등학교로 올라와보니 겨울방학 특강 때 들은 내용은 시험 때 기억나지 않고 지문과 문제 길이가 생각보다 너무 긴 탓에 문제가 실제보다 더 어렵게 느껴져 성적이 잘 안 나옵니다. 더구나 중학생 때 학원에서 받은 정보는 주로 중학교 수준에 머물러 있거나 고등학교 첫 내신만을 겨냥하기 때문에 입시 전반에 관한 요소를 다 담고 있지도 않습니다. 그래서 시험을 볼 때마다 늘 미처 준비하지 못한 게 생겨나고 늘 새로운 시련에 부딪히죠.

상황이 이러니 아이 마음속에는 '도대체 왜 아무도 내게 진짜 현실을 제대로 알려주지 않은 거야?' 하며 부모님을 비롯한 주변 어른에 대한 원망이 생깁니다. 대놓고 직접적으로 원망하진 않지만 내면 깊숙한 곳에서 그런 감정이 자라납니다. 이 점수밖에 못 받은 자기 자신에 대한 배신감은 덤이고요. 물론 이 순간 부모도 아이와는 다른 배신감을 느낍니다. 믿었던 다른 엄마에게 받은 정보가 알고 보니 틀린 정보임을 알았을 때, 입시 설명회에서 들은 어떤 강사 말을 철석같이 믿었는데 우리 아이에겐 해당되지 않았을 때, 많이도 아니고 조금 아이에게 기대했을 뿐인데 아이가 그 기대에 못 미쳤을 때, 주로 이런 감정을 느낍니다.

둘째, '막막함'입니다. 손에 받아 든 결과를 엄마에게 솔직하게 보여주자니 그동안 부모님이 자신을 위해 해준 많은 것들이 주마등처럼 스칩니다. 다른 친구들은 잘하는 것 같은데 나만 잘 못하는 것 같아 죄송스러운 마음이 커집니다. 결국 아이는 성적과 함께 이를 둘러싼 고민과 괴로움까지도 꼭꼭 숨깁니다.

전문가마다 사춘기를 정의하는 방식이 다르겠지만 저는 사춘기를 '정보 주도권 싸움'이라고 생각합니다(심리학적으로 풀어내면 '정서적 독립'이라 할 수 있겠죠). 아이는 지난 9년간 제한됐던 정보 주도권을 이제야 조금씩 되찾아오려 하지만 뭔가를 해보려 해도 무엇부터 해야 할지 모릅니다. 남들보다 늦은 것 같아 마음은 급하고 이왕이면 최대한 효율적으로 하고 싶은데 막상 어느 길이 맞는지는 전혀 알지 못하는 상황. 이렇게 힘들고 복잡한 마음을 스스로 삭이고 삭이다 보면 결국 아이는 '막막함'이라는 감정에 이릅니다. 캄캄한 골목길을 조그만 랜턴 하나에 의지해 혼자 걸어가는 것만 같죠. 이때 공부 잘하는 친구가 한 줄기 빛으로 구세주처럼 나타나면 그 친구가 다니는 학원에 무작정 따라가고 맙니다.

엄마, 내가 알아서 할게

아이가 막막해하는 만큼 엄마 마음도 답답하긴 마찬가지입니다. 다른 엄마들과 티타임을 가지며 이런저런 정보를 주고받거나 3시간가량 전문 입시 설명회를 듣고 오면 엄마 마음속은 온통 이런 고민으로 가득 찹니다.

'이 좋은 내용을 아이에게 어떻게 전달한담? 왜 아이가 아니라 나만 더 전문가가 돼가는 것 같지?'

그런데 부모가 입시 설명회에서 듣는 전문가 얘기는 잘 짜인 연극 한 편과 같습니다. 모든 설명회의 목적인 '내 수업을 들어라'를 관철하기 위해 몇 날 며칠에 걸쳐 원고를 다듬고 수십 번의 설명회를 거쳐 완성한 설득의 결정체라는 말이죠. 그렇다 보니 설명회를 듣는 순간 부모는 이미 마음의 절반 이상이 그 선생님 쪽으로 기울 수밖에 없습니다.

엄마 아들, 잠깐만 이리 앉아봐.

아이 (아, 뭘 또 말씀하시려고…) 응, 왜?

엄마 (아직 말도 안 꺼냈는데 반응이 별로네… 뭐라고 말하지?) 아니, 엄마가 오늘 엄태욱 쌤 입시 설명회 다녀왔거든? 엄쌤 알지? 엄마가 자주 본다던, 대치동에서 유명하다는 그 국어 선생님.

아이 (그런 아저씨 관심 없는데…) 어.

엄마 그 쌤이 그러는데 말이야….

엄마는 분명 자신이 들은 훌륭한 얘기를 섬세하고도 우아하게, 이성적이면서도 논리적으로 아이에게 전달하고 싶었을 겁니다. 하지만 막상 아이가 부정적인 반응을 보이거나 내키지 않는 듯한 표정을 지으면 이런 계획과는 멀어져 버립니다. 아이는 엄마가 쏟아내는 남 얘기를 앞뒤 다 자르고 "공부하라!"라는 메시지로만 듣기 때문에 그 어떤 좋은 말이라도 다 잔소리처럼 느낄 뿐입니다.

어릴 때는 아이가 엄마 말을 잘 들었겠죠. 하지만 그 결과는 늘 학원이 하나 더 추가되거나 게임을 줄여야 하거나 SNS를 끊어야 하거나 공부량을 늘려야 하는 등 아이가 싫어하는 방향으로 흘렀을 겁니다. 중

학생 때 그리고 고1 때까지는 그래도 듣는 시늉이라도 합니다. 그러다 고2가 되면 이렇게 툭 한마디 던집니다.

"엄마, 내가 알아서 할게."

엄마는 억장이 무너집니다. 내가 누굴 위해 이렇게 열심히 설명회를 다니는데, 그럴 시간에 여가도 즐기고 쇼핑도 하고 놀러도 가고 싶은데 3시간 동안 아픈 허리 붙잡고 열심히 들은 내게 어쩜 이럴 수 있나 싶습니다. 이때부터 자녀와의 이성적인 대화는 물 건너간 거나 마찬가지입니다. 정신 차리고 보면 어느새 직설적 화법과 청유를 가장한 명령법으로 아이에게 말하고 있겠죠. 결국 부모에게 불신만 쌓인 아이는 방문을 걸어 잠근 채 대화를 거부합니다. 당분간 공부에 관한 얘기는 뚝 끊기고 말죠. 더욱 아픈 현실은 이 순간 부모도 자신이 아이에게 어떤 도움을 줘야 할지 몰라 막막하다는 사실입니다.

따지고 보면 아이는 잘못이 없습니다. 물론 부모 잘못도 없죠. 잘못한 사람은 아무도 없는데 모두가 다 벌을 받는 듯한 기분이 드는 것. 어쩌면 이것이 입시의 본모습일지도 모르겠습니다.

처음부터 국어 공부를 싫어하는 아이는 없다

상위권이든 하위권이든 처음부터 국어 공부를 싫어하는 아이는 없습니다. 아이가 국어를 싫어하게 된 계기를 가만히 들여다보면 '문제는 많이 푸는데 자꾸 틀려서 국어가 싫어졌다'는 부류와 '억지로 책을 읽다 보니 국어가 싫어졌다'는 부류로 나뉩니다. 이 중 전자에 해당하는 아이는 선생님과 부모님이 시키는 대로 하다 보니 잘못된 공부 습관과 태도가 생겼고 이로 인해 자꾸 문제를 틀리니까 자신감까지 하락해 국어 공부가 조금씩 조금씩 하기 싫어진 경우에 속합니다(후자는 이어지는 <교양 독서와 입시 독서의 차이>에서 자세히 다루겠습니다).

이를 정확히 확인할 수 있는 질문을 던져보겠습니다. 혹시 문제를 틀린 아이에게 "괜찮아, 잘 틀렸어"라고 얘기해본 적 있나요? 반어법이 아닌 진심으로 말해본 부모는 거의 없을 거라 생각합니다. 그러다 보니 아이는 맞혀서 동그라미 치는 행위는 긍정적이라고, 틀려서 엑스를 치는 행위는 부정적이라고 자연스럽게 인식합니다. 어릴 적 받아쓰기에서 100점을 받아 오면 부모님이 칭찬하며 안아준 반면 50점을 받아 오면 다음에 더 잘하라고 엉덩이만 한 번 두드려줬기 때문에 아이는 동그라미만을 자신이 사랑하는 부모님을 미소 짓게 하는 기호로 받아들여 온 겁니다.

정보 주도권 없이 엄마 손에 붙잡혀 유명하고 용하다는 학원을 전전하는 동안 아이는 계속 틀려왔고 그런 부정적 경험이 축적돼 국어에 대한 패배감에 물든 경우가 생각보다 많습니다. 이미 국어는 안 된다는 태도가 굳어져 지레 포기하는 겁니다.

반면 제가 만나온 최상위권 아이의 태도는 마치 연을 날리는 것과 같습니다. 역풍을 맞은 연이 가장 높이 날아오르듯 추락할 것 같은 위기의 순간을 도약의 기회로 만드는 최상위권 아이에게 실패란 성공으로 가는 과정일 뿐입니다. 그래서 제가 학생들을 가르칠 때 가장 중점으로 두는 부분이 바로 긍정적 공부 정서를 형성해주는 겁니다. 아이에게 긍정적 학습 경험을 심어주는 일은 굉장히 중요합니다.

단언하건대 틀리는 건 결코 부정적인 경험이 아닙니다. 저는 학생들에게 항상 "다 틀려도 돼. 괜찮아!"라고 말해줍니다. 과장 좀 보태서 고등학교 3학년 졸업할 때까지 계속 틀려도 됩니다. 수능 날 하루만 잘 맞히면 되니까요. 문제는 틀리려고 푸는 겁니다. 틀렸지만 올바른 방향으로 고민한 흔적이 뚜렷한 학생에게는 "너 왜 틀렸어?"가 아니라 "와, 너 되게 잘 틀렸다"라고 칭찬해주는 게 옳습니다. 그럼 아이는 '내 노력이 헛된 게 아니구나', '틀린 내 모습이 잘못된 게 아니구나' 하고 깨닫고 국어 앞에 굳게 닫혔던 마음의 문을 차츰차츰 엽니다.

처음부터 국어를 싫어하는 아이는 없습니다. 이 트렌드를 따라가면 성적이 오른다, 저 학원에 들어가면 성적이 오른다, 주변에서 소리 높여 외치는 얘기를 맹목적으로 따르려다 보면 성적 향상의 정도正道에서는 점점 멀어집니다. 성적이 오르지 않는 원인은 학원 역량이나 아이 능력이 아니라 국어를 어떻게 공부해야 하는지 정확히 모르는 채로 공부하는 태도 문제니까요. 어떤 정보든 아이에게 일방적으로 공급하려 하지 말고 주변 얘기가 아닌 내 아이 얘기에 귀 기울여 주면서 정보 주도권을 아이와 적절히 나눴으면 합니다. 아이도 모르고 부모는 더더욱 모를 수밖에 없다는 겸허한 마음으로 입시를 바라보면 좋겠습니다.

아이와의 공부 대화법: 남에게 들은 얘기는 전달하지 말라

아이와 대화하다 보면 엄마 언어의 특성상 필연적으로 비교법이 나옵니다. 설명회에서 들은 우수 사례, 옆집 엄마에게 들은 상위권 학생 사례가 으레 등장하기 마련이거든요. 그런데 그 순간 아이는 엄마 얘기를 암묵적인 비교로 받아들입니다. 내가 그 친구들과 비교해 부족하다는 뜻으로밖에 들리지 않으니까요.

그렇다고 "비교하지 말라"를 아이와의 대화 원칙으로 세우면 경전에나 나오는 명언 같아서 현실감도 없고 지킬 수도 없더라고요. 그래서 비교하는 상황 자체가 생기지 않도록 "남에게 들은 얘기는 전달하지 말라"라는 원칙을 정한 겁니다.

들은 내용을 아이에게 직접 전달하려 하지 마시고 아이가 스스로 보고 읽도록 맡기세요. 자료만 던져주고 관여하지 않는 겁니다. 만약 아이가 스스로 받아들일 준비가 돼 있지 않다면 억지로 권하지 마세요. 대신에 자료 복사본을 따로 잘 보관해 두세요. 그래야 아이가 마음의 준비가 되거나 그 자료가 필요한 순간에 착 들이밀 수 있습니다. 이때 전달해야 가장 잘 먹힙니다.

하나 더, 대화 환경도 중요합니다. 어찌 됐든 공부와 관련된 대화는 아이의 반감을 사기 쉬우니 맛있는 음식 앞이나 아이 기분이 좋은 상황 또는 아이에게 뭔가를 해준 상황에서 가볍게 운을 띄워보세요. 약간은 무관심한 태도를 보이는 것도 중요합니다. 남의 말을 듣고 전달하는 듯한 뉘앙스는 반드시 지양하길 바랍니다.

교양 독서와 입시 독서의 차이

학부모 상담 때 가장 많이 나오는 '우리 아이' 유형은 이렇습니다.

사례 1 선생님, 우리 아이가 어렸을 때 책을 많이 안 읽어서요, 지금 독해력도 달리고 어휘력도 부족한 것 같아요. 1년 정도 빡세게 국어 공부하면 따라잡을 수 있겠죠?

사례 2 선생님, 우리 아이는 어렸을 때 책을 많이 읽었거든요. 그래서 독해력은 괜찮은데 아무래도 문제 풀이 스킬이 부족한 것 같아요. 요령이 없다고 해야 하나? 너무 꼼꼼하게 읽다 보니 시간도 많이 부족해요.

두 사례에서 어떤 차이점과 공통점을 발견하셨나요? 밑줄 친 '어렸을 때 책을 많이 안 읽었다, 읽었다'에 주목해 봅시다.

제 대학원 석사 논문에도 한 꼭지를 차지하고 있는 독서론은 연구하는 사람마다 관점도 다르고 실효성과 효용성 평가도 천차만별입니다. 그런데 지금의 초·중등 교육은 책 읽기가 모든 것을 해줄 수 있다고 믿는 '독서 만능주의', '독서 만병통치약설'에 빠져 있죠.

물론 언어 발달이 활발해지는 유아기부터 초등 시기에는 다양한 방식의 독서가 아동의 학습 역량을 기르는 데 많은 도움이 됩니다. 특히 책 한 권을 여러 번 반복해서 정독하고 다독하는 습관은 평생에 걸쳐 몸에 익혀야 할 만큼 중요합니다. 이건 학생에게만 해당하는 일은 아니기도 하고요. 하지만 고등 입시 시스템에서 '교양으로 읽는 독서'와 '문제 풀이를 위한 독서'는 엄연히 다릅니다. 조금 더 세속적으로 말씀드려서 시험을 잘 보기 위해 고등학생이 지금 당장 해야 할 일은 책 읽기가 아니라는 것입니다.

정보 중심 독서의 필요성

오랫동안 고등 입시를 가르치며 교양 독서로 상처 입은 아이를 숱하게 봤습니다. 독서가 중요하다고 해서 오랜 기간 책만 읽다가 수능을 망친 아이, 지문을 완벽하게 독해하려다 보니 시간 관리 훈련이 되질 않아 입시에 실패하고 큰 상실감에 빠진 아이가 너무나 많았습니다. 입시 국어는 "책을 많이 읽다 보면 저절로 잘하게 될 거야"라는 막연한 긍정이 오히려 상처가 되는 현장입니다. 이 말인즉 입시 독서는 효용이 아닌 효율을 중요시한다는 거죠. 요즘처럼 서·논술형 시험과 수행평가가 학교 수업의 주를 이루는 환경에서는 더욱더 효율적인 독서가 필요합니다.

따라서 독서의 올바른 방향과 목적을 이해하고 집중적으로 독서해야 하는 시기를 파악하는 것이 중요합니다. 중학교 3학년이 돼서 혹은 고등학교 2, 3학년이 돼서까지 아이에게 책을 많이 읽으라고 강요하는 부모가 있다면 어떤 면에서는 대학을 가지 말라고 하는 것과도 같습니다. 강제적인 교양 독서는 학습에 대한 반감과 부정적 감정을 불러일으킬 뿐이며 그런 식으로 책을 읽는다 해도 국어 문제 풀이에는 큰 도움이 안 됩니다. 중·고등학교 때 국어 성적이 안 나오는 이유는 단순히 지문을 읽는 능력이 부족하기 때문이 아니라 어떤 기준으로 어떻게 분석하면서 읽어야 할지 모르기 때문입니다.

수능은 제한 시간 80분 동안 총 45문제를, 내신은 50분 동안 앞뒤가 빽빽한 시험지 10쪽을 풀어야 하는 시험입니다. 시간을 효율적으로 분배하고 한 문제를 최단 시간 안에 풀어내야만 간신히 제시간에 모든 문제를 해결할 수 있습니다. 그러니 내 마음이 가는 대로, 읽히는 대로 글을 읽는 교양 독서가 아닌, 출제자가 원하는 방향대로, 제공된 내용 위주로 글을 읽는 '정보 중심' 독서가 필요합니다. 수행평가 글쓰기를 할 때도 교과서 자료나 관련 도서를 정독해야 하는 경우가 많은데 이때 역시 출제 의도에 맞는 부분을 읽는 정보 중심 독서를 해야 합니다.

학년이 오르면 독해는 달라져야 한다

질문을 한번 던져보겠습니다. 먼저 감명 깊게 읽은 소설을 한 권 떠올려 보세요. 제목이 기억 안 난다고요? 그럴 수 있습니다. 천천히 생각해 보세요. 그리고 이제 그 소설에서 기억에 남는 내용을 한두 가지 떠올려 보세요. 저는 《해리 포터》 시리즈를 참 감명 깊게 읽었는데요, 지금 떠오르는 생각은 '헤르미온느는 왜 주인공인 해리와 이뤄지지 않았을까?' 하는 의구심뿐입니다.

자, 다음 질문입니다. 방금 떠올린 소설의 시점은 무엇이었는지 생각해 보세요. 전지적 작가 시점인지, 3인칭 관찰자 시점인지, 1인칭 주인공 시점인지요. 그다음 소설에서 시간이 역전되는 전개가 있었는지도 파악해 보세요. 편집자적 논평은 나왔는지, 갈등 구조는 누구에서 누구로 바뀌었는지, 역설법이 쓰인 문장은 어디에 나왔으며 설의법은 소설 속 대화에서 무슨 기능을 했는지도요.

아이가 중·고등학교에 올라와 시험에서 맞닥뜨리는 문제는 텍스트 내용을 넘어 이런 형식적 측면에까지 닿아 있습니다. 텍스트를 분석적으로 읽고 특정 개념에 비춰 독해하는 역량이 필요한 이유죠. 다행스러운 점은 한국에서 태어나 한국에서 언어를 배운 학생이라면 고등 국어 시험을 위한 읽기 방법, 즉 독해법을 배우고 체득하는 연습을 조금만 해도 실력이 쑥쑥 는다는 겁니다.

학년이 올라갈수록 '내용 이해를 위한 독해'에서 '문제 풀이를 위한 독해'로 나아가야 합니다. 어릴 적 책을 읽는 행위는 99.9퍼센트가 내용 이해를 위한 독해이자 사회와 문화를 간접 체험하기 위한 독해입니다. 하지만 입시 시스템에서 글의 내용을 묻는 문제는 30~40퍼센트 정도만 출제되고 고난도 문제나 변별력 문제는 대부분 문제 풀이를 위한 독해, 즉 형식적이고 분석적인 측면에서 출제됩니다.

따라서 글을 읽을 때는 단순히 내용에만 신경 써서 읽을 것이 아니라 '나로 시작하니까 1인칭 시점으로 진행되겠어!', '갈등 구조가 이 지점에서 바뀌고 있어!', '시제 표현이 현재에서 과거로 변하고 있네!'와 같이 분석적 관점으로 읽어나가는 습관을 길러야 합니다. 그러면 문제는 정말 쉽게 풀립니다.

특히 3~4등급 아이 대부분은 시험을 볼 때 지문과 문제를 계속 왔다 갔다 하며 읽습니다. 입시에 필요한 분석적 독해가 있다는 사실을 모르기 때문입니다. 아이는 그저 내용 중심으로 지문을 읽었는데 문제에서 갑자기 표현법, 서술자, 시점 같은 것을 물어보면 머리에 넣어둔 정보가 없으니 지문으로 여러 번 돌아가 찾게 됩니다. 당연히 시간이 부족할 수밖에 없죠! 고1 때는 1~2등급이 나오던 아이 성적이 고3 때 갑자기 3~4등급으로 확 떨어지는 이유입니다.

그러니 어렸을 때 책을 많이 안 읽혔다고 너무 걱정하지 마세요. 아이는 언어 능력, 국어 능력이 부족한 게 아니라 국어를 대하는 태도, 국어를 바라보는 관점을 아직 익히지 못했을 뿐이니까요. 지금부터 문제 풀이를 위한 독해로 전환하면 됩니다.

독서논술, 무조건 좋은 것은 아니다

요즘은 책을 읽히기 위해 아이를 독서논술 학원에 보내는 흐름이 점점 더 강해지는 추세입니다. 물론 어릴 때부터 책과 친숙해지면 텍스트에 대한 두려움, 글 읽기에 대한 거부감이 줄어든다는 점에선 분명 도움이 될 겁니다. 그러나 독서논술 교육으로 교양 독서뿐 아니라 입시 독서까지 한 번에 해결하려 들면 오히려 역효과를 낳을 위험성이 높아집니다. '억지로 책을 읽었더니 국어가 싫어졌다'는 부류가 이런 부모 욕심에서 생겨나는 경우가 많습니다. 독서논술은 학생의 나이, 수준, 입시 방향에 맞게 전략적으로 선택해 시켜야 합니다.

독서논술 학원의 형태는 다양하겠지만 수업 대부분은 1~2주에 책 한 권 읽고 그에 관한 글을 써 오면 함께 토론하는 방식으로 진행됩니다. 한 땀 한 땀 아이를 지도해주는 선생님이 있다면 더할 나위 없이 좋은 방식이나 현실적으로 그렇게 신경 써서 그 많은 아이를 살펴보기란 쉽지 않습니다. 게다가 1~2주에 책 한 권 읽기, 글쓰기, 토론하기라니 이렇게만 봐도 저는 벌써 숨이 턱 막힙니다. 이 셋 모두가 어쩌면 아이에겐 비현실적 목표이자 오히려 독서에 대한 부정적 감정을 불러일으키는 일이 될 수 있습니다.

독서논술을 하는 진짜 목적은 뭘까요? 단순히 책을 많이 읽는 건 아닐 겁니다. 학부모 수백 명과 상담한 결과 자녀에게 독서논술을 시키는 이유는 아래 3가지로 귀결됐습니다.

첫째, 사고력과 창의력 증진
둘째, 배경지식과 간접 경험 획득
셋째, 독해력, 어휘력 등 언어 구사 능력 향상

요즘 독서논술 학원에서 읽는 책을 보면 《제인 에어》, 《호밀밭의 파수꾼》, 《기억 전달자》, 《이기적 유전자》, 《총, 균, 쇠》 등 꽤 어려운 고전부터 현대 지식 교양서까지 다양합니다. 놀랍지 않나요? 완숙한 작가나 지식인 한 사람이 수년에 걸쳐 쓴 책을 일주일에 한 권이라는 빠른 속도로 읽어 소화할 수 있을까요? 이렇게 독서해 창의력과 사고력을 기르기란 현실적으로 어렵습니다. 그저 수박 겉핥기식으로 겉멋만 늘거나 어디서 본 듯한 느낌만 남는 독서를 한다면 참 아쉬울 것 같습니다. 물론 이 정도 수준의 책이 필요한 학생과 상황도 있습니다. 만약 학생 스스로 책 읽기를 좋아하고 지적 호기심이 뛰어나며 공부에 욕심이 있다면 적극 권유합니다. 다만 아직 국어 공부를 왜 해야 하는지도 모르겠고 책 읽기가 너무 힘든 아이에겐 오히려 부정적 결과를 초래할 수도 있으니 주의해야 합니다.

다음으로 배경지식과 간접 경험 획득은 사실 검증되기 어려운 영역입니다. 저는 산업혁명에 관한 책을 열 번도 더 봤지만 아직까지 산업혁명이 언제 어디서 어떻게 일어났는지 정확히 설명하기가 어렵습니다. 저는 한국사, 세계사 공부도 출중하게 해냈지만 그 시대, 그 역사를 살아본 경험이 전혀 없기 때문에 그 당시 일어난 사건을 지금도 완전히 이해하기가 어렵습니다. 하물며 읽기 싫은 글을 억지로 읽는 아이가 배경지식을 온전히 익히고 간접 경험을 제대로 할 수 있을지 미지수입니다. 따라서 경험으로서의 독서는 쉬운 책부터 차근차근 좋은 독서 지도자와 함께하는 게 좋습니다. 책 읽기에 거부감이 있는 친구는 혼자서 책을 읽으며 깊게 공감하고 자기 생각을 표현하기가 어려울 수 있거든요. 좋은 선생님이나 함께 책을 읽고 대화할 수 있는 친구가 있다면 꾸준히 시켜볼 것을 추천합니다.

마지막으로 독해력과 어휘력 향상입니다. 이 부분은 확실히 효과가 있습니다. 중학교 2학년 때까진 말이죠. 사람마다 다르겠지만 평균적으로 중학교 3학년이 되면 이미 평생 구사해야 할 언어 체계의 틀이 다 잡혀 독서를 통해 새로운 어휘를 습득하고 문장을 체화하기는 쉽지 않습니다. 책에서 모르는 단어를 찾아 동그라미와 밑줄을 친 다음 노트에 옮겨 외우고 그 단어를 앞으로 한 달간 최소 스무 번 이상 사용하겠다고 마음먹은 뒤 정말로 그렇게 했을 때만 자기 언어가 될 테니까요. 하지만 이런 노력은 독서논술을 하는 아이라도 잘 지켜서 자기 것으로 만들기가 쉽지 않습니다. 보통 이 과정에서 많은 아이가 책 읽기에 부정적 감정을 느낍니다.

그러니 단순히 책을 읽고 배경지식을 쌓아 나중에 국어 공부에 도움을 주려는 목적만으로 아이를 독서논술 학원에 억지로 보내지 마세요. 아이가 학원에 가는 것을 좋아한다면야 쌍수 들고 환영하면서 계속 보내주면 되지만 아이가 싫다고 하면 억지로 보내지 않아도 됩니다. 우리 아이가 현재 어떤 수준과 마음가짐인지, 또 책 읽기를 통해 무엇을 얻게 하고 싶은지 잘 판단한 후에 아이를 학원에 보내길 바랍니다.

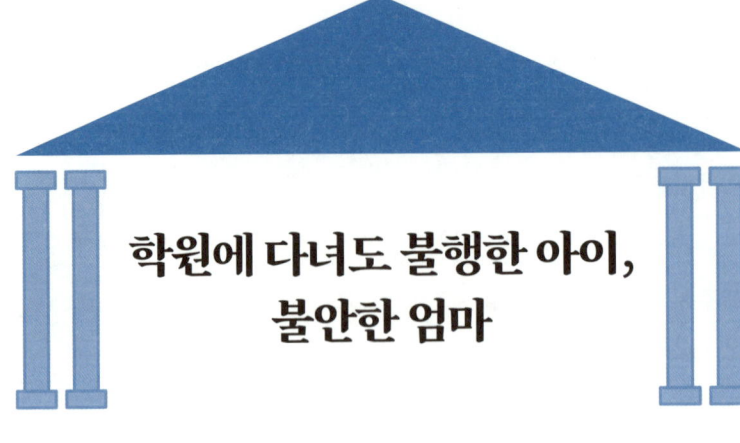

학원에 다녀도 불행한 아이, 불안한 엄마

아이를 학원에 보내는 부모 마음은 똑같습니다.

'학원에 가면 지금 겪고 있는 문제가 조금 나아질 거야.'

'아이에게 딱 맞는 좋은 선생님을 만나서 성적이 오르면 좋겠어.'

위와 같은 희망을 품고 있는 것이죠. 그런데 이런 부모의 기대는 은연중 다 티가 나기 마련입니다. 그러면 아이는 부담을 느껴 점점 공부에서 멀어지고 부모에게서 도망치고 싶어지죠. 공부에 적대감마저 생기고 나아가 주위 모든 것에 부정적 감정을 느끼기도 합니다. 부모 입장에서는 다 내 새끼 잘되길 바라는 마음일 뿐이었는데 아이도 부모도 벌 받는 상황이 학원 앞에서도 고스란히 펼쳐집니다.

학원-자습 1:3 법칙

학원에 다니다 공부에 적대감이 쌓이는 대표적 원인 중 하나가 바로 학원이 늘어나는 겁니다. 특히 겨울방학 시즌에는 부족한 과목 보충하랴, 다음 학년 선행하랴 학원 개수가 쭉쭉 늘어납니다. 이렇게 아이 입장에서는 시간을, 부모 입장에서는 돈을 왕창 투자했는데 이후 중간고사를 보거나 모의고사를 치르면 성적은 전혀 기대한 만큼 오르지 않았습니다. 무엇이 잘못됐을까요? 바로 온전한 자습 시간을 고려하지 않았다는 겁니다.

부모는 주로 요새 어느 학원이 잘하는지, 어떤 강사 커리가 괜찮은지 정보를 모으고 어떻게 아이의 학원 수업 스케줄을 빈틈없이 채울지에 초점을 둡니다. 그럼 혹시 유명 강사 A의 수업 수강을 계획할 때 수업을 복습하고 체화하는 자습 시간도 동시에 계획하나요? 수업을 늘리면 자습 시간이 줄어드는데 사실 수업 내용을 체화하려면 오히려 자습 시간을 늘려야 하거든요. 좋은 강사의 기준은 뭔가요? 짧은 시간에 많은 내용을 꾹꾹 담아 녹여내는 것 아닌가요? 그럼 그걸 소화할 시간은 더 많이 필요하겠죠. 따라서 아이가 학원 수업을 1시간 들었다면 자습 시간은 그 세 배에 달하는 3시간이 필요합니다. 저는 이를 '학원-자습 1:3 법칙'이라고 부릅니다. 국어 수업은 보통 일주일에 3시간이니 다음 수업 전까지 혼자서 9시간은 복습해야 비로소 제대로 공부했다고 말할 수 있는 겁니다.

여기서 자습이란 숙제와 같은 말이 아닙니다. 학원 숙제가 곧 공부이고 숙제를 늘리면 아이가 딴짓을 못 해 성적이 오를 것이라 많은 부모가 착각합니다. 그러나 숙제하는 행위 그 자체는 결코 공부가 아닙니다. 예컨대 수요일 저녁 수업 숙제를 아이들은 언제 할까요? 화요일 저녁이나 그날 학원 가기 바로 전에 합니다(공부가 싫어서기도 하고 할 일이 너무 많아서기도 합니다). 이번 수요일 수업이 돌아오기까지 일주일 동안 지난 수업 때 배운 내용은 한 번도 보지 않았을 겁니다. 실질적으로 복습이라는 행위는 하지 않은 셈입니다.

학원 수업으로 성적을 향상하려면 강사가 수업 시간에 압축적으로 전달해준 좋은 내용을 스스로 소화하는 시간이 반드시 필요합니다. 강사가 이 작품, 이 문제에 어떻게 접근하고 분석했는지 충분히 복습하고 그 과정을 다시 한번 앵무새처럼 따라 해보는 시간을 가져야 지식을 내 것으로 체화할 수 있거든요. 숙제는 그 마지막 단계로 배운 내용을 낯선 문제에 스스로 적용해보며 실력을 확인하는 수단이고요. 이것이 진정한 자습이자 공부입니다.

오직 숙제 제출용으로만 문제를 풀면 대충 빨리 풀게 됩니다. 또 숙제 제출이라는 목적을 달성하는 데서 공부가 끝나기 때문에 그 이후 추가로 학습할 동기가 사라집니다. 이렇게 숙제 쳐내기용 공부에 계속 노출되면 좋지 않은 문제 풀이 태도만 습관화됩니다. 학교 수행평가도 많아 잠도 제대로 못 자는 요즘 아이들인데 학원 스케줄에 짓눌릴수록 잘못된 태도만 배울 뿐입니다. 그 결과 성적도 제자리에 머무를 가능성이 높아지고 '나는 정말 바보인가 봐' 자책하며 공부 의지마저 사라질 위험성도 커집니다.

진정한 공부는 학원 숙제로 내줄 수 없습니다. 이해를 잘 시키는 영역은 강사 몫이나 스스로 익히고 적용하는 영역은 오롯이 학생 몫입니다. 그러니 학원 도움을 받아 아이 성적을 올리고 싶다면 학원 수를 늘릴 게 아니라 조절해 주세요. 그 기준은 실질적인 자습 시간을 얼마나 확보할 수 있느냐에 달려 있습니다. 학원 뺑뺑이는 아이 성적을 결코 올려줄 수 없을뿐더러 아이 마음속에 부담감과 적대감만 쌓아줍니다. 아이 시간보다 학원 시간이 우선되면 아이는 서서히 불행에 젖어들 뿐입니다.

학원에서 알아주는 아이

학원에 다니면서 아이도 부모도 모두 힘들어하는 순간은 단연 성적이 지지부진할 때입니다. 가령 중2 때 좋은 학원을 만나 중3 때 공부에 의욕이 생기면서 아이 성적도 향상되는 듯하더니 고등학교에 딱 올라가고 나면 성적이 오를 듯 말 듯 특정 구간에 머물러 있는 경우를 흔히 볼 수 있죠. 안타깝게도 성적이 정체기를 맞닥뜨리는 순간은 반드시 오고 맙니다. 이때 부모는 불안한 마음에 학원을 옮겨야 하나, 아이와 도대체 어떻게 얘기해야 하나 고민합니다.

엄마 딸, 혹시 국어 학원 옮겨볼 생각 없어? 이제 곧 2학년인데 변화를 한번 줘야 하지 않나 싶어서.

아이 음… 난 지금 이 선생님 좋은데? 친구들도 많고.

엄마 그래도 한 학원만 너무 오래 다닌 건 아닌가 싶고 또 1년째 성적도 제자리인 것 같고.

아이 (성적이 제자리라는 말에 자기를 탓하는 줄 알고 상처받으며) 글쎄, 난 별로….

이렇듯 보통의 아이는 웬만하면 학원을 옮기고 싶어 하지 않습니다. 새로운 환경을 마주하는 것도 꺼려지고 이미 학원 선생님, 실장님과 끈끈한 공감대가 생겼을 테니까요. 학원 문을 열 때마다 "아이고, 우리 이쁜 ○○이 어서 와"라며 환대받을 겁니다. 원장님은 우스갯소리로 아이가 우리 학원 대들보라고도 합니다.

이 인사말이 위기의 신호입니다. 실장부터 원장까지 모든 관계자가 학생을 안다는 건 그만큼 한 학원을 오래 다녔다는 뜻입니다. 이러면 시간이 쌓은 정 때문에 적절한 순간에 학원을 못 옮깁니다. 학원을 옮겼다가 적응하지 못할까 봐 두렵거든요. 그렇게 어영부영 1~2년이 훌쩍 지나 고1 3등급, 고2 3등급, 고3 3등급으로 고교 생활을 마무리합니다.

반대로 진짜 공부 잘하는 아이는 한 학원에 의존하지 않습니다. 그곳이 들어가기 힘들다는 대치동 학원이라 할지라도요. 아이에게 필요한 학원은 학생을 잘 가르쳐 학원을 빨리 끊을 수 있게 하는 학원이지, 오랫동안 붙잡아두는 학원이 아닙니다. 학원은 성적 향상을 위한 수단이자 도구일 뿐입니다.

엄마 딸, 혹시 국어 학원 옮겨볼 생각 없어?

아이 (성적 정체기로 내심 불안함) 음… 어디로?

엄마 여기, 엄마가 이번에 설명회에 다녀왔는데 너한테 잘 맞을 것 같아.

아이 그래? 요즘 문법 때문에 고민인데 잘 가르치실까? 그 반 애들 너무 잘하는 거 아니야?

엄마 아니야, 선생님이 친절하시고 엄청 유명하신 분인가 봐! 한번 가보자!

아이 그럼 엄마, 그 선생님 샘플 강의나 유튜브 강의 있어? 내가 먼저 한번 들어보고 얘기할게!

학원을 도구로 활용할 줄 아는 아이의 태도는 이렇습니다. 학원을 선택하기 전에 지금 내게 부족한 부분이 무엇인지 정확히 알고 그 부분을 채워줄 수 있는 학원인지 꼼꼼하게 확인하죠. 또 결국 수업을 듣는 건 부모님이 아닌 자기 자신이니 선생님의 강의 스타일, 목소리 등도 비중 있게 고려해 판단합니다. 그러니 학원을 옮긴 다음 혹시라도 성적이 오르지 않으면 어떡하나 하는 불안한 마음에 휘둘리지 않습니다.

학원과 사교육에 의존하는 아이는 학원을 옮기면 필요 이상 불안해하고 공부에 집중하지 못합니다. 만약 엄마 말만 듣고 학원을 옮겼다가 성적이 떨어지면 그 책임이 부모에게 일부 전가됩니다. 아이가 직접 전가하지 않더라도 괜히 본인 때문에 잘못된 것 같아 부모 스스로 책임을 느낍니다. 그러다 보니 마음에 상처를 받을까 봐 학원을 바꾸자고 단호하게 결정하지 못합니다. 하지만 아이 성적이 오랫동안 오르지 않는 상황이라면 과감하게 학원을 옮겨야 합니다. 학원 선생님은 서운함을 드러낼지 몰라도 학원은 어디까지나 수단이거든요. 학원 유명세가 곧 내 아이 성적으로 이어지는 것은 아니라는 사실을 반드시 기억하길 바랍니다.

학원 성적 3분의 1 법칙

객관적 근거와 기준 없이 부모 마음대로 학원을 바꾸면 아이와의 감정적 골만 깊어집니다. 그럼 학원을 옮길지 유지할지 결정할 때 도움이 되는 구체적인 기준이 있을까요? 이럴 때 저는 '학원 성적 3분의 1 법칙'을 꺼내 듭니다. 학원 성적 3분의 1 법칙이란 아무리 좋은 학원이라 하더라도 그 반 구성원 중 3분의 1은 성적이 오르고 3분의 1은 성적이 유지되며 3분의 1은 성적이 떨어진다는 뜻입니다.

6개월 정도 지켜봤을 때 우리 아이가 성적이 오르는 3분의 1에 해당하고 현재 성적에 만족한다면 정서적 안정을 위해 그 학원에 계속 다니는 게 좋습니다. 아이가 성적을 유지하는 3분의 1에 들긴 하지만 그 기간이 1년 가까이 이어진다면 학원을 옮기는 게 좋습니다. 만약 아이가 성적이 떨어지는 3분의 1에 해당한다면 당장 과감하게 학원을 옮겨야 합니다. 정서와 교감, 친밀감과 유대감은 성적이 확보된 다음에 챙겨도 됩니다.

학생과 부모 모두 학원이라는 도구가 지니는 진정한 의미를 충분히 인지하고 그에 맞게 유연한 자세로 학원을 활용해야 실제로 성적을 올릴 수 있고 필요한 순간, 필요한 학원에서 진짜 도움을 받을 수 있습니다. 그래서 저는 제 수업을 듣는 학생에게 늘 이렇게 말합니다.

"이제 선생님 수업은 그만 듣고 다른 일타강사 수업도 한번 들어봐. 네게 필요한 부분이 반드시 있을 거야. 일타라는 타이틀이 그냥 있는 건 아니야. 내가 좋은 수단이자 도구가 돼서 네가 조금 더 편안해졌다면 난 그것으로 만족한다. 그게 도구의 꿈이란다."

영어 성적이 안 오르는 이유, 국어 때문일까

학원과 관련해 국어 강사로서 듣게 되는 웃픈 이야기도 전해드릴까 합니다. 부모님과 대화를 하다 보면 영어 학원에서 다음과 같은 상황을 한두 번은 겪은 분이 많습니다.

영어 학원 원장 어머님, 우리 나연이는 국어 학원을 조금 보내시죠.

학부모 어머, 원장님. 그게 무슨 소리세요?

영어 학원 원장 나연이가 단어 암기도 많이 하고 숙제도 곧잘 해 오는데 성적 향상이 더딘 이유는 근본적인 언어 독해력이 부족하기 때문입니다. 그러니 국어 학원에 보내시는 게 좋을 것 같아요.

국어와 영어의 관계성을 근거로 영어 학원에서 못 올리는 성적을 국어 문제로 떠넘겨 버리는 상황입니다. 아마 수능 국어를 몇 문제라도 풀어본 입시 관계자라면 이 말이 틀렸음을 대번에 알 겁니다. 입시 국어를 가르치는 학원은 영어 학원에서 말하는 문장 이해력이나 독해력을 길러주는 곳이 아닙니다. 오히려 그런 기초 단계의 문장력, 다시 말해 문장 내에서 주어-목적어-서술어 관계를 판단해 이해하고 소화하는 능력은 국어보다 영어를 학습해야 기를 수 있습니다. 생소한 제2외국어를 처음 배우는 것이니 걸음마부터 배울 수 있거든요.

그러나 수능과 고등 내신 시험은 한국어를 모국어로 사용하는 사람을 대상으로 '문제 해결 능력'을 보는 시험입니다. 이미 최상급 독해력, 언어 구사력을 기본으로 갖춘 사람이 시험을 보죠. 예를 들어 이 시험이 요리 경연 대회라고 해봅시다. 이 대회에는 한국에서 태어난 자취 경력 19년의 요리사 몇십만 명이 출전하며 한식 영역과 양식 영역에서 경연을 치릅니다. 영어 학원에서 영어 성적이 안 오르니 국어 학원을 보내라고 하는 논리는 이 대회에 출전한 요리사가 양식 요리를 못하는 이유는 한식 요리를 못하기 때문이라고 하는 것과 비슷합니다.

영어 학원 원장이 말한 것은 사실 '기초'라고 불리는데 저는 이를 '문제 풀이 태도', '지문 독해 태도'라고 표현합니다. 실제로 제 학생 일부는 "엄쌤에게 국어를 배우고 영어 실력이 늘었다"라는 평을 남기기도 합니다. 그건 제 수업이 문제 풀이 태도와 출제 원리 파악에 중점을 두기 때문입니다. 만약 문제 해결 능력을 독해력이라고 본다면 영어 학원 원장 말도 틀리진 않지만 그건 사실 영어 학원에서도 배울 수 있거든요. 단순히 영어 단어나 문장을 암기하는 게 아니라 출제 의도를 읽고 문제를 분석하고 문장구조를 파악하는 건 모든 언어의 본질과 맞닿아 있는 부분이니 영어 학원에서도 충분히 배울 수 있습니다. 그러니 영어 학원 원장 말 때문에 우리 아이가 국어에 문제가 있다고 무작정 두려워할 필요는 없습니다. 검증되지 않은 말에 휘둘려 불필요한 에너지를 소모하면 긴 입시 레이스에서 아이와 부모 모두 빨리 지쳐버립니다.

학원을 다녀도 성적이 오르지 않고 오히려 발전이 더디다면 더 다양한 관점에서 이유를 생각해보면 좋겠습니다. 그러기 위해선 아이와 대화를 많이 해야 합니다. 국어 학원에 덥석 등록하기보다 "네 스스로 영어 독해할 때 어떤 점이 어렵다고 생각해?" 혹은 "영어 문제를 풀 때 어떤 기분과 감정이 들어?"라고 질문해 보세요. 아이 언어를 듣고 아이 상황을 이해하기 위한 질문을 먼저 던져보는 겁니다. 진짜 공부 잘하는 아이와 지혜로운 부모는 무작정 학원에 의존하지 않습니다.

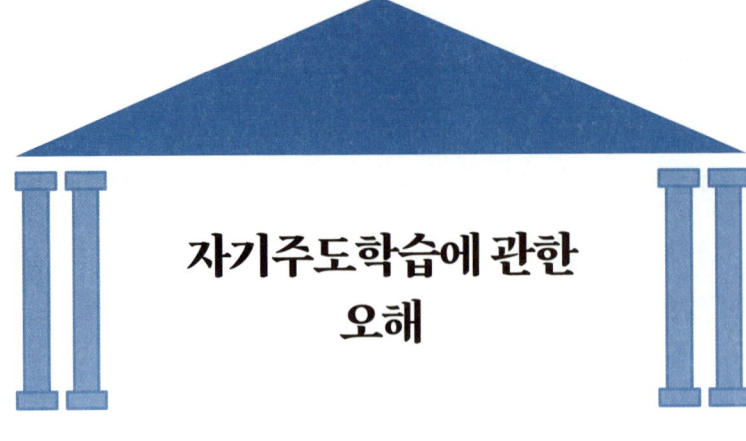

자기주도학습에 관한 오해

사랑스러운 우리 아이가 혼자서 뭔가를 해내는 모습은 감동적입니다. 스스로 일어서는 것. 자립自立. 모든 부모가 가장 바라는 일이겠죠. 공부도 스스로 알아서 잘해준다면 얼마나 좋겠습니까? 그러나 입시에 있어서만큼은 '혼자'라는 말처럼 위험한 단어도 없습니다. 어느 날 아이가 다음과 같이 선언한다면 당장 경계 태세 1호를 내려야 합니다.

"엄마, 내가 혼자 한번 해볼게."

그동안 학원을 다니느라 배운 내용을 자기 것으로 제대로 소화하지 못했으니 이제는 혼자서 해보겠다며 아이는 부모에게 진실한 눈빛을 보냅니다. 충분히 해낼 수 있다고 한번 믿어달라고 호언장담을 하죠.

엄마 아빠도 한 번쯤은 우리 아이를 믿고 싶어집니다. 학원에만 다니고 자습하는 시간은 적지 않나 의심도 들던 참에 부족한 공부를 혼자 하겠다니 그게 또 기특하고 이때 안 믿어주면 언제 믿어주나 싶어 한번 해보라며 아이 뜻을 따라줍니다.

그렇게 보통 혼자 공부한다는 아이를 짧게는 6개월, 길게는 중학교 3년간 그대로 둡니다. 아이가 어떻게 공부하고 있는지 불안하긴 하지만 애써 모른 척하면서요. 하지만 혼자 공부한다는 그 아이는 안타깝게도 혼자서 잘하기 힘듭니다. 아이를 무시하는 게 아닙니다. 공부 외의 요소가 많은 현재 입시 공부는 아이가 '혼공'하기에 '비효율적'이라 그렇습니다. 주변에서 정보를 얻고 시작하면 훨씬 쉽게 갈 수 있는 길도 혼자 우직하고 끈기 있게 가보려다 피해를 보는 경우가 많습니다. 게다가 그 결과는 한참 뒤에야 나오니 혼공이 효과가 없었음을 깨닫는다 해도 이미 날린 시간은 다시 돌아오지 않습니다. 물론 아이도 분명 여러 번 고민해 결심을 내렸고 진심을 담아 말했을 겁니다. 하지만 현실적으로 전략 없이 시작한 혼공의 결과는 대부분 실패입니다.

혼공하면 절대 안 되는 시기

여름방학이나 겨울방학 같은 중요한 시기에는 절대 아이가 혼공하게 두면 안 됩니다. 내신 준비 기간에는 더더욱 안 되고요. 내신 시험 결과는 돌이킬 수 없습니다. 혼자서 내신 공부한다는 아이들이 참 많은데 열에 아홉은 시험을 망치고 돌아옵니다. 학원에 가는 이유는 자료도 얻고 공부 시간도 확인받고 또 함께 공부하는 선생님과 친구들을 통해 동기도 부여받기 위함입니다. 이 모든 것 없이 혼공하면 의지할 곳이 인터넷과 부모밖에 없으니 많이 외로운 공부가 될 겁니다.

그럼 공부 잘하는 아이는 언제 혼공할까요? 언제 우리 아이를 혼자 공부하게 둬도 괜찮을까요? 바로 내신과 내신 사이 딱 한 달 그리고 방학이 끝난 직후 한 달입니다. 이 시기에 한해서만 혼공을 시도해볼 수 있습니다. 1년에 딱 4개월은 아이를 믿고 혼자 둬도 됩니다. 단, 부모가 적절한 관심을 주는 환경이라는 전제 아래서 말이죠. 혼자가 정말 혼자가 아니게끔 늘 아이 학업 스케줄과 학습 태도에 관심을 두면서 아이에게 필요한 게 있는지 틈틈이 물어봐주고 이따금 전문가도 소개해줄 것을 당부드립니다.

아이가 인강을 들으며 혼자 공부하겠다고 하는 건 그나마 나을 수 있습니다. 다만 정말로 혼자서 인강을 제대로 듣는 아이가 얼마나 있을까요? 이럴 땐 아이가 인강을 잘 듣는지 관리해주는 매니저를 고용하는 것도 좋은 방법입니다. 일종의 과외 선생님인데 자체 진도를 나가는 티칭 매니저가 아니라 아이가 목표에 맞게 공부하고 있는지 매주 체크하고 독려해주는 관리 매니저 역할을 하는 거죠. 진도는 인강으로 나가면 되니 꼭 SKY 대학생이나 전문 과외 선생님일 필요도 없고 부모가 직접 인터뷰해 태도가 성실한 대학생을 찾으면 됩니다.

공부했다는 착각에 빠지기 쉬운 그곳

혼공하는 아이가 가장 많이 찾는 공간은 어디일까요? 바로 독서실입니다. 학생에게 독서실은 일종의 은신처입니다. 학교, 학원, 집에서는 늘 엄마와 선생님 등 누군가의 '시선'에 노출돼 있지만 이 시간만큼은 온전히 자기만의 공간에 있는 셈입니다. 그러니 정신적 안정은 물론 육체적 평안함까지도 함께 누릴 수 있습니다. 실제로 독서실 좌석을 선택할 때 학생들은 에어컨이 잘 나오는 곳, 환기가 잘되는 곳이 아니라 최대한 구석진 곳, 남들 시선이 닿지 않는 곳을 기어코 찾아갑니다. 무엇보다 독서실에 있을 때는 조금이라도 공부를 하긴 하니 혼자서도 열심히 공부한 것 같은 착각에 빠집니다. 실제로 공부한 시간이 얼마가 됐든 5시간 정도 독서실에 있다 나오면 마음이 뿌듯합니다.

상황이 이렇다 보니 일반 독서실은 공부 의지가 부족한 아이에게 오히려 독일 수 있습니다. 어두컴컴한 곳으로 지정석을 받으면 2~3시간이 지나도록 엎드려 자는 경우도 많습니다. 입구에 한 사람이 지키곤 있지만 학생들을 일일이 깨우지 않는 게 보편적인지라 코를 골지 않는 한 숙면을 취할 수 있습니다. 학교가 끝나고 독서실에 가면 오후 5시쯤 되는데 잠깐만 자야지 했다가 2시간이 훌쩍 지납니다.

더군다나 친구가 옆자리에 앉아 있다면? 갑작스레 밀려오는 공복감에 친구와, 아이들 표현으로 '저녁을 때리러' 갑니다. 저녁을 먹고 오면 동네 한 바퀴 산책하고 뒤늦게 독서실에 들어와 2시간 정도 공부하면 어느덧 밤 11시. 내일 학교도 가야 하니 이제 집에 돌아갈 시간입니다. 열심히 해도 3등급을 벗어나지 못하는 아이의 하루는 대부분 이와 비슷합니다. 결국 중요한 건 따로 또 같이, 공부하는 '환경'입니다.

자기 통제가 어려운 아이라면

일반 독서실과 달리 '관리형 독서실'은 학생의 일과나 학습 태도가 관리된다는 점, 이용자 모두 정숙한 마음으로 공부에 몰입하고 있어 다른 곳과 비교해 쉽게 집중력을 끌어올릴 수 있다는 장점이 있습니다. 이용료가 비싸다 보니 운영자도 시설 관리나 관리자 관리 그리고 학습 환경 관리에 철저할 수밖에 없습니다. (N수생 대상의 관리형 독서실은 아침부터 밤늦게까지 운영하며 식사 서비스까지 제공해 맞벌이 부부나 학생 관리에 많은 시간을 할애할 수 없는 부모가 방학만이라도 이용하는 경우가 많다고 합니다.)

이런 면에서 자기 스스로 통제하기 어려운 아이에게는 관리형 독서실이 혼공의 실패를 막는 좋은 선택지일 수 있습니다. 공부란 자기주도가 가장 좋다곤 하지만 사실 자기주도적으로 공부할 수 있는 아이는 세상에 몇 없거든요. 세 자녀를 모두 도쿄대학교 의학대학에 합격시킨 어느 영재 엄마의 '거실 공부법'이 화제가 된 적이 있죠. 그는 공부는 외로운 게 맞지만 아이가 외롭게 공부하게 두진 말라고 조언합니다. 부모와 자녀가 상호작용하면서 학업의 길을 걸어가라 합니다. 생각보다 요즘 아이는 누군가 꾸준히 자신을 지켜보는 데 거부감이 덜합니다. 확실히 부모 세대와는 다르죠. 내가 타인에게 노출되는 환경마저도 학습에 도움이 된다면 이용하는 게 옳다는 입장이더라고요. '스터디윗미'라는 제목으로 실시간 라이브 방송을 켜놓고 공부하는 아이들을 보며 세상이 참 많이 변했음을 느낍니다.

반대로 자기 통제가 잘되고 또 편안한 분위기에서 공부하는 게 효율이 높은 아이라면 일반 독서실이나 스터디카페 이용을 적극적으로 권유합니다. 학원 스케줄이 바빠 잠깐씩 독서실을 이용할 때는 시간제 독서실도 좋은 선택일 수 있습니다.

친구 따라 강남 가는 것처럼 친구가 다니는 독서실을 무작정 다니게 하지 말고 아이 성향과 상황을 두루 살펴 신중하게 선택하게 하면 좋겠습니다. 아직 아이가 어떤 타입인지 잘 모르겠다면 일반 독서실, 스터디카페, 관리형 독서실 모두 한 달씩 다녀보게 하는 것도 추천합니다.

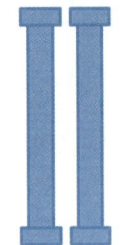 

태도를 바꾸지 않으면 성적이 바뀌지 않는다

학생 상담을 하다 보면 영재고나 과학고, 외고 등 특목고 입시에 실패하고 의기소침해진 아이를 종종 만납니다. 인생 첫 실패라 그런지 그 후유증이 마음속에든 성적표에든 오래 남아 있는 경우가 많았습니다. 그런데 그중 유독 국어에 흥미가 떨어진 아이를 보면 뭔가를 성취했다는 기준을 충족할 만큼 국어 공부를 체계적, 집중적으로 해본 아이는 막상 별로 없더군요. 기껏해야 옆 친구보다 책을 조금 더 많이 읽었다 혹은 덜 읽었다 정도입니다. 이렇다 보니 국어 영역은 '일단 하긴 해야 하니까 푼다'는 느슨한 마음가짐으로 접근합니다. 문제를 풀 때 정성껏 발문과 선지를 읽을 리 없고 정답을 선택할 때 정확한 판단 근거를 찾으려 하지 않죠. 특목고까지 준비했던 아이인데 수학과 달리 국어 점수는 야금야금 떨어집니다. 아이 능력이 부족해서일까요? 아닙니다, 앞서 강조했듯 '태도' 문제입니다.

1등급 행동은 1등급 태도에서

태도Attitude, 態度란 몸과 마음에 밴 법도를 말합니다. 만물이 자연과 우주의 법칙에 따라 움직이듯 사람은 사람의 법칙에 따라 생각하고 행동합니다. 어떤 삶의 태도를 지니고 있는지에 따라 그 사람의 삶이 달라집니다

국어 영역에서도 1등급을 받는 학생은 그만의 1등급 행동을 합니다. 입시에서 1등급을 받는 학생의 행동 패턴을 분석해보면 3~4등급과는 확실히 구분되는 특징을 보이고요. 강사 초기엔 이것만 학생들에게 가르쳐주면 성적을 변화시킬 수 있다고 생각했습니다. 그리고 실제로 소기의 성과도 거뒀죠. 하지만 일시적인 행동 변화만으로는 지속적인 성적 향상을 기대할 수 없었습니다. 일시적으로 성적이 향상된 학생 중 5퍼센트 미만의 학생만이 꾸준한 질적 성장을 보였고 나머지 95퍼센트 학생은 얼마 지나지 않아 본래 자리로 돌아갔습니다.

저는 이 문제를 해결하기 위해 학생들의 심리 상태와 학습 행동 그리고 성적의 관계를 깊게 연구했습니다. 그 결과 '1등급 행동은 결국 1등

급 태도에서 나온다'는 사실을 깨달았습니다. 좋은 태도에서 좋은 행동과 좋은 결과가 나오는 것처럼 좋은 성적을 받기 위해서는 그에 걸맞은 좋은 행동이 필요하고 그 행동의 원동력이 되는 좋은 태도가 필요합니다. 성적을 바꾸고 싶다면 행동부터, 행동을 바꾸고 싶다면 태도부터 바꾸려고 노력하고 실천해야 합니다.

좋은 태도란 꾸미지 않아도 어색하지 않고 의식하지 않아도 어긋나지 않는 상태라 할 수 있습니다. 좋은 태도가 습관이 되면 같은 행동을 반복해도 심적으로 그리고 육체적으로 힘이 들지 않아 꾸준히 좋은 성적을 유지할 수 있는 것입니다. 물론 좋은 태도가 온전히 몸에 배기 전까지는 힘들 수 있습니다. 그러나 이 행동이 궁극적으로 내게 득이 된다는 사실을 깨닫고 나면 다시 힘을 얻어 열심히 공부할 수 있습니다. 공부란 본질적으로 심신을 자극하는 고통스러운 일이라 이 고통과 스트레스를 잘 관리하는 게 매우 중요합니다.

힘들기만 한 국어 공부를 빨리 해치우고 싶은 마음에 다짜고짜 지문에 뛰어들어 정신없이 독해하고 문제를 푸는 것이 좋은 태도일 리 없습니다. 오답을 체크할 때 왜 틀렸는지 충분히 생각하지 않고 곧장 정답과 해설을 줄줄 외는 것이 좋은 태도일 리 없습니다. 먼저 출제자가 만들어놓은 〈보기〉와 문제를 차분하게 훑어보고 어떤 키워드가 등장했는지 또 앞으로 어떤 방향으로 독해해야 할지 목표를 설정한 후 이를 달성하기 위해 작품을 읽는 태도, 즉 능동적이고 목적 지향적인 태도가 좋은 태도입니다.

1등급 아이는 절대 자신이 읽고 싶은 대로 문제를 읽지 않습니다. 출제 목적에 부합하는 방식으로 독해합니다. 예를 들어 정호승의 〈슬픔이 기쁨에게〉라는 현대시가 출제됐다면 이 문제를 '시대 상황' 중심으로 해석해야 하는지, '표현법' 중심으로 분석해야 하는지, '작가' 중심으로 파악해야 하는지에 따라 다르게 접근합니다. 전적으로 출제자의 마음을 헤아리려는 태도를 갖추고 시작하는 거죠. 이 같은 국어 공부에 대한 관심과 애착, 1등급 공부 태도가 없다면 문제를 만든 출제자의 의중을 헤아릴 수도, 좋은 점수를 받을 수도 없습니다.

공부 태도와 삶의 태도는 연결된다

대학 입시를 준비하는 과정은 한 사람의 인생에서 한 장을 차지하는 정말 중요한 단계입니다. 입시 공부를 대하는 좋은 태도, 즉 목적의식을 지닌 능동적 태도는 대학 입학 후 어떤 인생을 살지 목표를 세우고 대학 졸업 후 내 모습을 상상하며 입시 생활을 지혜롭게 보내는 삶의 태도와도 긴밀히 연결됩니다.

저는 제 학생들에게 한 걸음 앞서서 생각하고 미래를 예측하며 준비하는 일이 얼마나 중요하고 또 필요한지 무수히 많은 사례로 강조합니다. 때로는 제 경험을, 때로는 미래를 먼저 준비해 성공한 기업가나 유명인의 일화를 들면서요. 그 순간 학생들은 저마다의 삶도 함께 되돌아봅니다. 실패의 아픔이 컸던 학생일수록 제 얘기에 더 공감하죠.

> **엄쌤** 애들아, 미래는 아무도 몰라. 등급이 어떻든 그건 모두에게 공평하게 적용되는 사실이야. 그럼 우리 각자의 삶은 어떻게 결정될까? 현재를 어떻게 준비하고 있는지가 미래 가치를 결정하지 않을까? 선생님은 미래를 이렇게 생각한단다. 어리석은 사람은 미래를 걱정하고 두려워만 할 것이다. 지혜로운 사람은 미래를 계획하고 준비할 것이다. 반면 왕이 될 사람, 시대의 별이 될 사람은 미래의 한 시점에 먼저 가서 기다리고 있을 것이다.
>
> **학생** (자신의 태도를 돌아보며)사실 내가 특목고 입시를 너무 만만하게 생각해서 미리 준비한 건 하나도 없었어. 그저 엄마가 시키는 대로만 했지, 실제로 무엇 하나 스스로 제대로 알아본 게 없었던 것 같아. 이제 내 미래는 내가 만들어 가봐야지!

저는 고등 입시 실패를 딛고 일어나 대입 입시 성공으로 도약하는 아이들의 모습을 수년간 목격해 왔습니다. 그때 그 아이들의 변화는 단순히 성적이 오르는 데만 그치지 않았습니다. 그들의 눈빛에서 삶을 얼마나 진지하게 여기는지 읽을 수 있었죠.

제 첫 제자들은 벌써 20대 후반을 향해 달려가는데 지금도 종종 제게 소식을 전해줍니다. 급변하는 환경에 뒤처지거나 AI에 대체되지 않기 위해 대학원에 진학해서 꾸준히 연구하는 제자, 쏟아지는 정보를 마냥 흘려보내지 않고 그 속에서 남다른 인사이트를 끄집어내기 위해 데이터를 공부하는 제자, 주변 사람이 목적 없이 영어 학원에 다닐 때 베트남어를 공부하며 자기만의 선택을 믿고 나아가는 제자….

인생이 준 문제의 출제 의도를 끊임없이 고민하며 운명을 이끌어가는 제자들. 눈앞에 엉켜 있는 삶의 매듭을 하나씩 풀어나가는 그 모습에 입시 공부를 하며 치열하게 고민하고 번뇌하던 모습이 자연스레 겹쳐집니다.

언제나 변화의 시작은 태도입니다. 태도가 행동을 만들고 행동이 습관을 만들고 습관이 성적을 만듭니다. 이렇게 향상된 성적은 자존감을 높여 스스로를 더 좋은 태도로 이끌 겁니다. 저는 이를 '존재론적 순환'이라고 표현합니다. 한 사람이 본질적으로 성장하는 것. 이것이 제가 추구하는 국어 공부의 방향입니다.

태도가 바뀌면 삶이 바뀝니다.
내 아이도 달라질 수 있습니다.

선생님,
우리 아이는 왜 국어를 못할까요?

엄쌤의 한마디

'라떼'와는 달라도 너무 다르니 과거 잣대로 평가하지 마세요.

학부모 상담을 하다 보면 자녀를 답답하게 여기는 분이 꽤 많습니다. 흔히 "라떼는 말이야"로 시작해 요즘 아이들은 끈기가 없다고, 헝그리 정신이 부족하다고 불평하십니다. 특히 국어는 뭐 공부할 게 있느냐는 생각이 강하시죠.

"3등급? 국어는 문제 집중해서 읽고 출제 의도만 잘 파악하면 돼! 아빠 어릴 때는 책만 읽고 딱히 공부 안 해도 점수가 잘 나왔어. 신문이나 기사를 봐. 거기 한자어도 많고 또 그분들이 교육을 많이 받은 분들이잖아. 그러니까 어휘나 문장 표현에 도움이 많이 될 거야. 시사 상식도 기를 수 있으니 나중에 쓸모도 있고."

보통 엄마보다 아빠들이 이런 경향을 보입니다. 평소에는 교육에 관여하지 않다가 시험 기간만 되면 어김없이 훈수를 두는 겁니다. 이렇게 본인의 과거 경험을 들어 자녀를 가르치려는 부모님을 만날 때면 저는 말없이 최신 수능 시험지를 꺼내 보여드립니다.

"지난 수능 국어 지문인데 한번 살펴보시겠어요?"

시험지를 쓱 살펴본 부모님들은 십중팔구 이렇게 말씀하십니다.

"허, 무슨 말인지 통 모르겠네요. 우리 때랑은 확실히 다르군요."

그렇습니다. 요즘 아이들 상황은 우리 때랑은 많이 다릅니다. 시험 난도만 다른 게 아니라 각 반에서 최선을 다하는 학생 수도 다르고 학교 입학 정원도 다릅니다. 각종 설명회, 유튜브에서 쏟아져 나오는 정보의 질도 다르고 무엇보다 삶의 환경이 다릅니다. 그러니 어른의 경험이라는 잣대로 아이를 재단하면 남아 있던 아이와의 관계마저 재단될 수 있습니다. 저는 긴 입시 끝에 부모와 자식의 거리가 멀어지는 결말을 수없이 봤습니다. 결국 입시라는 것도 모두가 다 행복해지기 위한 수단 아닌가요? 아무리 좋은 대학에 들어갔어도 부모와 자식 사이가 벌어져 버리면 그것만큼 불행한 일도 없습니다.

"나 때는 안 그랬는데 너는 왜 이러니?", "다른 집 애들은 잘만 하는데 너는 왜 이래?"라며 비교하고 나무라는 태도는 넣어두세요. 대신 "요즘 수능이 많이 어렵다는데 힘들진 않니?", "힘든 시기를 잘 버텨줘 고맙다. 조금만 더 힘내보자"라고 이해하며 공감하는 태도로 아이를 격려하고 위로해 주시길 바랍니다.

2장

최상위권의
공부 태도를 장착하라

태도 변화의 골든 타임

혹시 태어나자마자 걷는 아이를 본 적 있나요? 그런 아이는 없습니다. 아이가 걷고 뛰는 건 발달 순서에 맞춰 걸음마를 가르쳐주는 부모가 곁에 있었기 때문입니다. 공부 태도도 마찬가지입니다. 천진난만하던 어린아이가 중학교, 고등학교에 올라가 최상위권 학생으로 성장할 수 있는 건 학습 시기에 맞춰 목표와 방향을 잡아주는 부모와 선생님이 곁에 있기 때문입니다.

우리 아이 공부 태도는 언제, 어떻게 잡아줘야 할까요? 올바른 공부 태도를 형성하기 위한 결정적 시기가 있을까요? 한번 자리 잡은 공부 태도를 바꾸는 데는 시간이 얼마나 필요할까요?

습관을 만드는 시간, 66일?

어떤 행동이 습관으로 이어지기까지는 보통 66일 정도 걸린다고 알려져 있습니다. 66일, 어떻게 느껴지나요? 성인 기준으로 보면 짧지도 길지도 않은 적당한 시간으로 느껴집니다. 그런데 아이도 이렇게 생각할까요? 분초를 다투는 수험생 입장에서 66일은 굉장히 긴 시간입니다. 입시 강사인 제 입장에서도 마찬가지입니다. 제가 상담실을 찾아오는 부모님께 단 하루 만에도 아이 습관이 바뀔 수 있다고 말씀드리면 대부분 잘 믿지 못하십니다. 하지만 아이 마음속에서 일어나는 공부 의지가 단숨에 태도 변화로 이어지는 경우는 참 많습니다. 학생이 느끼기에 이런 방식으로 문제를 풀면 성적이 오르겠다는 믿음, 이 사람을 믿고 공부하면 자기도 다른 친구처럼 공부를 잘하게 될 것 같다는 확신 그리고 실제로 그렇게 풀어봤을 때 전보다 훨씬 더 문제가 잘 풀린 경험… 이런 자기 긍정과 성공 경험은 아이의 학업 역량을 끝없이 키워줍니다.

성적의 첫 번째 퀀텀 점프

빠른 시간 안에 올바른 공부 태도를 형성하기 위해서는 결정적 시기를 놓치지 말아야 합니다. 그 첫 번째 퀀텀 점프 구간은 바로 초등에서 중등으로 넘어가는 시기입니다.

초등 저학년에서 중학년 자녀를 둔 부모가 최근 가장 중요하게 생각하는 부분은 어휘력(한자)과 문해력(독서)입니다. 그림책이든 학습만화든 아이가 책 읽기를 싫어하지만 않아도 안도하죠. 그런데 아이가 고학년에 올라가는 순간 초조해지기 시작합니다. 주변에 '의치한약수' 진학을 위해 일찌감치 선행을 준비하고 맞춤 학원에 다니는 아이가 적지 않거든요. 공부 잘하는 옆집 아이를 따라 무작정 논술 학원에 보내거나 비문학 문제집을 풀리는 시기가 바로 이쯤입니다. 왜, 무엇을, 어떻게 공부해야 하는지 제대로 학습하지 못한 아이에게 잘못된 공부 태도가 쌓이기 시작하는 시기이기도 하고요.

선행 학습 진도를 따라가기에 급급하고 학원 숙제에 치이다 보면 아이에게는 문제를 건성으로 빨리 읽는 태도, 문제를 풀자마자 정답을 확인하는 태도, 오답을 깊게 생각하지 않는 태도가 쌓입니다. 이런 태도는 당연히 국어뿐 아니라 모든 과목에 영향을 미치겠죠. 초등에서 중등으로 넘어가는 이 시기에 잘못된 공부 태도를 바로잡지 않으면 성적은 물론이고 공부 자신감까지 흔들립니다.

성적의 두 번째 퀀텀 점프

두 번째 퀀텀 점프 구간은 바로 중등에서 고등으로 넘어가는 시기입니다. 첫 번째 퀀텀 점프 구간을 놓쳤다면 이 구간을 잘 활용하세요.

초등 6년간 시험 없이 학교생활을 한 아이는 중학교 2학년 때 공식적인 첫 시험을 치릅니다. 그런데 대입에 직접 영향을 미치는 시험은 아니다 보니 그저 '열심히' 공부하고 '성실하게' 시험문제를 푸는 경우가 대부분입니다. 혹시 아이가 시험문제 푸는 모습을 옆에서 지켜본 적 있나요? 보통 약속이라도 한 듯 1번부터 차례대로 문제를 품니다. 게다가 어려운 문제가 나와도 건너뛰지 못하고 끝까지 붙들고 늘어져요. 그러다 보면 제한 시간 안에 문제를 다 풀지 못합니다.

공부 방법은 어떨까요? 시험 기간만 되면 벼락치기로 밤샘 공부를 하는 아이가 정말 많습니다. 그런데 사람마다 생체리듬은 다 다릅니다. 이른 아침이나 새벽에 집중이 잘되는 사람이 있는가 하면 오히려 저녁 시간에 인지 능력이 더 높아지는 사람도 있습니다. 실제 최상위권 아이는 내가 어떤 사람인지 정확히 알고 절대 본성을 거스르는 공부를 하지 않아요. 옆 반 1등이 10시간을 공부했다고 해도 흔들리지 않고 자신의 최대 집중 시간이 3시간이면 딱 3시간 집중해 공부합니다.

본격 입시 레이스에 들어선 고1부터는 벼락치기나 밤샘 공부를 계속 할 수 없습니다. 따라서 '시험'을 기준으로 태도를 재점검해야 합니다. 시험을 준비하는 나는 어떤 역량을 가진 사람인지, 그래서 어떤 공부법이 맞는지 스스로 찾아나가야 하죠. 또 수능 시험이란 무엇인지, 시험 문제에는 어떻게 접근해야 하는지 등을 분석하고 전략적으로 임하는 태도로 전환해야 합니다.

성적의 세 번째, 네 번째 퀀텀 점프

사실 그동안 입시에서 가장 중요하게 여겨진 학습 집중 시기는 고2에서 고3으로 넘어가는 겨울방학이었습니다. 하지만 요즘 입시가 재수생이나 N수생 중심으로 이뤄지다 보니 고2 겨울방학부터 입시 공부에 집중하면 늦는다는 결론이 나왔죠. 어쩌면 고3 입시 강사인 제가 이 책을 쓰는 이유도 이런 시대 변화 때문일지 모르겠습니다.

하지만 여전히 고2에서 고3으로 넘어가는 겨울방학은 중요합니다. 아이 스스로 공부에 열의를 갖고 진지하게 임해야 한다는 것을 상식적으로 받아들이는 시기이기 때문입니다. 공부하길 죽기보다 싫어하던 아이도 고3이 되면 그래도 공부를 하긴 해야 한다고 생각하니까요. 그래서 이 시기에 아이의 실질적인 태도 변화 의지가 큽니다. 다양한 학년을 대상으로 강의를 해보면 확실히 예비 고3 학생의 집중도와 수업 참여도 그리고 체화 '의지' 정도가 남다릅니다.

그러나 체화 '의지'와 실제 '체화'는 다릅니다. 이미 고3까지 오는 동안 잘못된 문제 풀이 습관과 태도가 몸에 뱄기 때문에 쉽게 고쳐지지 않죠. 그래서 좀 더 이른 시기에 시작할수록 가르치면 가르치는 대로, 시키면 시키는 대로 좋은 태도를 확립하기가 유리합니다. 이것이 제가 학생들에게 더 좋은 것만 주고 더 좋은 것만 가르치려고 섬세하게 노력하는 이유기도 합니다.

마지막으로 네 번째 퀀텀점프는 아쉽게도 대학 입시에 실패하고 재

수 혹은 N수를 하는 그 순간에 이뤄집니다. 이때는 누가 시키거나 말하지 않아도 스스로 태도 변화가 필요함을 절감합니다. 지금의 태도 때문에 이 고통을 겪고 있음을 학생도 깨닫기 때문입니다.

   제가 말씀드리는 학습 태도, 문제 풀이 태도는 사실 저를 비롯해 공부에 실패한 사람들이 뼈아픈 후회를 겪고 살기 위해 일궈낸 자기 변화를 '태도'라는 이름으로 포장한 것뿐입니다. 그들이 왜 실패했는지 듣고 어떻게 성공했는지 물으면서 하나씩 쌓아 올린 삶의 공식입니다. 최상위권이 되려면 언젠가는 반드시 갖춰야 할 덕목일 수도 있습니다. 제가 말한 모든 것을 그대로 똑같이 할 필요는 없지만 그래도 몇몇 얘기는 참고하면 도움이 될 겁니다. 그러니 내 위치가 어디든, 몇 살이든 포기하지 말고 끝까지 변화하려고 노력하시길 기원합니다.

국어 공부 입문기

　퀀텀 점프 구간 외에도 초등부터 고등까지 순차적으로 갖춰야 할 기본 태도가 있습니다. 하나씩 살펴보기에 앞서 반드시 전제돼야 할 자세부터 말씀드리겠습니다.

　공부는 본래 고통스럽고 힘든 일입니다. 그렇기에 아이는 기본적으로 공부를 싫어할 수밖에 없습니다. 하지만 동시에 공부를 잘해서 인정받고 싶다는 욕구도 지니고 있죠. 이런 양가감정은 결코 잘못된 게 아닙니다. 그러니 공부하라고만 하면 아이가 갑자기 게을러진다고 너무 나무라지 마세요. 1등급 태도를 만들어가는 일은 아이의 본성을 부정하는 것이 아니라 이해하는 데서 시작합니다. 공부를 잘하고 싶지만 하기 싫은 건 어쩔 수 없구나. 조경을 위해 소나무의 수형樹形을 잡는 것처럼 이 사실을 이해하고 아이를 상처를 입히지 않는 선에서 조금씩 어르고 달래며 태도를 학습시켜야 합니다. 우악스럽게 혹은 억지로 몸을 칭칭 동여매면 아이는 균형감 있고 안정감 있는 학습 습관을 형성하기 어렵습니다.

저는 공부 자체를 하나의 생명체로 바라봅니다. 생명체가 성장하는 과정에서 다양한 방식의 자극이 필요하듯 공부 또한 시기별, 수준별, 상황별로 서로 다른 자극이 필요하다는 거죠. 앞으로 국어 공부를 크게 입문기, 성장기, 도약기 세 시기로 나눠 각 시기에 어떤 태도와 행동을 배우고 익혀야 국어 1등급에 도달할 수 있는지 말씀드리고자 합니다. 다만 이 세 단계가 초등·중등·고등으로 정확히 구분된다고는 여기지 말아주세요. 모든 아이마다 내면 성향과 외부 환경은 천차만별이라 내 아이의 현 상황에 맞도록 유연하게 적용하는 게 옳습니다. 이른 시기부터 실천해 나간다면 가장 좋겠지만 늦었다고 못할 것도 없습니다.

국어에 대한 적대감 없애기

1등급 태도로 나아가기 위한 가장 첫 단계는 국어에 대한 적대감이 아이 마음속에 차오르지 않게 혹은 이미 쌓여 있는 적대감이 조금씩 사라지게 하는 일입니다. 사춘기를 통과하는 아이는 이성적 면보다 본능에 가까운 감성적 면이 더 강합니다. 그러니 아이 감정을 섬세히 들여다보면서 최소한 국어 공부가 싫어지지 않도록 응원하는 것, 국어 공부를 하면서 상처받는 일을 적게 만들어 부정적 감정이 쌓이지 않도록 돕는 것이 좋은 태도를 만드는 최고의 밑거름입니다.

그러기 위해선 아이가 어른의 언어에 지대한 영향을 받는다는 사실을 인지하는 게 중요합니다. 아이는 어른의 말에 나에 대한 인정이 있는지 없는지 금방 판별할 수 있어서 좀 더 인정받는 방향으로 행동하려 합니다. 그런데 부모가 주로 사용하는 언어는 이렇습니다.

- 그만 뭉그적거리고 빨리 풀어!
- 일단 풀어봐.
- 정답이 뭐야? 몇 번이야?
- 다 맞혔어? 몇 점이야?
- 이건 왜 틀렸어? 왜 못 풀었어?
- 시간이 왜 이렇게 오래 걸렸어?
- 빨리 하고 가자!
- 어머나, 다 맞았네! 우리 아들/딸 천재인가 봐!

부모 말에 조금 더 빠르게 해내길 원하는 뉘앙스가 담겨 있으면 이를 민감하게 받아들인 아이는 어느 순간부터 글씨를 갈겨쓰고 문제를 대충 풉니다. 부모가 100점을 받아 왔을 때는 칭찬을 해주고 70점 받아

왔을 때는 인상을 살짝 찌푸리며 별말 하지 않으면 아이는 정답에 집착하고 한 문제를 풀자마자 정답지를 들춰보는 습관이 몸에 뱁니다. 특별히 잘하지 않았는데 칭찬을 과하게 하면 늘 잘해야 한다는 생각에 남몰래 자기를 속이고 커닝도 합니다. 실제로 몇 년 전 EBS 공부 관련 다큐에서 선생님에게 칭찬을 계속 받는 아이는 스스로 문제를 풀어 맞힐 수 있어도 커닝을 생각할 가능성이 크다는 실험 결과가 나오기도 했습니다. 계속 칭찬을 받고 싶다는 욕심에 옆에 펼쳐진 답지를 슬쩍 훔쳐보는 겁니다. 결국 아이는 부모의 언어 때문에 좋지 않은 태도를 형성할 수밖에 없었던 거죠.

좋지 않은 태도(중하위권 태도)	좋은 태도(최상위권 태도)
글씨를 갈겨쓰는 태도	모든 필기를 또박또박 하는 태도
문제를 읽지 않는 태도	문제, 발문부터 정확히 읽는 태도
빈칸과 네모 칸만 보는 태도	빈칸 주변에 더 집중해 읽는 태도
빨리 풀려는 태도	속도보다는 정확도를 더 신경 쓰는 태도
⑤번 선지까지 읽지 않으려는 태도	정답이 보여도 꾹 참고 ⑤번까지 다 읽는 태도
대충 감으로 찍는 태도	판단 근거를 갖고 선택하는 태도
한 문제 풀고 곧바로 답을 확인하는 태도	문제 풀이와 정답 확인 시간을 각각 충분히 갖는 태도
문제를 풀자마자 정답부터 맞춰 보는 태도	정답에 집착하지 않는 태도

저는 '부모 교육'이라는 표현을 자주 사용합니다. 올바른 공부 태도를 쌓는 데는 아이와 부모가 함께 변화하는 것이 그 무엇보다 중요하기 때문입니다. 아이만 학원에 보내놓고 잘 배워오길 바라기보다 부모 스스로도 조금씩 언어생활을 달리하는 연습을 해보길 바랍니다. 다음 문장을 소리 내 읽어보세요.

- 다 틀려도 괜찮아! 정답보다는 어떻게 틀렸는지가 더 중요해.
- 천천히 풀어. 빨리 풀다 틀리지 말고 꼼꼼하게만 풀자.
- 어떤 부분이 틀린 것 같았어?
- 시간은 너무 신경 쓰지 말고 정확히 풀어보자.
- 와, 이 문제는 틀렸지만 정말 잘 풀었다! 진짜 아까워.
- 거의 다 왔어! 이 문제 어떻게 풀었어? 대단한데!
- 70점도 노력한 점수야! 틀린 것보다 맞힌 게 많으니 실망하지 마.

이런 언어를 사용하는 부모를 아이는 진심으로 믿게 됩니다. 부모에게서 인정과 사랑을 받고 있다고 생각하기 때문이죠.

아이는 부모를 보고 배웁니다. 부모의 언어가 곧 아이의 사고방식을 결정하고 행동 양식을 만듭니다. 그런데 부모가 본인도 하기 힘든 이상적인 행동을 아이에게 강요한다면 아이는 반발심이 생길 수밖에 없습니다. 그러니 공부 입문기에는 힘들게 공부하는 우리 아이를 응원하고 위로해주는 언어를 사용해주면 좋겠습니다. 공부에 부정적 감정이 피어날 틈이 없도록, 국어를 배우는 즐거움으로 아이 마음이 가득 채워질 수 있도록 아이에게 좋은 태도의 본보기가 돼주세요.

이토록 공부가 재밌어지는 순간

국어 공부에 적대감이 없어진 마음, 비어 있어 무엇이든 받아들일 준비가 돼 있는 열린 마음을 만들었다면 앞으로 유용하게 쓰일 좋은 태도를 쌓을 차례입니다. 이때 아이에게 가장 필요한 태도는 무엇일까요? 바로 기분 좋게 공부하는 태도입니다.

앞서 말씀드렸듯 아이는 공부에 방어적 태도를 보이기 마련입니다, "공부를 해야 한다는 것도 잘 알고 공부를 잘하고도 싶어. 그런데 지금 당장 공부하긴 싫어." 이렇게 방어적 태도를 지닌 아이에게는 '공부를 조금만 해도 성적이 오르는 비법'으로 다가가야 합니다. 실제 아이들이 즐겨 찾는 유튜브 영상 중에 '○○ 잘하는 법', '○○ 쉽게 외우는 방법' 같은 콘텐츠 조회 수가 높은 편이거든요. 아무리 열심히 공부해도 성적이 오르지 않으니 보람도 없고 쏟은 시간과 노력에 상응하는 보상(부모님 칭찬)도 없으니 공부가 즐거울 리 없죠. 이런 아이에게는 '어라? 나도 하니까 되네?', '조금만 공부했을 뿐인데도 성적이 오르다니 해볼 만한데?'와 같이 공부가 재밌어지는 순간을 경험하게 해줘야 합니다.

'조금만 공부해도 성적이 오르는 비법'은 무엇일까요? 문장 속에 답이 있네요. '조금만', 즉 '효율적'으로 공부하는 것입니다. 효율적으로 공부하는 방법만 알면 아이는 그 이로움을 느껴 기분 좋게 공부하는 태도를 쌓을 수 있습니다.

제가 수업 중에 학생과 나눈 얘기를 하나 들려드릴게요.

엄쌤 도준아, 너는 공부가 재밌니?
도준 아뇨, 당연히 노잼이죠.
엄쌤 왜 그런 것 같아?
도준 여자친구 사귈 시간도 없이 죽어라 공부만 하는데도 성적이 안 나오잖아요.
엄쌤 맞아. 공부도 하고 놀기도 해야 즐겁지. 어떻게 사람이 맨날 공부만 하니? 그럼 효율적인 방법으로 공부 시간을 줄이고 성적이 오르면 공부가 재밌어지겠네?

오른쪽 박스는 국어 공부 입문 단계에 머물러 있는 학생이 문제를 푼 시험지에서 흔히 볼 수 있는 모습입니다.

> **06. 윗글의 표현상 특징으로 적절한 것은?**
> ① 공간이 이동되면서 시상을 전개한다.
> ② 특정 계절을 한정하여 대상을 묘사한다.
> ③ 통사 구조의 반복으로 시적 상황을 강조하고 있다.
> ④ 과거와 현재를 대비시켜 주제 의식을 형상화하고 있다.
> ⑤ 완결되지 않은 종결 어미를 활용하여 시적 여운을 준다.

엄쌤 도준아, 네가 푼 문제를 한번 볼까? ①번과 ③번 선지에만 휘갈긴 듯이 표시가 남아 있네. ④번 선지부터는 아무 표시도 없는 걸 보니 선지를 끝까지 다 읽지 않았나 봐. 이게 바로 비효율적인 공부 방식이야.

도준 네? 왜요? 문제를 빨리 풀었으니 효율적인 거 아니에요?

엄쌤 정말 그럴까? 만약 이 문제를 맞혔다면 너는 이 문제를 다시 볼까, 안 볼까?

도준 당연히 안 보죠. 어쨌든 맞혔잖아요.

엄쌤 그럼 오답 선지 4개가 왜 틀렸는지 정확하게 설명할 수 있어?

도준 아니요, 그건 아니에요.

엄쌤 그럼 오늘은 문제를 맞히긴 했지만 다음에 비슷한 문제가 나오면 틀릴 수도 있겠네?

도준 그… 그러네요.

엄쌤 자, 이번엔 네가 이 문제를 틀린 경우를 생각해보자. 모든 선지에 제대로 표시가 안 돼 있으니 오답을 파악하려면 선지 5개를 모두 다시 읽어야 하는 거 아냐?

도준 네… 처음부터 다시 문제를 풀어야죠.

엄쌤 바로 그거야. 뭘 잘못 생각해서 틀렸는지 모르니까 처음 문제 풀이 시간만큼 또 시간을 쓰게 되잖아. 얼마나 비효율적이니?

도준 시간은 시간대로 걸리고 틀려서 기분도 안 좋고. 쌤! 왜 공부가 재미없게 느껴졌는지 이제 정확히 알겠어요.

---

06. 윗글의 표현상 특징으로 적절한 것은?
① 공간이 이동되면서 시상을 전개한다.
② 특정 계절을 한정하여 대상을 묘사한다.
③ 통사 구조의 반복으로 시적 상황을 강조하고 있다.
④ 과거와 현재를 대비시켜 주제 의식을 형상화하고 있다.
⑤ 완결되지 않은 종결 어미를 활용하여 시적 여운을 준다.

엄쌤 앞으로는 이렇게 근거를 표시하면서 문제를 풀어봐. 그럼 문제를 맞혔을 때 내가 정확한 판단 근거를 갖고 풀었다는 걸 확인할 수 있으니까 다음에 비슷한 문제가 나와도 또 맞힐 수 있을 거야. 만약 문제를 틀렸다 해도 당시에 어떤 부분을 틀리거나 맞았다고 생각했는지 시험지 위에 그 흔적이 정확히 남아 있으니 '이 부분이 맞았다고 생각해서 아무런 표시를 안 했는데 여기에 × 표시를 해야 했구나. 오늘은 이 개념만 제대로 공부하

면 되겠다!' 이렇게 스스로 진단하고 목표를 세울 수 있을 거야. 오답을 공부해야 할 범위가 명확하니까 틀린 것과 직접 연관이 있는 선지 2개만 집중적으로 살펴보면 되겠지? 시간을 5분의 2만큼만 써도 충분하다는 거야. 다른 친구가 1,000문제를 풀 때 나는 400문제만 풀어도 되는 거고.

남들보다 공부 시간을 적게 쓰고도 성적이 오르는 소위 '꿀'을 경험하는 순간이 바로 공부가 재밌어지는 순간입니다. 아이가 공부를 재밌다고 느끼면 스스로 공부하는 태도는 자연스럽게 따라옵니다. 아이 스스로 동기를 부여할 수 있도록 곁에서 조금만 방향을 틀어주세요. 부모 눈높이에서 억지로 학습 동기를 부여하려고 하면 아이는 오히려 공부와 멀어집니다.

최상위권 학생에게는 어떤 요소가 동기 부여가 될까요? 좋은 대학을 가겠다는 의지? 의사가 되고 싶다는 목표? 실제로 그들과 만나 대화해 보면 그들은 막연한 미래에서 힘을 얻지 않습니다. 그보다는 스스로 이렇게 고통스럽게 문제를 풀고 있고 남들보다 더 많은 시간을 할애하며 노력하고 있는 모습에서 동기가 부여된다고 합니다. 그리고 이런 고통과 노력이 중간고사나 모의고사 성적표라는 보상으로 나타났을 때 짙은 쾌감과 기쁨을 느끼는 겁니다. 한 번이라도 1등을 맛본 친구는 누가 시키지 않아도 계속 그 길을 가려고 노력하더군요.

오랫동안 수많은 학생을 만나며 느낀 점이 있습니다. 아이들은 생각보다 더 자기 삶에 진지하며 자기 일을 이성적으로 판단할 줄 안다는 겁니다. 다만 그런 모습을 보이는 게 때로는 자존심도 상하고 부끄럽기도 해서 좀처럼 마음을 보여주지 않는 거죠. 또 열심히 하겠다고 말했을 때 부모님이나 선생님의 기대가 너무 크다 보니 오히려 애써 열심히 하겠다는 의지와 노력을 감추는 경우도 많습니다.

그러니 너무 부담되지 않도록, 또 너무 상처가 되지 않도록 섬세하게 아이를 대하는 태도가 어른에게 필요합니다. "네가 잘못했어. 이건 틀렸어" 같은 강경한 방식이 아니라 "이것도 좋아, 좋은데, 계속 이렇게 풀면 나중에 네가 더 고생해야 할걸? 그 이유를 설명해볼 테니 납득이 된다면 한 번 더 고려해주고 납득이 안 되면 하던 대로 하렴"과 같이 개방적이고 우호적인 방식이 더 적합하다고 저는 생각합니다.

여기까지 왔을 때 부모님들은 이렇게 물어보시겠죠.

"선생님, 만약에 아이가 그 말을 듣고도 깨닫지 못하고 제멋대로 한다고 하면요?"

그럴 때 저는 이렇게 대답합니다.

"놔두세요. 엎어져서 코가 깨져봐야 정신을 차려요. 그리고 정신을 차렸을 때 우리가 해준 얘기가 어렴풋이 떠오르기만 해도 성공한 겁니다."

실패하지 않는 공부는 없습니다. 부모님부터 이 사실을 인정하셔야 합니다. 저를 비롯한 입시 전문가의 "백약이 무효할 때다. 시간이 약이다"라는 말은 부모님을 위로하기 위해 그냥 하는 말이 아닙니다. 실제로 아이는 강사나 부모 입에서 배우는 것보다 친구들과 부딪히고 어울리는 과정에서 더 많이 배우거든요.

어른 관점에서 억지로 학습 동기를 부여하려고 하면 오히려 공부와 멀어지기 쉽습니다. 아이는 같은 반 친구들이랑 독서실도 다니고 게임방도 다니면서 학습 동기를 부여받는 경우가 훨씬 더 많을뿐더러 그 자극이 훨씬 더 유의미합니다. 평소에는 죽어라 안 간다던 학원을 아이가 갑자기 가겠다고 조심스레 말을 꺼낼 때 흔쾌히 보내줄 수 있는 부모가 돼주셨으면 하는 게 제 작은 바람입니다.

국어 공부 성장기

입문기에서 국어에 적대감을 없애고 공부가 재밌어지는 순간을 충분히 쌓았다면 이제 공부 성장기로 넘어갈 차례입니다. 중등 시기는 초등 시기를 이어받아 국어 공부에 열린 태도를 계속 형성해가는 시기이자 동시에 본격적인 수능 대비를 위한 교두보를 마련하는 시기입니다. 특히 두뇌 발달 단계상 15세 전후로 이성적 역량이 폭발하기 때문에 이맘때 준비를 잘할수록 수능 국어 최상위권에 진입할 수 있는 튼튼한 토대를 다져놓을 수 있죠. 이처럼 국어 역량이 성장하기 시작하는 시기에는 근시안적 학습을 시키지 않는 것이 중요합니다.

그런데 안타깝게도 중학생(특히 예비 고1) 자녀를 둔 부모님께 고등

국어 대비를 어떻게 시작하셨냐고 질문하면 십중팔구 이런 대답이 돌아옵니다.

"일단 모의고사를 풀게 해봤어요."

'일단'이라는 표현은 한번 시도해 봤다는 뜻이고 모의고사를 풀게 한 건 현재 우리 아이 실력이 어느 정도인지 테스트해 보려는 의도였을 겁니다. 그러고는 아이가 고등학교에 올라가면 상담 선생님께 이런 말을 덧붙이실 테죠. "우리 아이는 고1 모의고사 1등급 나온 적도 있어요." 이 아이는 정말로 1등급 학생일까요?

부모 대부분이 모의고사 점수에 아이 국어 실력이 온전히 드러난다고 생각하지만 그렇지 않습니다. 실력이 아무리 뛰어난 것처럼 보여도 이맘때 받는 점수는 전부 가짜라고 생각하면 됩니다 (모의고사 훈련은 수능 실전 대비의 가장 마지막 단계에 해당합니다. 5장 245쪽 〈나만 알고 싶은 1등급의 모의고사 활용법〉 꼭지를 참고해 주세요.) 아이도 부모도 가짜 점수에 시선과 시간을 빼앗기지 말고 본격적인 수능 공부에 앞선 중2~3 시기, 늦어도 고1 시기에는 앞으로 말씀드릴 기본 개념과 태도를 익히는 공부에 주력하길 강력히 권합니다.

문학, 이해가 아닌 분석과 해석하기

아이의 국어 공부를 도와주던 부모가 당황하게 되는 순간이 있습니다. 바로 아이 입에서 "엄마, 난 이 시가 이해가 안 가"라는 말이 나왔을 때죠. 내 눈에는 크게 어려워 보이지 않는데 아이가 이해가 안 간다 하니 어쩔 줄 몰라 합니다. 이런 일이 반복되다 보면 엄마는 아이에 대해 '공감 능력이 부족하거나 감수성이 떨어진다. 완전 이과형 아이다' 하는 판단까지 내려버립니다. 하지만 이 판단은 틀렸습니다. 문학은 이해하는 장르가 아닙니다. 우리 아이들은 문학작품 내용을 이해할 수 없습니다. 아이들이 배우는 작품 대부분은 1900년대 초·중반에 관한 내용이거나 사랑과 이별 그리고 죽음, 또 충忠과 효孝를 다루고 있기 때문이죠. 한 번도 경험해본 적 없는 것을 짧은 시간 동안 글을 읽고 이해하라는 요구는 불가능을 가능하게 하라는 무리한 요구입니다.

문학은 이해하는 게 아니라 분석하는 겁니다. 그것도 내 맘대로 분석하는 게 아니라 출제자가 제시해준 '기준'과 '정보'를 바탕으로 분석의 객관적 기준이 되는 '문학 개념어'를 통해 분석해야 합니다.

문학은 작가 개인의 감정과 사상이 반영된 '주관적' 글이지만 문학이 시험문제로 출제될 때는 '객관성'이 필수적으로 요구됩니다. 모든 사람이 같은 정답에 동의할 수 있어야 시험의 정확성이 확보되니까요. 이때 문학을 객관적으로 해석할 수 있는 도구가 바로 문학 개념어입니다. 문학 공부라 하면 익히 떠올릴 수 있는 '직유법', '의인법', '역설법' 등이 이에 해당합니다. 시부터 소설, 수필, 희곡, 시나리오까지 각 장르마다 필요한 문학 개념어가 다릅니다. 중학교 때 배운 개념어가 고등학교 때도 그대로 사용되니 한번 제대로 학습해두면 오랫동안 유용합니다.

하지만 아이 대부분이 문학 개념어를 '이런 게 있구나' 정도로 대충 공부하고 넘깁니다. 어차피 문제를 풀다 보면 자주 나오고 또 한국어 개념이다 보니 대략 추론이 되기도 하거든요. 하지만 중고등 내신 시험이나 수능은 개념어와 개념어 사이의 아주 정확한 개념적 차이와 실제 사례를 묻습니다. 선생님은 아이들의 이 같은 성향을 잘 알기에 일부러 헷갈리게 꽈서 함정 선지를 만들어 두고요. 그러면 아이들은 왜 틀렸는지도 모른 채 점수가 깎이죠.

문학 개념어 공부에 대충이란 없습니다. 개념어는 반드시 충실하게 공부하고 완벽하게 숙지해야 합니다. 반어법과 역설법에는 어떤 개념적 차이가 있는지, 객관적상관물과 감정이입은 어떻게 구별할 수 있는지, 공감각적 심상은 무엇인지 등을 명료하게 설명할 줄 알아야 해요. 이와 더불어 각 개념의 예시까지 알고 있어야 합니다.

고전시가 해석법도 이 시기에 기초를 탄탄히 다져놓으면 금상첨화입니다. 이제 막 고등학교에 올라온 1학년 학생이 '헉' 하고 놀라는 첫 번째 파트가 바로 고전시가거든요. 다른 학생들은 해석하는 길을 몰라 이리저리 헤매고 있을 때 해석법을 미리 공부해둔 아이는 혼자서 해석해낼 수 있으니 상대적으로 점수가 높게 나옵니다. 모의고사든 내신 시험이든 점수가 잘 나오니 국어에 자신감이 확 붙습니다.

사실 고전시가 하면 학생들은 어려운 고전 어휘만 생각하는데 막상 제대로 공부하면 며칠 걸리지 않습니다. 수천 개도 아니고 고작 200개 내외 단어만으로도 필수 어휘는 다 습득할 수 있거든요. 그런데 완벽하게 외우려는 시도조차 하지 않으니 고1 때 어렵다고 생각한 고전시가가 고3이 돼서도 여전히 발목을 잡는 겁니다.

독서(비문학), 능동적으로 읽기

학생들은 독서 지문을 굉장히 권위적으로 받아들입니다. 교수님이나 전문가가 쓴 글이라고 생각하니 괜히 부담스럽고 내용도 자신이 잘 모르는 전문 분야인 데다 전문용어도 엄청 많이 나오거든요. 그렇다 보니 지문을 읽을 때 주로 수동적 입장에서 정보를 받아들입니다. '아, 그렇구나. 그렇구나. 그렇구나', '아, 내용이 복잡하다. 무슨 말인지 모르겠네. 조금 더 읽으면 앞 내용 잊어버리겠다' 하고 생각하면서 말이죠. 하지만 국어 공부 성장기에 이른 학생들이 알아야 할 사실은 이렇게 출제된 독서 지문 또한 한 개인의 주장이나 의견이라는 겁니다. 비판적으로 생각할 수 있는 요소도 많을뿐더러 그 많은 전문 내용을 다 숙지해야 하는 게 아니라 출제자가 핵심적으로 전달하고 싶은 주장만 잘 찾으면 됩니다. 글을 읽을 때는 학생에게 부담감을 주는 어려운 전문용어 중심이 아니라 글쓴이, 출제자의 의견을 제시하는 서술어 중심의 글 읽기를 해야 합니다. 그래서 내용은 복잡하더라도 각 문단에서 가장 중요한 메시지, 즉 키워드와 주제를 찾는 훈련이 필요합니다. 복잡한 문장을 'A는 B하다', 'A는 B해서 C하다'의 구조로 단순화함으로써 핵심 내용을 뽑아내는 게 그 시작입니다. 간단한 예시로 한번 연습해 볼까요? 아래 문장에서 중요한 키워드를 뽑아 핵심 내용을 파악해 보세요.

> '오토파지'는 세포 안에 쌓인 불필요한 단백질과 망가진 세포 소기관을 분해해 세포의 에너지원으로 사용하는 현상이다.

출처: 2019년 고1 9월 모의고사

키워드 하나는 금방 뽑을 수 있습니다. A에 해당하는 주어 '오토파지'겠죠. 아직 기초가 잡히지 않은 학생은 그다음으로 '세포 소기관'과 같이 눈에 밟히는 낯선 용어를 키워드로 뽑습니다. 그런데 이 문장에서 세포 소기관은 그리 중요하지 않습니다. 오토파지가 그런 대상을 '분해해서' 에너지원으로 '사용한다'는 정보가 훨씬 더 중요합니다. B와 C에 해당하는 것, 바로 서술어죠. 굳이 더 뽑자면 '불필요한'이라는 관형어와 '에너지원으로'라는 부사어가 되겠네요. (3장 144쪽에서 다루는 '서술어 중심으로 읽기'와 연결되는 내용이니 함께 읽어보세요.)

이렇게 지문을 읽는 즉시 문장의 키워드를 잡을 수 있고 더 나아가 문장의 집합체인 문단을 요약해 정리하는 것이 입시 독서의 기본입니다.

문법, 한 번에 끝나지 않는다

한번은 이런 일이 있었습니다. 상담 온 학생의 성적을 분석하는데 모의고사에서 문법 문제를 많이 틀린 겁니다. 어떤 점이 어려웠는지 물어보려던 순간 함께 있던 어머님이 이렇게 말씀하시더군요.

"너 지난 겨울방학 때 문법 특강 들었잖아. 그런데 왜 이렇게 많이 틀렸어?"

그 순간 아이는 학원에 다니고도 공부를 제대로 안 해 시험을 못 본 죄인이 됐습니다. 고개를 숙이고 면목 없다는 듯 손가락만 만지작거리더군요. 그래서 제가 말했습니다.

"어머님, 문법은 고작 학원 두어 달 다닌다고 정복되지 않습니다. 우리 아이가 평생 사용한 언어는 입시 문법과 많이 달라요. 그런데 그게 어떻게 하루아침에 알아지겠습니까."

그 순간 아이는 '거봐, 내가 잘못한 게 아니잖아' 하는 눈빛으로 엄마를 한 번 쳐다봅니다.

간단한 예를 들어볼까요? 우리는 보통 길을 가다 유아차에 앉아 있는 갓난아이를 봤을 때 "어머, **애기**가 진짜 이쁘네요!"라고 하나요, 아니면 "어머, **아기**가 진짜 이쁘네요!"라고 하나요? 다시 말해 실제로 단어를 발음할 때 '애'기가 편하세요, '아'기가 편하세요? 평상시에는 애기와 아기 중 각자 편한 발음을 혼동해 사용할 뿐 아니라 애기라는 발음이 훨씬 더 편하고 정감 가는 사람도 있을 수도 있죠. 하지만 표준어는 '아기'입니다. 문법에는 이런 부분이 참 많습니다. "코카콜라 맛있다, 맛있으면 또 먹어. …척척박사님!" 이 문장에서 어색한 부분을 찾을 수 있나요? 어릴 때 자주 하던 놀이의 노랫말이라 전혀 낯설지 않을 겁니다. 하지만 아이들은 '척척박사'라는 합성어는 국어의 통상적인 어순에서 어긋나는 방식으로 결합된 '비통사적 합성어'라고 배웁니다. 다시 말해 우리가 일상에서 아무 의식 없이 사용하는 말이 문법적으로 따로 떼어놓고 생각해야 하는 요소가 되는 거죠.

그러니 문법은 한 번에 끝낸다는 생각부터 버리는 게 좋습니다. 우리가 원어민 감각으로 사용하는 일상 문법과 국어 시험에 나오는 시험 문법은 많이 다르기 때문입니다. 한국 사람이기에 오히려 한국어 문법을 익히기가 훨씬 어렵습니다. 정확히 말하면 내가 평소 사용하는 말 중 이 부분은 시험 문법에서도 옳지만 이 부분은 틀리다는 사실을 인지하고 엄밀하게 구별하는 데 많은 시간이 소요됩니다. 아이들 언어에서 그들이 사용하는 문법에는 틀린 부분이 없거든요. 그런데 갑자기 그중 20~30퍼센트는 틀렸다고 하니 이를 받아들이고 구별하기가 어려운 겁니다.

게다가 '국문법과 영문법의 혼동'으로 문법 공부가 힘들다고 말하는 아이가 많습니다. 어릴 때부터 국어보다 영어 사교육을 먼저 시작하는 경우가 많다 보니 한국어를 모국어로 사용함에도 체계적인 지식으로 문법을 대할 때는 영문법에 훨씬 더 익숙한 게 현실입니다. 한국어 문장성분이나 문장 형태는 잘 모르는 반면 1형식이나 2형식 같은 영문법 표현은 툭 치면 나올 만큼 잘 알고 있죠. 아이 머릿속에는 주어(S) 다음 동사(V)가 나온다는 틀이 잡혀 있는데 한국어 문장에서는 주어 다음 동사가 아니라 목적어나 서술어가 나와야 합니다. 국문법에서 주어는 문장성분이고 동사는 품사니까요. 국문법과 영문법에서 각각 쓰이는 품사와 문장성분을 명확히 구분하지 못한 채 혼동하다 보니 많은 학생이 수능형 실전 문제를 맞닥뜨릴 때마다 좌절을 겪습니다.

다시 한번 말씀드리지만 문법은 단기간에 성과가 바로 나오지 않는 영역임을 먼저 인지해야 합니다. 현 고등 입시 문법은 1단원 음운, 2단원 단어(품사), 3단원 문장, 4단원 담화, 5단원 국어사를 배우는 흐름인데 문법의 기본을 다지는 시기에는 고등 문법의 주요 범위인 1, 2, 3단원을 적어도 2~3회독 정도는 돌려야 합니다. 영문법과의 혼동을 줄이기 위해서라도 2단원 단어 부분을 가장 먼저 학습하는 방식을 권합니다. 그래야 수능뿐 아니라 고등학교 내신에서도 힘을 받을 수 있습니다. 문법은 수능을 치를 때까지 이론서를 최소 10회독은 해야 어느 정도 완성됐다고 말할 수 있을 만큼 꾸준히 반복 학습해야 하는 영역입니다. 그만큼 기본 개념을 익히는 시기부터 잘 공부해두는 게 중요합니다.

더욱이 문법은 이론 공부와 문제 풀이가 엄격히 분리되는 영역이라 학원에 다니며, 자습하며 이론을 달달 암기했어도 실전 문제를 많이 풀어보지 않으면 성적이 나오지 않습니다. 그 반대로 정확한 이론 학습 없이 문제만 풀었어도 결과는 마찬가지고요. 그러니 문법에 대한 투자는 장기간에 걸친 꾸준한 반복만이 답입니다.

어휘 책을 사서 외우면 어휘력이 늘까?

어휘를 빼놓고 국어 공부를 논할 순 없습니다. 초·중등 대상의 국어 학원이라면 한 곳도 빠짐없이 강조하는 화두가 바로 '독서'와 '어휘'이기도 합니다. 책을 많이 읽으면 자연스럽게 어휘가 늘고 또 늘어난 어휘력으로 더 어려운 책을 읽을 수 있으니 독서 역량이 향상되는 건 맞습니다. 그런데 경험에 비춰봤을 때 한국어를 모국어로 쓰는 학생에게 독서와 어휘가 함께 폭발적으로 증가할 수 있는 시기는 초등에서 늦어도 중2 때까지라고 생각합니다. 어휘를 인위적으로 외우지 않고도 경험에서 자연스럽게 습득할 수 있는 시기가 바로 이때라는 뜻입니다.

보통 중학생 시기에 이르면 아이들은 평생 자신이 사용해야 할 일상적인 어휘는 물론 일정 수준의 고급 어휘까지도 어느 정도 자연스럽게 습득한 상태입니다. 따라서 이 시기부터는 자연 습득하지 못한 어휘를 인위적 학습을 통해 늘려야 하는데 문제는 그러기가 어렵다는 점입니다. 새로운 어휘를 집어넣으려 해도 아이 두뇌 속에는 이미 그것보다 훨씬 쉽고 간편한 대체어가 들어 있거든요. 새하얀 도화지였다면 어떤 그림을 그려도 잘 그려지겠지만 이미 그림이 가득 찬 도화지에 새로운 그림을 그리기는 어려운 것처럼 말입니다. 설령 새로운 어휘 100개를 외웠다 하더라도 실제 생활에서 반복적으로 사용하지 않다 보니 단기 기억에만 머물다 금방 사라지고 맙니다.

예를 들어 '착종錯綜'이라는 단어는 '이것저것이 뒤섞여 엉클어짐'이라는 뜻입니다. '이론과 실재의 착종 속에서 우리는 늘 고뇌한다'와 같이 혼재되거나 섞여 있다는 뉘앙스를 고급스럽게 나타낼 때 사용하는 단어죠. 그런데 일상에서 뭔가가 마구 뒤섞이고 엉클어진 장면을 마주했을 때 "어머, 착종됐네!"라고 표현하나요, 아니면 "어머, 엉망이야!"라고 표현하나요? 너무나 자연스럽게 후자를 쓰겠죠.

새롭게 익힌 어휘는 의도적으로 반복 사용하려는 부단한 노력 없이는 체화하기가 참 어렵습니다. 만일 새로 학습한 단어를 내 것으로 만들고 싶다면 "친구야, 네 얼굴 굉장히 착종됐다", "내 성적표는 착종 그 자체" 이런 식으로 없는 말을 억지로 쥐어짜 의식적으로 계속 사용해야 겨우겨우 학습될 겁니다. 어휘가 자연스럽게 습득되는 시기가 지났기 때문이죠. 영어 단어 외우듯 공부했어도 국어 어휘력이 향상되지 않은 근본 원인이 바로 여기 있습니다. 암기 테스트를 한들 이후 장기 기억으로 전환될 만큼의 반복적 사용 경험을 쌓지 못하는 겁니다.

서점에 가보면 어휘력을 기를 수 있다며 무수히 많은 어휘를 빼곡하게 실어놓은, 소위 '벽돌책'을 심심치 않게 봅니다. 그런데 자연 습득 시기가 지난 아이의 어휘력을 늘리기 위해 필요한 것은 절대적인 단어량이 아닙니다. 국어에서 어휘가 얼마큼 중요한지 이해하고 어떤 형태의 문제가 출제되며 이를 효율적으로 습득하기 위해 얼마나 체계적으로 학습해야 하는지 배우는 게 훨씬 중요합니다. '모르는 단어=어휘'라는 잘못된 생각, 그 결과 이어진 어휘 공부에 대한 막연한 두려움과 적대감 때문에 아이는 국어 공부와 점점 멀어지고 맙니다.

어휘량에서 어휘 처리 역량으로 나아가기

실제 수능 독서 지문에는 신문 또는 대학 논문에서나 주로 사용되는 고급 용어가 나옵니다. 일상 수준을 조금 넘어선 정제된 어휘인데 '통시적', '공시적', '개편改編하다' 같은 단어가 그 예입니다. 학원에서 단어 테스트를 보면 주로 이런 단어가 등장하는데 이때 아이가 좋은 점수를 받지 못하면 부모님은 아이 어휘력이 부족해 국어 점수가 안 나온다고 생각하십니다. 물론 틀린 생각은 아닙니다. 문학 개념어나 독서 설명 용어가 약하면 국어 시험문제 자체를 못 푸니까요. '역설법', '반어법', '영탄법' 등과 같은 문학 개념어가 문제 선지를 구성하는데 이를 모르면 문제를 제대로 풀지 못하겠죠.

독서 지문에 자주 등장하는 일반적 설명 용어, 즉 '도구적 어휘'는 따로 공부하는 게 맞습니다. 단, 어휘 책을 달달 외우며 학습하는 방식은 추천하지 않습니다. 학년이 올라가는 동안 수업 중에 자연스럽게 반복 습득할 수 있으니까요. 또 오랜 기간 독학하는 방법보다는 좋은 국어 강사나 인터넷 강의를 통해 방학 동안이나 한 학기 안에 끝내는 게 좋습니다.

그런데 학생들이 지문 독해를 어려워하는 가장 큰 이유는 따로 있습니다. 바로 지문에서 재정의된 '전문 어휘' 때문입니다. 철학자나 이론가가 자신만의 이론 틀에서 재정의한 특수 용어, 각 학문 분야에서 쓰이는 고난도 전문용어가 지문에 나오면 대부분은 낯선 어휘에 대한 두려움과 거부감에 반쯤 포기한 채 건성건성 읽거나 건너뛰면서 대충 독해하는 경향을 보입니다. 문장마다 문단마다 쏟아지는 새로운 용어와 내용에 결국 정보 과부화에 걸려 '지문을 읽긴 읽었으되 아무것도 기억나지 않는 상황'에 봉착하는('봉착하다'는 일반적 설명 용어입니다) 거죠. 실제로 최상위권을 제외한 학생 대부분은 정보에 압도당하는 상황에서 늘 고전을 면치 못합니다. 자신이 그동안 습득해온 어휘가 부족하다고 생각해 지레 겁먹고 포기하는 태도를 버리지 못하면 절대 최상위권으로 도약할 수 없습니다.

그럼 결국 모르는 단어를 달달 외우며 공부하는 게 답일까요? 아닙니다. 여기서 주지해야 할 사실은 아무리 낯설고 어려운 전문 어휘가 나온다 하더라도 지문에서 그 용어를 충분히 설명해주기 때문에 지문을 벗어나지 않고도 충분히 해석해낼 수 있다는 점입니다. 한마디로 지문 속에서 전문 어휘를 처리하는 방식과 태도를 배워야 하는 것입니다.

실제 지문을 예시로 간단히 살펴볼까요? 다소 번거로울 수 있으나 다음 예시를 정독한 후 이해하려고 시도해 보세요.

우리는 흔히 선물을 준다는 것이 어떤 대가나 보상을 바라지 않는 물적 증여라고 생각한다. 이와 관련하여 프랑스의 인류학자 모스는 원시 부족에 대한 연구를 바탕으로 선물의 의미를 새로운 시각에서 바라보았다. 그는 선물을 준다는 것은 단순한 물적 증여

> 가 아닌 총체적 증여라고 보았다.
> 　총체적 증여는 증여가 근본적으로 다차원적인 성격을 가진다는 것을 전제한다. 무엇인가를 준다는 것은 아무런 대가나 보상을 바라지 않는 급부의 관념이 아니며, 오로지 유익함하고만 관계가 있는 생산과 교환의 관념도 아니라는 것이다. 모스는 증여란 신화적이며 사회적인 것이라고 설명하면서, 신화적 상상력을 통해 인간의 상호 관계에 대한 틀을 마련해 주는 것이 선물 교환이라고 말하였다.

출처: 2018년 《EBS 수능특강: 국어영역 독서》 58쪽

　먼저 어휘력이 부족한 학생은 첫 문장을 읽고 '증여라는 단어가 무슨 뜻인지 모르는데… 큰일 났네' 하고 생각합니다. 하지만 두려워할 것 없습니다. 전문 어휘가 의미하는 바는 반드시 그 어휘가 등장한 지문에 담겨 있으니까요. 한 문장씩 차례로 살펴볼게요.

> [1-1] 우리는 흔히 선물을 준다는 것이 어떤 대가나 보상을 바라지 않는 물적 증여라고 생각한다.

　'증여'란 '선물을 준다는 것'을 의미합니다. 그러니까 이 지문을 읽는 동안은 '증여=선물을 주는 행위'로 이해하기만 하면 충분합니다. 증여의 사전적 정의나 법적 용례를 끌어와 고민할 이유가 전혀 없는 거죠.

> [1-2] 이와 관련하여 프랑스의 인류학자 모스는 원시 부족에 대한 연구를 바탕으로 선물의 의미를 새로운 시각에서 바라보았다.

두 번째 문장에서는 '모스'라는 학자가 자신만의 관점에서 선물, 즉 증여의 의미를 재정의하겠다고 하네요. 이번 지문은 모스가 증여를 어떻게 해석하는지가 주제임을 염두에 두고서 계속 읽어보겠습니다.

> [1-3] 그는 선물을 준다는 것은 단순한 물적 증여가 아닌 총체적 증여라고 보았다.

모스에 따르면 '선물을 준다는 것=증여=총체적 증여'입니다. 여기서 '총체적'이란 단어를 모른다고 해서 '난 이제 지문 끝까지 모스가 무슨 말을 하려는지 모를 거야' 하며 좌절할 필요는 없습니다. 왜냐하면 다음 문단에서 그 의미를 반드시 설명해줄 것이기 때문입니다. 예상한 대로 이어지는 문단의 첫 문장에서 '총체적 증여'의 의미를 밝히고 있습니다.

> [2-1] 총체적 증여는 증여가 근본적으로 다차원적인 성격을 가진다는 것을 전제한다.

지문에 따르면 '총체적=다차원적'이라고 해석할 수 있습니다. 만약 '다차원적'의 뜻을 안다면 총체적이라 함은 어떤 차원이 다수인 것, 다시 말해 하나만 있는 게 아니라 그것과 관련한 요소가 여럿 있다는 맥락임을 유추할 수 있으니 독해에 더 도움이 될 순 있겠죠. 그러나 몰라도 괜찮습니다. 증여가 다차원적이라는 것이 무슨 의미인지 다음에 나올 문장이 반드시 설명해줄 테니까요.

> [2-2] 무엇인가를 준다는 것은 아무런 대가나 보상을 바라지 않는 급부의 관념이 아니며, 오로지 유익함하고만 관계가 있는 생산과 교환의 관념도 아니라는 것이다.

'무엇인가를 준다는 것', 즉 증여는 급부의 관념도 아니고 유익한 생산·교환의 관념도 아니라고 합니다. 그러니까 이것도 아니고 저것도 아닌 다차원적인 무엇이겠죠. 여기서도 '급부가 뭐지?' 하며 골머리를 앓을 필요가 없죠. 이 지문을 독해할 때만큼은 '급부=어떤 대가도 보상도 바라지 않고 주는 것'이라고 이해하면 그만입니다.

> [2-3] 모스는 증여란 신화적이며 사회적인 것이라고 설명하면서, 신화적 상상력을 통해 인간의 상호 관계에 대한 틀을 마련해 주는 것이 선물 교환이라고 말하였다.

'선물'을 '교환'한다는 것은 나의 증여와 상대방의 증여가 함께 이뤄진다는 뜻입니다. 그런 선물 교환이 '상호 관계'를 만든다고 하고요. 요컨대 모스가 재정의한 증여란 어느 한 사람이 일방적으로 주는 행위가 아니라는 뜻이죠. 총체적이고 다차원적인, 바꿔 말해 신화적이고 사회적인 '여러 성격을 띠고 있는 주고받음의 행위'인 겁니다.

이처럼 우리는 '증여', '총체적' '다차원적' 같은 단어를 책으로 미리 학습하지 않았음에도 이 지문에서 설명하는 모스의 고유한 관점을 분명하게 이해할 수 있습니다. 문장 흐름에 따라 단어를 연결하면서 각 용어의 의미를 충분히 해석할 수 있으니까요.

독해와 동시에 어휘를 습득해 나가는 것이 진정한 어휘 공부이자 국어 공부입니다. 잘 다듬어진 글 한 편을 읽는 과정에서 어휘의 연결망을 확장해 나가는 거죠. 최상위권과 최상위권이 아닌 학생의 어휘 수준에는 큰 차이가 없음에도 성적에서 큰 차이가 나타나는 이유는 어휘량 때문이 아니라 어휘를 처리하는 역량과 노력 그리고 태도라는 점을 기억하길 바랍니다.

단어를 모른다 해도 조금도 걱정할 것 없습니다. '우리말인데도 무슨 말인지 하나도 모르겠네, 난 정말 안 되나 보다' 하고 포기하는 순간 국어도 나를 포기합니다. '모르지만 지문에 반드시 답이 있을 테니 한번 해보자' 하는 희망적인 태도로 나아갈 때 1등급의 성장 궤도에 오를 수 있습니다.

국어 공부 도약기

국어 공부 도약기는 본격적으로 성적과 등급을 최상위권으로 끌어올리는 시기입니다. 수능 날 문제를 잘 풀어야 원하는 대학에 갈 수 있지 않겠어요? 우리는 국어 문제를 잘 풀기 위해 국어 공부를 하는 것이니 문제 풀이 중심으로 글을 읽어나가겠다는 태도만큼 1등급에 가까워지는 길은 없습니다.

그럼에도 국어 시험을 흔히 오해하는 지점은 다음과 같습니다.

첫째, 지문을 완벽하게 이해해야 한다.
둘째, 지문을 완벽하게 이해하면 문제는 저절로 풀릴 것이다.

적용과 체화 중심으로 공부하기

대한민국의 어떤 고등학생도 수능 수준의 국어 시험에 나오는 지문을 완벽하게 이해할 순 없습니다. 독서든 문학이든 지문의 모든 문장, 모든 맥락을 완벽하게 이해할 수 없는데 특정 학문의 전문 지식까지 가미된 지문이라면 말할 것도 없죠. 시간이라도 3~4시간 주어진다면 모르겠지만 실제 시험에서 한 지문에 할애할 수 있는 시간은 고작 3~4분 정도에 불과합니다. 해당 분야 전공 교수님을 모셔놓고 수능 문제 한 세트를 10분 안에 풀어보시라고 해도 정답률이 80퍼센트도 안 나올 거예요. 그만큼 이해하는 것과 문제를 푸는 것은 다른 차원이라는 겁니다.

문제 풀이는 이해가 아닙니다. 문제의 정답을 찾아내는 것은 이해를 바탕으로 새로운 상황에 '적용(혹은 체화)'하는 것과 같습니다. 지문을 독해하며 이해하는 영역과 그 이해를 적용하는 영역은 엄연히 다릅니다.

제 강의 인생에서 가장 큰 화두가 바로 이 지점이었습니다. 아이들은 수업을 들을 때는 다 알겠다고, 이해됐다고 고개를 끄덕입니다. 그런데 막상 혼자 문제를 풀 때는 자기 것으로 적용하지 못하는 모습이 항상 안타까웠죠. 아이들은 이해의 영역과 적용의 영역을 긴밀히 연결해 올바른 결괏값을 내놓는 데 늘 어려움을 겪었습니다. 누군가의 도움 없이도 아이 스스로 적용할 수 있도록 이끌어줄 좋은 태도는 무엇일지 끊임없이 고민하게 됐죠. 그리고 기나긴 고민 끝에 저만의 답에 도달할 수 있었습니다.

적용하기 쉽게 이해하자.

언뜻 보면 너무나도 당연한 말입니다. 그러나 지금까지 이어져온 이해 중심의 공부에서 벗어나, 즉 지문 중심의 패러다임에서 벗어나 <u>문제와 선지 중심의 패러다임</u>으로 전환할 힘이 이 명제에 깃들어 있습니다. 적용이 목적이고 이해는 그 수단으로 여기겠다는 뜻이니까요. 지문을 독해하고 이해하는 게 목적이 아니라 문제를 푸는 것, 다시 말해 적용하는 게 우리 목적이라는 겁니다. 지문 독해가 문제 풀이에 선행한다는 기존의 통념을 뒤집은 거죠.

모의고사든 내신이든 국어 시험의 최종 평가는 지문을 얼마나 완벽히 읽었느냐가 아니라 문제를 얼마나 완벽히 풀었느냐로 이뤄집니다. 물론 모든 지문은 단 한 글자도 빠짐없이 제대로 정독해야 함이 옳습니다. 지문 이해가 너무나 중요하다는 사실은 변함없습니다. 다만 지문을 읽어가는 과정에서 단순히 교양을 쌓기 위해 지문을 읽는 게 아니라 문제를 해결하기 위해 지문을 읽고 있다는 생각을 가슴 한가운데 크게 박아둔 채 국어 공부에 임해야 한다는 말입니다. 좀 더 실천적 차원에서 좀 더 쉽게 표현하면 다음과 같습니다.

문제 풀기 쉽게 지문을 독해하자.

빼기 쉽게 넣자.

실제 지문을 보며 확인해 보겠습니다.

> 이에 대해 로크는 세계가 우리 마음에 직접 나타나지는 않지만, 우리는 물리적 대상에 대한 관념들을 통해 세계와 간접적으로 접촉할 수 있다고 보았다. 이렇게 세계와 우리 마음 사이에 물리적 대상을 대표하는 관념을 설정함으로써 상식적 실재론의 난점難點을 보완하려는 입장을 ⓒ'표상적 실재론'이라 한다. 표상적 실재론에 의하면 관념은 물리적 대상에 대한 경험에서 야기된 것으로, 대상과 부분적으로 유사성을 갖는 동시에 그것을 지각하는 관찰자의 감각과도 관련된다. 예컨대 형태, 색, 맛 등 사과에 대한 관념은 사과라는 대상의 실재와 부분적으로 유사성을 가지는 동시에 관찰자의 고유한 감각의 산물이기도 하다. ⓐ 표상적 실재론은 철학적 회의주의자들의 논리에 의해 쉽게 부정되지 않는다. 표상적 실재론자는 동일한 사과의 색도 다른 불빛 아래에서 관찰자의 감각에 의해 달리 지각될 수 있음을 용인하기 때문이다.

출처: 2019년《EBS 수능특강: 국어영역 독서》60쪽

철학자 로크의 '표상적 실재론'을 설명하고 있는 문단입니다. 관념, 감각, 유사성 등 철학 용어가 대거 등장하는, 국어 공부에 없던 적대감도 생길 것 같은 글이죠. 열심히 밑줄 치고 키워드 뽑아가며 '표상적 실

재론'을 어찌저찌 이해했다고 해봅시다. 그러고 나서 문제로 넘어갔더니 ①번부터 ⑤번 선지까지 무려 3가지 관점을 구분해 풀어야 합니다.

> 8. <보기>는 '상식적 실재론'에 대한 '철학적 회의주의자들'의 비판이다. <보기>를 활용하여 ⓐ의 이유를 추론한 것으로 가장 적절한 것은?

아이 두뇌 속에는 '상식적 실재론', '표상적 실재론', '철학적 회의주의자들'이라는 말이 이리저리 날아다니고 있을 겁니다. 지문 이해를 목적으로 두면 '표상적 실재론' 같은 낯선 용어에 사로잡히고 나아가 압도당합니다. 이 단어를 놓치면 지문을 이해하지 못한다고 여기기 때문이죠. 그러니 지문에 등장한 표현을 유연하게 다룰 생각조차 못 하는 겁니다.

반면 '적용하기 쉽게 이해'하겠다는 태도를 지니면 애초에 지문을 읽을 때부터 머릿속에 '표상적 실재론'이라고 입력하지 않고 더 기억하기 쉽고 다루기 쉬운 방식을 스스로 찾아내고자 합니다. 가령 되뇌기도 어려운 '표상적 실재론'이란 표현 대신 단순하게 'ⓒ'으로 대체해 읽으면 훨씬 부담이 덜하겠죠. 마찬가지로 '상식적 실재론'은 'ⓐ'으로, <보기>의 '철학적 회의주의자들'은 'ⓒ'으로 바꿔 읽으면 되고요. 머릿속에 'ⓒ'을 입력했다가 'ⓒ'을 다시 출력하는 건 쉽습니다(ⓐ, ⓑ, ⓒ 대신 A, B, C를 써도 무방합니다).

> 이에 대해 로크는 (…) ㉠의 난점難點을 보완하려는 입장을 ㉡이라 한다. ㉡에 의하면 관념은 (…) 경험에서 야기된 것 (…) 대상과 부분적으로 유사성 (…) 관찰자의 감각과도 관련된다. (…) ㉡은 ㉢의 논리에 의해 쉽게 부정되지 않는다. ㉡은 (…) 관찰자의 감각에 의해 달리 지각될 수 있음을 용인하기 때문이다.

사고 과정이 간결해지면서 지문도 훨씬 효율적으로 이해할 수 있습니다. 문제 풀이에 필요한 만큼만, 다시 말해 적용하기 알맞은 정도로만 지문 내용을 가공하면 되니까요. 8번 문제를 풀기 쉽도록 ㉠, ㉢과의 관계를 바탕으로 ㉡의 핵심 내용을 정리하면 위와 같습니다. 마냥 어려워 보이던 로크의 '표상적 실재론'도 그저 ㉡의 요약에 불과한 거죠. 작은 변화지만 큰 차이를 불러일으키는 1등급의 태도입니다.

문제 풀이 방법론 익히기

수능 국어 영역은 문학 갈래와 독서 분야가 명백히 구분된 시험입니다. 그때그때 아무 문학작품이나 나오는 게 아니라 현대시, 현대소설, 고전시가, 고전소설, 극, 수필로 갈래가 나뉘어 고루 출제됩니다. 마찬가지로 독서도 철학, 예술, 과학, 기술, 법, 경제 등 세부 분야로 나뉘고요.

그럼 철학 지문은 누가 출제할까요? 네, 철학과 교수입니다. 과학 지문은 과학자, 경제학 지문은 경제학자 등 각 영역 전문가가 출제하겠죠. 문제는 각 전문가가 구사하는 작법이 서로 다르다는 겁니다. 철학자가 즐겨 쓰는 논증법, 과학자나 경제학자가 흔히 사용하는 용어 체계가 서로 다르죠. 문학도 마찬가지입니다. 시, 소설, 시나리오 모두 각각 고유한 형식과 작법이 있기 때문에 어떤 작품이냐에 따라 읽는 방법도 각각 다를 수밖에 없습니다. 따라서 공부 도약기에 필요한 태도는 문학 갈래별, 독서 분야별로 문제 풀이 방법을 달리하는 것입니다.

그런데 아이들에게 현대시 풀 때와 현대소설 풀 때 지문을 어떻게 다르게 읽는지 물어보면 당연하다는 듯 다음과 같은 대답이 돌아옵니다.

"그런 거 없이 그냥 읽는데요?"

미치고 팔짝 뛸 노릇입니다.

다음은 2024학년도 9월 모의고사에 출제된 박용래 선생님의 〈월훈〉이라는 현대시입니다. 방법론을 모르는 아이에게 문제를 풀게 하면 가장 먼저 뭐부터 할까요?

(가)

　첩첩산중에도 없는 마을이 여긴 있습니다. 잎 진 사잇길 저 모랫둑, 그 너머 강기슭에서도 보이진 않습니다. 허방다리 들어내면 보이는 마을.

출처: 2024학년도 9월 평가원 모의고사

'(가) 첩첩산중에도 없는 마을이. 여긴 있습니다. 잎 진 사잇길. 저 모랫둑…' 당연하다는 듯이 처음부터 한 글자씩 읽어내려갈 겁니다. 그런데 지금 이 시 1연을 읽고 무슨 생각이 들었나요? 과연 해석이 됐나요? 하얀 건 종이요, 검은 건 글씨로다. 아무 내용도 머릿속에 들어오지 않았을 겁니다. 아이도 마찬가지입니다. 아무 전략 없이 읽는 행위는 무의미한 노동이자 시간 낭비에 불과합니다. 시 한 편을 읽는 데 1분이 걸린다고 생각해보죠. 그런데 문제를 풀다 보면 이 시에 대한 구체적인 정보를 물어옵니다. 그러면 우리 아이는 시를 다시 읽어야 합니다(1분 추가). 그런데 또 다음 문제에서 다른 걸 물어요. 앞에선 시의 운율을 물어봤다면 이번에는 시적 화자의 등장 여부를 묻습니다. 그러면 우리 아이는 또다시 작품으로 돌아가야 합니다(1분 추가). 시간은 째깍째깍. 제대로 정보 중심 독해를 했다면 1분 안에 해결했을 분량을 3분 동안 읽었네요. 아쉽지만 고등 모의고사에서는 이런 식의 작품 해석이 최소 열 지문은 된다는 겁니다. 그럼 남들보다 20분이나 더 쓰게 되겠네요. 순식간에 1등급 아이가 4등급이 됩니다.

반면 문제 풀이 방법론을 충실히 익힌 최상위권 아이는 이렇게 접근합니다.

"현대시 풀 때는 가장 먼저 작가랑 제목부터 보고 여기서 뽑아낼 수 있는 정보를 떠올려보자. 〈월훈〉은 《EBS 수능특강》연계 작품이었어. 감각적인 표현이 작품의 주된 심상이지. 이 작품처럼 박용래의 시는 향토적 분위기와 서정성이 잘 드러난다는 특징이 있고…."

(가)

　첩첩산중에도 없는 마을이 여긴 있습니다. 잎 진 사잇길 저 모랫둑, 그 너머 강기슭에서도 보이진 않습니다. 허방다리 들어내면 보이는 마을.

　갱 속 같은 마을 ㉠<u>ㅉ</u>깍, 해가, 노루꼬리 해가 지마녀 (…) 외딴집에도 불빛은 앉아 이슥토록 창문은 모과빛입니다.

　기인 밤입니다. 외딴집 노인은 (…) ㉡<u>후루룩 후루룩</u> 처마 깃에 나래 묻는 이름 모를 새, 새들의 온기를 생각합니다. 숨을 죽이고 생각하죠.

　…

　어느덧 밖에는 눈발이라도 치는지, 펄펄 함박눈이라도 흩날리는지, 창호지 문살에 돋는 월훈月暈.

― 박용래, 〈월훈〉 ―

"(가) 작품을 쓱 훑어보니 ㉠과 ㉡ 지시 표현이 있네. 시를 읽다가 ㉠과 ㉡에 다다르면 곧장 문제 선지로 넘어가서 풀어야겠다. 아! 23번을 보니 〈보기〉와 발문이 (가)에 해당하는 문제네. 그럼 (가) 작품을 읽기 전에 먼저 23번 〈보기〉를 읽고 〈보기〉 내용을 중심으로 해석해야겠다. 출제자 의도에 따라 해석해야 하니까."

> **23. <보기>를 참고하여 (가)를 감상한 내용으로 적절하지 않은 것은?**
>
> ─── < 보 기 > ───
>
> (가)는 적막한 산골 마을을 배경으로 그곳에 사는 한 노인의 모습을 관찰하여 들려주는 시이다. 향토적인 정경 속에서 낯설게 느껴지는 일상에 감각적으로 집중하는 노인을 통해 점점 사라져 가는 것들에 대한 관심을 드러내고, (…)

'<보기>에서 작품의 키워드, 주제, 해석의 방향성을 얻을 수 있다.' 이것이 바로 문제 풀이 방법론입니다. 첫 문장을 읽어보면 '관찰'이 키워드임을 알 수 있습니다. 그러니 시의 첫 단어부터 끝 단어까지 '아, 이 시의 화자는 관찰하고 있구나!' 하고 생각하면서 읽으면 됩니다. 난해하기만 하던 1연도, 아주 깊고 적막한 어떤 공간을 형상화하고 있다고 객관적으로 해석할 수 있죠.

독서 방법론도 마찬가지입니다. 다음 지문에는 "16세기 이후", "18세기 이후"와 같이 연대기적 흐름을 가리키는 표현이 나옵니다. 이처럼 인문 분야 지문에서는 시간의 흐름에 따른 변화를 서술하는 경우가 많은데 이것이 출제 포인트임을 알고 각 시기의 특징을 보여주는 키워드를 찾는 데 집중하는 것이 문제 풀이 방법론입니다.

(가)

　조선 왕조의 기본 법전인 《경국대전》에 규정된 신분제는 신분을 양인과 천인으로 나눈 양천제이다. (…) 관료 집단을 뜻하던 양반이 16세기 이후 세습적으로 군역 면제 등의 차별적 특혜를 받는 신분으로 굳어짐에 따라 (…)

　조선 후기에 접어들어 (…) 영조 연간에 편찬된 법전인 《속대전》에서는 노비가 속량할 수 있는 값을 100냥으로 정하는 규정을 둠으로써 속량을 제도화했다. 이는 국가의 재정 운영상 노비제의 유지보다 그들을 양인 납세자로 전환하는 것이 유리했기 때문이었다. 몰락한 양반들은 노비의 유지가 어려워졌기 때문에 몸값을 받고 속량해 주는 길을 선택했다.

　18세기 이후 경제적으로 성장한 상민층에서는 '유학幼學' 직역*을 얻고자 하는 현상이 나타났다. (…)

출처: 2024학년도 9월 평가원 모의고사

　또 둘째 문단에 "이는"이라는 표현이 등장합니다. '이는', '즉', '다시 말해'와 같이 내용을 반복하고 강조하는 표현이 쓰인다면 그 문장은 다른 문장보다 지문의 주제를 더 구체적으로 드러내고 있다는 뜻입니다. 이런 국어적 지표가 나오면 해당 문장의 핵심을 꼭 요약해가며 독해해야 합니다. (가) 지문에 근거한 문제를 풀 때 '양인 납세자로의 전환이 유리했다'는 내용을 머릿속에 떠올릴 줄 알아야 하는 거죠. 이는(지금도 제가 "이는"이라고 썼네요!) 인문 지문에만 국한하는 게 아니라 모든 독서 지문에 적용되는 주요한 방법론 중 하나입니다.

출제자 중심 독해에 익숙해졌다면 본격적으로 국어 성적이 반등하는 공부 도약기에는 문학은 갈래별로, 독서는 분야별로 방법론을 익혀야 합니다. 현대시 문제 풀이, 고전시가 문제 풀이, 과학 문제 풀이, 법 문제 풀이 하나씩 따로따로 정리하는 시간이 필요해요.

문제 풀이 방법론 체화하기

문제 풀이 방법론은 배우는 데서 그치지 않고 '체화' 과정까지 단단히 거치는 것이 매우 중요합니다. 한 지문, 한 지문마다 어떤 방식으로 접근할지 문제 풀이 전략을 구상하고 속도보다는 정확도를 중심으로 지키기로 한 원칙 그대로 행동했는지 점검하면서 문제를 푸는 훈련이 바로 체화하는 과정입니다. (4장 193쪽 '무조건 성적이 올라가는 10단계 공부법'에서 구체적으로 다루고 있으니 이어서 읽어보길 권합니다.)

"선생님, 우리 아이는 겨울방학 두 달 동안 국어 수업만 3개나 들었어요. 그랬는데 3월 모의고사 성적이 그대로입니다. 뭐가 문제일까요?"

이렇게 보통 방학 전후로 한두 달 동안 문제 풀이 방법론을 바짝 배우는 경우가 많은데요, 고작 이론만 습득했을 뿐 이렇게 짧은 시간 동안에는 방법론을 온전히 자기 것으로 만들 수가 없습니다. 모든 입시 학원 커리큘럼이 그렇습니다. 겨울방학에 실전을 가르치진 않아요. 따라서 개념을 충실히 배운 후 적어도 4~5개월은 방법론을 체화하는 훈련을 반복해야 조금씩 그 노력이 점수로 드러나며 이 반복 훈련은 수능이 끝나는 날까지, 그래서 대학에 붙는 그날까지 이어가야 합니다. 제아무리 유명하다는 방법론 수업을 열심히 찾아 들어봤자 체화 단계가 뒷받침되지 않으면 국어 점수는 절대 오르지 않습니다.

최상위권 수준으로 도약하기 위해서는 부단한 담금질 과정에서 고통을 인내하는 치열한 태도가 필요합니다. 끝없는 체화 과정이 실질적인 국어 공부의 최종 단계입니다. 1등급을 향해 나아가는 마지막 관문이죠.

최상위권이 되겠다는 건 1퍼센트의 성적표를 받겠다는 의미입니다. 그런데 아이도, 부모도 이 1퍼센트라는 숫자를 정확히 체감하지 못합니다. 질문해 볼게요. 우리나라 명문대인 SKY에 들어가려면 몇 명 안에 들어야 하는지 알고 계신가요? SKY 입학 정원은 몇 명이나 될까요? 대략 1만 1,000명입니다. 각 대학교에서 매년 3,000~4,000명 정도를 뽑거든요. 그런데 수능 시험을 치르는 학생 수가 평균 45만 명입니다. N수생만 약 16만 명이고요. 이 중에서 정말 상위 1퍼센트가 되고 싶다면, 내가 1등급 자격 요건이 되는지 스스로 점검하고 내 노력을 다그치고 채찍질하는 태도로 학업에 임해야 합니다.

그래선지 제가 보기에 1등급 태도를 지닌 학생은 흡사 도를 닦는 수도자와 다르지 않습니다. 형형한 눈빛, 자못 진지한 태도, 심신의 고통을 꾹 참고 있는 듯한 얼굴 표정, 불필요한 에너지를 낭비하지 않으려는 몸가짐. 겉으로는 활발하고 늘 웃고 다니는 친구라 해도 긴 시간 마주 앉아 대화를 해보면 치열함과 진지함이 마음속에 선연히 깃들어 있어요. 수도자가 자신만의 도를 품고 있듯 1등급 태도를 지닌 최상위권 학생도 마음속에 자신만의 잘 벼린 칼 하나씩은 품고 있는 듯합니다.

아무래도 이런 모습을 가장 잘 보여주는 학생은 N수생입니다. 마지막으로 현역 때 제 제자였던 미연이를 재수 때 다시 만나 나눈 대화를 들려드리려 합니다. 미연이의 경험에서 좋은 태도를 배우고 일찍부터 익혀나갑시다.

미연이는 현역 때 공부를 참 잘했습니다. 학급 회장이면서 동아리에서도 중책을 맡았는지 친구도 많고 늘 바빴죠. 그런 와중에도 성적은 상위권을 유지했고 또 국어를 가장 좋아했습니다. 그런데 안타깝게도 수능에서는 국어를 가장 못 보고 말았죠.

무조건 1교시 국어 영역을 잘 봐야 한다는 생각에, 국어로 꼭 최저를 맞춰야 한다는 부담감에 시험 초반부 한 문제에 집착하면서 시간을 많이 쓰고 만 겁니다. 앞에서 시간을 너무 많이 썼다는 불안감은 그다음 지문에서 조급함을 불러왔고 그 탓에 정확도도 함께 낮아졌습니다.

엄쌤 오래간만이네. 다시 얼굴 봐서 좋다.
미연 대학 가서 밥 사달라고 연락드리고 싶었는데 정말 죄송해요.

엄쌤 그게 왜 죄송해. 죄송할 것 하나도 없어. 넌 너대로 최선을 다한 거야.

미연 그래도 국어는 꼭 100점 받아서 선생님께 인사도 드리고 조교도 하고 싶었단 말이에요!

엄쌤 내 수업 조교 기준은 인성이지 성적이 아니야. 인사는 아무 때나 하면 되지, 100점 받고 하는 인사란 건 없어. 그래서 시험 볼 때 어땠어? 왜 망친 것 같아?

미연 잘 봐야겠다는 생각에 한 지문에서 시간을 너무 오래 끌었어요. 평소엔 이런 문제를 만나면 잘 넘겼는데 잠시 제가 미쳤던 건지 거기서 정신을 잃었어요.

엄쌤 그래서 실전 연습을 그렇게 했던 거잖아. 실전 모의고사 훈련을 하는 이유가 바로 그거야.

미연 그런데 막상 시험장에 가니까 평소보다 긴장이 몇 배는 더 되는 거예요. 제가 이렇게까지 정신 못 차릴 줄은 전혀 몰랐어요.

엄쌤 그럼 이제 어떻게 할 건데?

미연 제게 일어날 수 있는 최악의 상황과 모든 경우의 수를 다 연습할 거예요. 그동안 시간도 느슨하게 재면서 연습했는데 이제는 시간 기록이나 관리를 더 타이트하게 할 거고요.

엄쌤 그래, 우리 미연이 올해는 대학 가겠네. 현역 때는 내가 아무리 위기 관리나 시간 관리 얘기를 해줘도 와 닿지 않았을 거야. 내가 경험해보지 않은 것도 경험한 것처럼 여기도록 미래를 더 현실적으로 상상하고 구체화하는 태도가 중요해. 미래를 상상하는 일을 게을리하면 또 실패할 수 있어.

　미래를 상상하는 일을 게을리하지 않는 태도. 내 눈앞에 어떤 문제가 어떻게 나올지 모르니 늘 경계하는 태도. 맞힌 문제도 컨디션이 안 좋을 때 풀면 틀릴 수 있으니 다시 보는 태도. 뻔히 다 아는 내용 같지만 마지막의 마지막까지 한 번 더 보는 태도.
　미연이는 결심한 대로 이런 태도를 끝까지 유지해 수능 국어 1등급을 달성해 냈습니다. 충분히 잘하고 있지만 늘 경계하는 마음으로 또 늘 겸손한 마음으로 다 맞힌 문제도 다시 보고 혹시나 배운 걸 잊어버리지는 않았는지 또다시 꺼내보는 치열함이 미연이에게 있었던 거죠.
　국어 공부에 발을 들이는 시기에는 공부에 열린 태도를 만들어 주려는 부모님과 선생님의 노력 그리고 이를 잘 따라와주는 아이의 성실함이 필요합니다. 이후 중상위권 수준으로 성장할 때는 아이 스스로 국어 공부의 기본 개념과 태도를 충실히 배우고 익혀야 하며 이를 발판 삼아 치고 올라가는 여정에서는 문제 풀이 태도와 방법론을 온전히 내 것으로 흡수하는 인고의 시간을 견뎌야 합니다.
　이렇게 하나씩 하나씩 단단하게 다져온 1등급 태도에서 진정한 1등급이 탄생합니다. 국어 1등급은 타고난 머리가 아니라 그 점수에 걸맞은 태도를 부단히 쌓아 올린 아이의 노력으로 만들어집니다. 그러니 오늘도 자신만의 최선을 다하고 있을 아이에게 칭찬과 위로를 꼭 전해주세요. 학생 또한 스스로 자신의 노력을 기특하고 자랑스럽게 여기는 마음을 꼭 품어주길 바랍니다.

공부에 걸려
넘어졌을 때

국어 1등급을 쟁취하기 위해 아이가 헤쳐나가야 할 관문이 이토록 많습니다. 그 과정에서 당연히 몸도 마음도 지치기 마련이고 공부 방향을 잃기도 쉽죠. 힘들어하는 아이를 대신해 차라리 본인이 입시를 치르고 싶다는 부모님도 더러 계십니다. 반대로 답답한 마음에 애꿎은 아이를 다그치는 분도 있고요.

제가 입시 현장에서 느끼기에 모든 학생은 더 나은 사람이 되고 싶다는 욕구를 지니고 있습니다. 아이도 시켜서 하는 공부보다 하고 싶어서 하는 진짜 공부를 원합니다. 인간의 기본 욕구에 지적 욕구가 있는 것처럼 공부를 잘하든 못하든 스스로 공부하길 원하고 더 잘해서 인정받고 싶은 마음이 있습니다. 하지만 그런 욕구와 욕망에도 불구하고 공부를 하지 않는 이유는 '의지'가 무너졌기 때문입니다.

부정적 감정의 연결 고리 끊기

기본적으로 긴 시간 동안 공부를 지속하는 데는 큰 고통이 따릅니다. 게다가 어떤 방향으로 어떻게 공부해야 최적의 길에 도달하는지 잘 모르면 공부라는 게 막연하고 두려울 수밖에 없습니다. 학생들은 괜히 밑 빠진 독에 물 붓다가 고생만 죽어라 하고 성과는 얻지 못할까 봐, 또 주변에서 싫은 소리 들을까 봐 무서워합니다. 그러다 보니 공부 의지가 많이 약해집니다.

그렇다고 부모님에게 이런 마음을 솔직하게 다 드러낼 수 있느냐? 그것도 아닙니다. 이미 아이는 부모님이 자신을 위해 학원비를 얼마나 내는지, 또 얼마나 많은 희생을 하고 있는지 다 알고 있기 때문에 추가로 뭘 해달라는 말을 하기가 어렵습니다.

'엄마는 내게 충분히 투자해주고 있으니 어떻게든 하긴 해야 하는데 짜증이 나긴 나고 뭘 해야 할지도 모르겠고 이 길이 맞는지 의심스럽고 남들은 잘만 하는 것 같은데 난 머리가 나쁜 것 같고 공부랑은 안 맞는 것 같고 그래도 고등학생이라 일단 하긴 해야 하는데…' 하며 부정적 생각이 꼬리에 꼬리를 뭅니다.

정말 공부 잘하는 최상위권 아이도 사실은 자주 공부에 걸려 넘어집니다. 이때 별것 아니라는 듯 툭툭 털고 일어나 다시 달리고 싶다면 이런 부정적 감정의 사슬을 끊어주면 됩니다. 다시 말해 회복 탄력성을 기르는 거죠. 아이에게 너도 하면 잘할 수 있다는 희망과 용기를 줘서 아이의 의지를 되살리고 되살아난 의지로 욕망을 채울 수 있게 돕는 것이 어른의 역할입니다.

신학자 토마스 아퀴나스Thomas Aquinas는 인간은 욕망이 채워졌을 때 즐거움을 느낀다고 말했습니다.

희망과 기대 → 의지 → 욕망 → 즐거움

한마디로 진짜 공부의 핵심은 아이가 지금의 나를 긍정하는 데서 시작해 성적 향상을 넘어 학습의 즐거움에 도달하는 겁니다. 그러니 잠시 공부 의지가 꺾여 넘어졌을 뿐인데 자신을 믿지 못하고 그 자리에 주저앉아 있는 아이 마음부터 들여다봐 주길 바랍니다. 희망과 기대를 품을 수 있는 감정적 지원이 뒷받침되면 아이는 스스로 부정적 감정의 연결고리를 끊어낼 수 있습니다. 아이의 부정적 감정을 어루만져 주는 것은 공부에 적대감을 줄이는 효과와 맞닿아 있어 그 무엇보다 아이의 의지를 충실히 채워줄 수 있습니다.

오른쪽 10가지 항목은 제가 컨설팅을 하면서 늘 지켜야겠다고 생각하는 내적 목표입니다. 아이에게 격려와 응원이 필요한 순간에 참고해

보세요. 부모에게 인정받은 아이는 큰 응원과 위안을 얻고 한 걸음 더 내디딜 수 있을 겁니다.

1) 막연히 열심히만 하면 된다는 '주문'을 하는 것이 아니라 이 길로 가면 너도 할 수 있다는 '믿음'을 주는 것

2) 무작정 학습량을 '늘리'는 것이 아니라 '조절'해주는 것

3) '지적'하는 것이 아니라 전문가 관점에서 '제안'해주는 것

4) 아이 상황을 누구나 겪는 일로 '이해'하는 것이 아니라 고유한 이야기로 '공감'해주는 것

5) 남들과 '비교'하는 것이 아니라 아이 자체에 '주목'하는 것

6) 부모와 아이의 '갈등을 조정'하는 것이 아니라 서로의 '사랑을 확인'하게 해주는 것

7) '학습 요령과 지식'을 전달하는 것이 아니라 '학습 태도와 마음가짐'을 바꿔주는 것

8) 그동안 왜 이거밖에 안 했냐고 '질책'하는 것이 아니라 이만큼 한 것도 기특하다고 '인정'해주는 것

9) '추상적인 응원과 뻔한 말'이 아니라 '구체적인 방법'을 알려주는 것

10) 미래를 위해 '희생'해야 하는 것이 아니라 지금 당장 '행복'해야 할 소중한 존재임을 일깨워주는 것

공부 의지는 있지만 방법이 잘못됐을 때

아이가 어렸을 때는 아이 세계관에서 부모님이 신과 같은, 가장 위대하고 믿을 수 있는 존재겠지만 청소년기에 접어들면 아이는 엄마 아빠도 그저 사람이라는 사실을 깨닫습니다. 더욱이 입시에 가까워질수록 부모가 얻는 정보와 아이가 실제로 체득하는 정보가 조금씩 어긋나기 마련인지라 부모에 대한 신뢰가 점점 떨어지는 것도 사실입니다.

그러다 보니 아이에게 자기 고집대로 공부하려는 경향이 생깁니다. 주변을 믿을 수 없으니 자기 스스로를 믿으려 하면서요. 앞서도 얘기했듯이 아이들은 공부를 잘하고 싶다는 욕망은 있지만 어떻게 해야 할지 몰라 실행하지 못하는 경우가 많습니다. 사실은 누군가에게 의지하고 싶은데 마음껏 의지할 사람을 찾지 못하는 겁니다.

이때 전문가와의 상담은 믿음직한 이정표가 돼줄 수 있습니다. 진정한 컨설팅이란 아이가 가야 할 길을 알려주고 그 길이 맞다는 확신과 여기로 가면 성공할 수 있다는 믿음을 심어주는 일입니다. 남들이 잘하도록 타고난 게 아니라 이 길로 가서 잘하는 것이고 그러니까 너도 할 수 있다고 응원해주는 일입니다. 머리가 나쁜 게 아니라 잘못된 방법과 태도로 공부해 역량이 발휘되지 않았을 뿐이니 방향과 방법을 바꿔보자고 타이르는 일입니다. 올바른 공부 방향을 정확히 일깨워주는 순간 '공부 패러다임'이 바뀝니다.

실제 교육 현장에서 컨설팅을 하다 보면 누군가 이 길로 가라고 명확하게 말해주길 기다리고 또 기다린 학생을 많이 만납니다. 아이들은 부모가 말해주는 것보다 전문가가 자신의 상태를 객관적으로 말해주는 쪽을 훨씬 더 신뢰하고 좋아하더라고요. 가끔 너무 심하게 뼈를 맞아 눈물 나게 아프다 하더라도요. 그렇게 확신을 갖고 말해주는 사람을 만났을 때 반짝이는 눈동자란! 어쩌면 아이들에게는 그 작은 몸을 주저 없이 던져 열심히 공부하도록 불을 붙여줄 부싯돌이 필요한지도 모릅니다.

공부량은 늘리기가 아닌 조절하기

그런데 상담을 받고도 동기 부여가 잘되지 않는 중하위권 아이를 보면 보통 수박 겉핥기식으로 공부합니다. 오늘 문학 다섯 작품을 공부해야 하면 그 작품을 훑어보는 느낌으로만 공부하는 거죠. 지문 읽고 문제 풀고 답 맞히고 틀린 문제 오답 정리하고 아주 심플하게 말입니다. 이럴 때 무작정 공부를 더 많이 하라는 식의 양적 결론으로 나아가면 오히려 부정적인 영향을 미칩니다. 아이 대부분이 공부 욕심은 있어도 공부를 많이 하고 싶어 하진 않거든요. 또 깊게 공부하기엔 해야 할 일이 너무 많은 것도 사실이고요.

엄쌤 준용아, 너 오늘 다섯 작품 다 풀고 오답 정리할 수 있어?

준용 네, 할 수 있긴 하죠.

엄쌤 아닌데, 너 못 할 것 같은데?

준용 네?

엄쌤 네가 하는 건 공부가 아니야. 그냥 한 번 보는 거지. 뭐가 잘못됐는지 생각을 하고 다음에 문제를 풀 때는 달라지겠다 다짐을 하고 개선점을 찾는 것, 이게 공부야. 이럴 바에는 그냥 두 지문만 하고 선지 끊어 읽기, 주제 찾기, 틀린 이유 찾기, 맞는 이유 찾기, 출제자 의도 읽기 같은 해야 할 일을 제대로 하는 게 좋을 것 같아.

이렇게 공부량을 늘리기보다 '조절'해주는 것이 좋습니다. "이런 방향으로 이 정도만 해도 충분히 1등급에 도달할 수 있어. 하루 종일 비효율적으로 공부하는 것보다(소위 양치기 공부) 오히려 짧은 시간이라도 집중해서 이 방법대로 공부하면 실제로 성과가 있을 거야. 많은 선배가 그렇게 공부했단다"라는 식으로 학습은 '양'이 아니라 '질'에 초점을 맞춰야 한다고 말해주면 학생도 단단한 미소를 보여줍니다.

만약 준용이가 컨설팅에 따라 다섯 작품을 모두 공부하는 대신 두 작품만 집중해 공부하면 그만큼 시간을 절약할 수 있을 겁니다. 이전엔 억지로 다섯 작품을 공부하는 데 2시간 반을 썼다면 이제는 두 작품만 공부하면서 1시간만 써도 되니 훨씬 이해도 잘되고 기분도 좋고 여유 시간까지 생겨 일석삼조입니다.

이때 주의할 점은 부모 입장에서 '옳다구나! 여유 시간이 생겼으니 수학을 더 하면 되겠구나!' 하고 생각되더라도 그 시간은 아이의 자유와 행복을 위해 양보해줘야 한다는 겁니다. 공부량은 줄었는데 오히려 공부의 즐거움은 더욱 커지는 이런 식의 '기브앤테이크' 학습은 향상된 성적을 유지하는 데 큰 도움이 되거든요. 단순하게 100점 받으면 용돈 10만 원을 주는 식의 보상과는 차원이 다릅니다.

문제를 많이 풀고 오답을 정리하는 과정은 고3 때 실전 훈련과 병행해야 의미가 있습니다. 그전에는 한 문제를 풀더라도 온 마음을 다해 온전히 집중해서 푸는 태도가 가장 중요합니다. 이렇게 온 마음을 다해 공부하는 방법을 익히고 그 효과를 체험하면 아이는 학년이 거듭될수록 점차 공부 시간을 스스로 늘리고 자신이 목표한 바를 이루기 위해 시키지 않아도 알아서 공부합니다.

아이가 공부에 걸려 넘어져 초조하고 불안한 마음에 "뭘 더 해야 할까?"라고 전전긍긍하고 있을 때는 아이 상황에 맞게 공부량을 조절해보길 바랍니다.

국어,
언제까지 뭘 끝내야 하나요?

> **엄쌤의 한마디**
>
> 완벽히 준비할 수 있다는 환상에서 벗어나야 합니다.

요즘은 초등부터 시작하는 선행 학습이 많이 보입니다. 수학은 보통 초4부터 응용수학과 최상위 수학을, 초5부터 중등 수학을, 중1부터 고등 수학을 선행하게 하는 분이 많더군요. 그러다 보니 국어는 언제까지 뭘 끝내면 될지 묻는 분도 있습니다. 구체적으로 뭘 준비해야 하는지 궁금해하는 자세는 훌륭하지만 그 이면에는 2가지 오해가 숨어 있습니다.

하나는 국어의 특정 단원 혹은 특정 영역을 '끝낼 수 있다(마스터할 수 있다)'는 믿음입니다. 하지만 실제로 국어 공부에서는 어떤 부분에도 '끝낸다'는 개념이 통하지 않습니다. 국어 공부에 마스터란 없습니다. AI가 아니고서야 세상 모든 작품을 일일이 암기할 수도 없을뿐더러 우리말의 모든 어휘와 문장을 완벽하게 이해하기란 불가능하니까요. 그런데 부모가 학원에서 배웠으니 다음부터는 다 맞힐 수 있을 거라는 무언의 압력을 행사하면 아이는 심한 부담감과 부채감에 시달리게 됩니다. 사실상 불가능한 일 앞에서는 실패와 마주할 수밖에 없으니 자존감마저 낮아지죠.

또 하나는 100점에 대한 환상입니다. 국어 영역은 100점이 무조건 보장되는 시험이 아닙니다. 대한민국 어떤 강사도 100점을 보장할 수 없습니다. 그런데 최상위권 아이의 부모님은 아이가 한 문제를 틀려 97점을 받으면 심각성을 느끼고 어떻게 하면 확실히 100점을 받을 수 있을지 궁금해합니다. 다소 집요하게 느껴질 만큼 만점에 집착하는 엄마의 모습을 보면 아이도 그 마음에는 공감하지만 그게 불가능하다는 걸 본능적으로 알기에 움츠러들 수밖에 없습니다.

기출 문제를 많이 푸는 것, 교과서와 문제집을 몇 회독씩 돌리는 것은 국어를 끝내기 위해, 마스터하기 위해, 100점을 받기 위해 하는 일이 아닙니다. '실패 경험, 실패 스펙트럼'을 넓힘으로써 처음 만난 문제 유형과 상황에 유연하고 능동적으로 대처할 수 있도록 대비하기 위함입니다. 마스터하기와 100점에 목표를 두면 다 맞혀야 한다는 부담감에 사고가 경직돼 위기 상황에 대처할 수 없습니다.

그러니 앞으로는 95점 정도를 100점이라고 생각해 주세요. 이 5점만큼이 아이의 숨통이 될 겁니다. 그리고 그 5점만큼의 호흡을 바탕으로 98점, 100점도 노려볼 수 있는 겁니다.

5점을 하늘에 맡기라는 뜻은 아닙니다. 이 5점은 첫째, 언제든 틀릴 수 있으니 문제를 풀 때 더 조심하고 경계하라는 의미이자 둘째, 언제든 틀릴 수 있으니 결과에 너무 자책하고 아파하지 말라는 의미입니다. 숨을 쉴 수 있어야 길게 달릴 수 있고 넘어졌을 때 툭툭 털고 다시 일어설 수 있습니다.

1등급으로 직행하는

태도 중심 국어 전략

3장

국어가 쉬워지는
분석적·종합적 태도

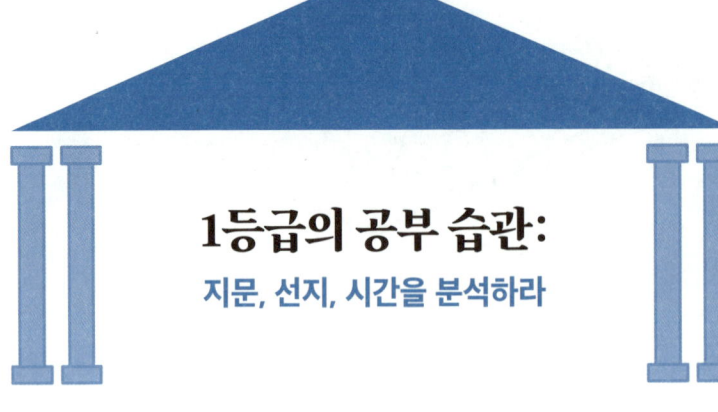

1등급의 공부 습관:
지문, 선지, 시간을 분석하라

　공부에서 가장 중요한 것은 균형입니다. 학습 시간과 자습 시간의 균형, 문제 풀이와 오답 분석의 균형, 조언과 잔소리의 균형, 공부와 휴식의 균형…. 무게중심이 맞지 않아 한쪽으로 기울면 넘어집니다.
　물론 공부를 하다 보면 갖은 시련과 고통으로 몸과 마음이 흔들릴 때가 있습니다. 이 흔들림 자체는 나쁘지 않다고 봅니다. 끊임없이 흔들려야 앞으로 나아갈 수 있으니까요. 마치 자전거처럼 말입니다. 하지만 좌우가 고루 흔들려야지, 한쪽으로만 힘을 주면 자전거는 넘어집니다. 넘어지면 많이 아픕니다. 오랜 강사 생활 중 공부 균형이 무너져 아파하는 학생을 수없이 봐왔습니다. 이제는 공부 방법을 몰라 균형을 잃고 넘어져 상처 입는 아이가 없길 바라며 입시 국어의 3가지 축인 '지문-선지-시간' 중심의 균형감 있는 학습법을 소개하겠습니다.

국어의 삼각형: 지문-선지-시간

엄쌤 익준아, 국어 공부할 때 뭐가 제일 중요한 것 같니?

익준 지문이 중요하니까 당연히 지문 독해를 잘하는 거죠.

엄쌤 물론 그렇지. 그런데 지문 독해를 잘해도 제시간에 못 풀면 꽝이잖아?

익준 그…렇죠.

엄쌤 그런데 완벽히 지문을 독해해서 제시간에 풀어도 문제를 잘못 보거나 선지를 대충 읽어서 틀리면?

익준 …!

학생들은 '지문 독해'라는 말을 자주 합니다. 비슷한 의미로 '지문 분석'이라는 표현도 자주 쓰죠. 아이들이 주로 하는 국어 공부에 '지문' 영역이 많기 때문입니다.

국어 공부를 한다 = 문제를 풀고 지문 분석을 한다
기출 분석을 한다 = 기출 문제를 풀고 지문 분석을 한다

흔히 이렇게들 생각하죠. 그러나 앞서 말했듯 공부의 균형이 무너지면 성적도 무너집니다. 1등급 아이는 지문-선지-시간이라는 3가지 축을 균형감 있게 유지하기 때문에 무너지지 않습니다.

한 학생이 지문 중심 공부를 하는지 아닌지 판단하는 일은 손바닥 뒤집듯 쉽습니다. 그 학생이 문제를 틀렸을 때 틀린 이유를 '지문 독해' 때문에 틀렸는지, '선지 독해 및 분석' 때문에 틀렸는지 혹은 정답을 맞힐 수 있었는데 '시간 부족'으로 틀렸는지 각각 원인을 구별해 오답 정리를 하는지 보면 됩니다.

국어 영역에서는 지문만 중요한 게 아닙니다. 학년과 수준에 따라 지문보다 선지가 더 중요할 때도 있고 시간이 더 중요한 순간도 있습니다. 중1~2 때까지는 독해력을 훈련하고 증진하기 위해 책 읽기와 지문 독해 공부가 중요합니다. 하지만 중3부터 고1~2 시기에는 내신 시험이 입시 결과로 이어지므로 선지 공부에 더 신경 써야 합니다. 학교 선생님들이 내신 시험에 출제되는 작품을 바꿀 수 없는 대신 선지를 까다롭게 바꿔 변별력을 높이기 때문이죠. 한편 시간을 효율적으로 관리하는 역량은 수능을 눈앞에 둔 고3 때 가장 주요한 요소가 됩니다.

이렇게 시기별로 성적을 좌우하는 지점이 다른데 아이들은 왜 '선지 분석, 선지 독해, 선지 공부'라는 표현은 잘 쓰지 않을까요? 시험이 끝나면 늘 시간이 부족하다고 말하면서 왜 '시간 분석, 시간 공부, 시간 기록' 같은 표현은 쓰지 않을까요?

사람은 자신이 평소에 생각하는 바를 말로 내뱉는다고 합니다. 그러니 평소에 선지와 시간 언급이 부족하다는 건 공부할 때도 선지와 시간 생각을 소홀히 한다는 의미와 같습니다.

1등급의 공부 습관을 만들고 싶다면 먼저 하루 공부, 한 주 공부, 한 달 공부를 계획해 보세요. 그리고 지문 공부는 얼마만큼, 선지 공부는 얼마만큼, 또 시간 공부는 얼마만큼 할애했는지 정확히 분석해 보세요. 국어 학습의 전 과정을 되돌아보고 이 세 요소를 나눠서 생각하는 분석적 태도가 성적을 좌우합니다. 실제 1등급 아이는 지문-선지-시간에 대한 인식이 명확하기 때문에 문제를 틀려도 그 원인이 지문 독해에 있는지, 선지 독해에 있는지, 시간 활용에 있는지 분명하게 잡아낼 수 있어 해결책도 빠르게 찾아냅니다. 국어 공부가 쉬워질 수밖에요.

선지를 끊어 읽는 태도

"선생님, 안 그래도 공부할 게 많은데 선지까지 공부해야 하나요?"

지문-선지-시간의 균형을 맞춰 공부해야 한다고 말하면 이렇게 질문하는 아이가 있습니다. 선지 공부란 '선지 끊어 읽는 법'을 습관화하는 겁니다. 내신과 수능에서 1등급을 받고 싶다면 무조건 선지 끊어 읽기부터 제대로 할 줄 알아야 합니다. 이 기본 태도가 안 잡혀 있으면 아무리 열심히 공부해도 등급이 안 나옵니다. 제게 배우는 모든 제자는 항상 선지를 정확하게 끊어 읽도록 체계적인 훈련을 받습니다.

다음 두 시험지의 차이점을 한번 살펴볼까요?

06. 윗글의 표현상 특징으로 적절한 것은?
① 공간이 이동되면서 시상을 전개한다.
② 특정 계절을 한정하여 대상을 묘사한다.
③ 통사 구조의 반복으로 시적 상황을 강조하고 있다.
④ 과거와 현재를 대비시켜 주제 의식을 형상화하고 있다.
⑤ 완결되지 않은 종결 어미를 활용하여 시적 여운을 준다.

06. 윗글의 표현상 특징으로 적절한 것은?
① 공간이 이동되면서 시상을 전개한다.
② 특정 계절을 한정하여 대상을 묘사한다.
③ 통사 구조의 반복으로 시적 상황을 강조하고 있다.
④ 과거와 현재를 대비시켜 주제 의식을 형상화하고 있다.
⑤ 완결되지 않은 종결 어미를 활용하여 시적 여운을 준다.

첫 번째 시험지는 문제를 푼 흔적이 거의 없는 반면 두 번째 시험지는 ①번부터 ⑤번까지 모든 선지에 일관된 표시가 돼 있습니다. 특히 빗금(/) 표시로 각 선지의 문장을 뚝뚝 끊어놓은 걸 확인할 수 있죠. 둘 중 누가 정답을 맞혔을지 시험지만 봐도 한눈에 알 수 있지 않나요?

출제자는 선지에 의도를 숨겨놓습니다. 그런데 수능 문제는 하나의 선지에 출제 의도가 하나만 있지 않습니다. 다른 시험은 보통 이렇지 않죠. 토익이나 토플만 봐도 각 선지에서 확인해야 할 정보는 하나거나 많아야 둘 정도입니다. 문장도 비교적 짧은 단문 형태가 대부분이고요. 반면 수능 선지는 선지 하나에 확인해야 할 정보가 최소 2개에서 3개 정도 포함돼 있습니다. 그만큼 문장도 길죠. 따라서 출제 의도를 명확히 파악하려면 선지를 세밀하게 끊어 읽는 태도가 필수입니다.

선지를 끊어 읽는 방법은 아래와 같습니다.

1) 선지가 이어진 문장이면 각각의 문장으로 구분한다.
2) 각 문장에서 다시 주성분인 주어, 목적어, 보어, 서술어로 구분한다.
3) 그래도 답이 명확하지 않다면 문장의 부속성분인 관형어, 부사어까지 구분한다.

아래 예시를 드릴 테니 직접 한번 해보세요.

---

31. (가)와 (나)의 표현상 공통점으로 가장 적절한 것은?

① 동일한 어미를 반복하여 리듬감을 주고 있다.
② 역설법을 활용하여 내면 심리를 부각하고 있다.
③ 자조적인 어조를 사용하여 시적 정서를 드러내고 있다.
④ 공감각적 이미지를 사용하여 표현 효과를 높이고 있다.
⑤ 수미상관의 기법을 활용하여 주제 의식을 강조하고 있다.

가령 ⑤번 선지를 끊어 읽으면 확인해야 할 정보가 2개 나옵니다(처음엔 최대한 잘게 나누다가 익숙해질수록 적절히 끊어주면 됩니다). 수미상관이 (가)와 (나) 작품 모두에 나오는가 그리고 그것이 작품의 주제 의식을 강조하고 있는가.

⑤ 수미상관의 기법을 / 활용하여 / 주제 의식을 / 강조하고 있다.

수미상관은 처음과 끝이 서로 같거나 비슷한 구성을 말합니다. 결국 특정 부분이 반복되는 것이니 주제 의식이 강조되는 것도 맞습니다. 이렇게 선지 전반부가 맞으면 후반부도 맞는 단순한 경우도 있습니다. 고1~2 수준까지가 여기에 해당합니다. 그러나 고3 수준의 실제 수능에서는 선지 앞이 맞아도 뒤가 틀리는, 뒤가 맞아도 앞이 틀리는 복잡한 경우가 대부분입니다. 그러니 끊어 읽지 않으면 절대 선지를 장악할 수 없습니다.

선지를 끊고 나서 어디가 맞고 어디가 틀렸는지 정확히 표기하는 것도 중요합니다. 이 문제를 풀었을 때 아래와 같이 표시가 남아 있어야 제대로 공부한 겁니다.

31. (가)와 (나)의 표현상 공통점으로 가장 적절한 것은?
① 동일한 어미를 반복하여 리듬감을 주고 있다.

> ② 역설법을 활용하여 내면 심리를 부각하고 있다.
> ③ 자조적인 어조를 사용하여 시적 정서를 드러내고 있다.
> ④ 공감각적 이미지를 사용하여 표현 효과를 높이고 있다.
> ⑤ 수미상관의 기법을 활용하여 주제 의식을 강조하고 있다.

이렇게 선지 구성을 하나하나 들여다보지 않으면 '왠지 동일한 어미가 반복됐던 것 같은데?', '역설적으로 말했던 것 같은데?' 하며 느낌적인 느낌, 감으로 문제를 풀게 됩니다. 감에 의존하면 맞는 날도 있고 틀리는 날도 있을 텐데 그렇게 국어 점수가 들쭉날쭉하다가 선지 난도가 급격히 높아지는 고3이 되면 등급이 푹 꺾입니다. 선지를 제대로 끊어 읽고 이를 바탕으로 지문에서 정확한 판단 근거를 찾는 태도를 기르는 것이 선지 공부의 기본입니다.

선지 끊어 읽기를 강조할 때면 학생들은 늘 이런 반문을 합니다.

"펜으로 선지를 끊어 읽으면 시간이 너무 오래 걸려요. 가뜩이나 독해 속도가 느려서 걱정인데…."

그럼 저는 이렇게 답을 해주죠.

"처음 연습 단계에서는 펜으로 선지를 끊어 읽는 연습을 해야 해. 그러다 익숙해지면 펜을 대지 않아도 좋아. 아마 그때는 자연스럽게 선지를 끊어 읽게 될 거야. 속도도 훨씬 빨라지고. 그러니 너무 걱정하지 마."

선지 끊어 읽기는 기초 훈련입니다. 최상위권의 시험지는 아주 깨끗하다는 얘기를 많이 들으셨죠? 그건 무수히 많은 선지 판단 훈련을 거친 후의 최종 결과물이지, 처음부터 깨끗하게 푼 건 아닐 겁니다. 출제자의 의도를 분절해 보는 습관이 몸에 깃들면 그때부터는 물리적으로 끊어 읽지 않아도 됩니다.

시간을 관찰-기록-분석하는 태도

수능 시험에서 국어 영역 문제지가 총 몇 쪽인지, 한 쪽당 제한 시간은 몇 분인지 정확히 아나요? 만약 이 질문에 답하지 못한다면 1등급은 꿈도 꿀 수 없습니다.

이렇게 단호하게 말하면 시간 분배를 잘 못했을 뿐이지 공부를 안 해서 그런 건 아니라고 말하는 학생이 있습니다. 그럼 질문을 바꿔 다시 물어봅니다.

"모의고사에서 독서 지문, 문학 지문에 각각 얼마나 시간을 썼는지 타이머를 잰 적 있니?"

어떤 대답이 돌아왔을지 짐작되죠? 1등급 밑으로는 대부분 "아니요"라고 답합니다. 실제로 문제 풀 때 실수를 많이 하거나 시간이 부족하다는 말을 입에 달고 다니는 아이 중 자신이 이 지문을 몇 분 몇 초 동안 풀었는지, 이 지문 풀이의 적정 속도는 얼마여야 했는지 궁금해하고 관찰-기록-분석하는 경우는 거의 본 적이 없습니다.

시간이 부족하다면서 왜 시간을 재지 않을까요? 내가 평균보다 얼마나 늦게 푸는지, 느리게 푸는 이유가 뭔지, 얼마나 빨리 푸는 게 좋은지 알아야 1등급으로 올라갈 수 있습니다. 궁극적으로 나만의 시간 데이터가 있어야 합니다. (4장 211쪽 〈자기객관화 데이터 쌓는 법〉 꼭지를 함께 읽으면 좋습니다.) 시간이 부족하다고 백날 하소연해 봐야 나의 객관적 상태를 모르면 "지문 독해 속도를 늘려야겠네", "문제를 빨리 풀려고 시도해야겠네"와 같이 일반적이고 뻔한 조언밖에 줄 수 없습니다.

아시겠지만 수능 시험은 제한 시간 내에 주어진 문제를 푸는 시험이기 때문에 시간에 대한 관심을 최우선으로 두고 문제를 풀어야 합니다. 지식이 조금 부족해 지문 독해가 안 되면 등급 하나가 날아가지만 시간에 대한 관심과 노력이 부족해 한 지문을 아예 못 풀면 1년(재수)이라는 시간을 다시 허비해야 하거든요. 그러니 시험 당일에 중요한 건 문법 개념도, 문학 개념어도, 독해력도 아닙니다. 제시간 안에 최적의 문제 풀이 경로로 내가 풀 수 있는 문제를 정확하게 푸는 태도입니다.

수능 국어 영역은 80분 동안 치러집니다. 이 시간 동안 보통 16쪽의 문제를 풀어야 하죠. 그러면 한 쪽에 대략 몇 분을 할애할 수 있을까요? 네, 맞습니다. 5분입니다. 이 기준이 한국교육과정평가원에서 학생에게 제시하는 수능 시험문제 풀이의 적정 속도입니다.

여기에 따라 우리는 지문 독해 속도와 문제 풀이 속도를 조정하고 속도가 얼마나 적정한지 늘 비교하고 개선해야 합니다. 어떤 지문이 시험지 한 쪽에 꽉 차는 분량으로 제시됐다면 그 지문을 다 읽는 데 5~6분 정도 걸리는 게 가장 이상적일 겁니다. 그런데 만약 내 독해 속도로 그 지문을 다 읽는 데 7분이 걸렸다면 시험 전체로 보면 남들보다 10~15분 정도 늦게 문제를 푸는 셈입니다.

시간이란 우리 관념 속에서 가장 추상적이고 막연한 무엇입니다. 늘 함께하지만 정확히 알지 못하는 무엇이죠. 문제를 풀면서 시간이 부족하면 이 문제를 어떻게 해결해야 할지 막막할 때가 많습니다. 이런 상태가 계속 이어지면 오랜 시간 국어 공부에 매진해도 성적은 향상되지 않습니다. 이럴 때일수록 더 구체적이고 분석적인 방식으로 시간을 대하는 자세가 필요합니다.

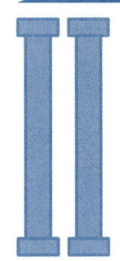

1등급의 독해 방법 ①
서술어, 조사, 어미에 주목하라

"어떻게 하면 국어를 잘할 수 있을까요?"

이 질문을 받을 때마다 늘 의아한 마음이 듭니다. 이미 충분히 잘하고 있는데 뭘 더 잘해야 한다는 말일까요? 한국어를 모국어로 사용하는 사람 중 한국어 구사 능력이 떨어지는 사람은 드물 겁니다.

그런데도 전국 수많은 학생이 국어 문제를 풀 때 우리말로 된 지문을 몇 번씩 읽어도 도무지 무슨 말인지 모르겠다며 힘들어하는 이유는 무엇일까요? 어릴 적 책을 많이 안 읽어서일까요? 절대 아닙니다. 단지 읽는 방법이 잘못됐기 때문입니다. 즉, 서술어 중심의 글 읽기와 조사·어미 중심의 글 읽기가 체화돼 있지 않기 때문입니다.

태어나면서부터 자연스럽게 한국어 문법을 배웠음에도 이 단순한 사실을 제대로 알지 못해 학창 시절 몇 년을 헤매는 아이가 정말 많습니다. 국어 지문을 읽는 태도가 한번 잘못된 방향으로 굳어버리면 나중에 고치는 데 뼈를 깎는 노력이 필요합니다. 처음 국어 공부를 시작할 때부터 1등급의 독해 방식을 분석하고 습관화해야 하는 이유입니다.

서술어(동사와 형용사) 중심으로 읽기

아이들은 어릴 적부터 본의 아니게 명사 위주의 글 읽기를 배웠습니다. 공부를 이해 영역이 아닌 암기 영역으로 접한 시간을 떠올려 보세요. 그동안 학교는 객관적 평가를 위해 명사형 정답을 요구하는 방식으로 시험문제를 출제해 왔죠. 선택형 선지에서든 주관식 단답형에서든 주어나 목적어를 찾아야 하는 공부를 반복했기 때문에 어쩔 수 없이 명사 암기 위주의 학습에 익숙해지고 마는 겁니다.

그런데 우리말의 정보는 '명사'보다 '동사'와 '형용사'에 더 많이 담겨 있습니다. '한국말은 끝까지 들어봐야 한다'는 말도 있잖아요. 예를 들어볼게요. "돌담에 속삭이는 햇발같이"라는 시구에서 시적 분위기를 자아내는 시어는 무엇일까요? '돌담'일까요, '햇발'일까요? 여기서 명사 '돌담'과 '햇발'은 그다지 중요한 시어가 아닙니다. 그보단 오히려 '속삭이다'라는 동사가 시적 정서를 드러내고 있죠. '돌담'과 '햇발'을 다른 단어로 대체해도 시적 분위기에는 큰 변화가 없습니다. 가령 "풀잎에 속삭이는 이슬같이"로 바꿔도 시적 분위기는 여전히 따뜻하고 정겹습니다.

명사보다는 동사와 형용사 위주로 글을 읽을 때 한국어의 맥락과 의미를 더 잘 파악할 수 있습니다. 그리고 한국어로 쓰인 문장에서 동사와 형용사가 가장 주요하게 쓰이는 부분(문장성분)이 어디냐면 바로 '서술어'입니다. 서술어는 문장에서 다른 문장성분의 필요 여부와 핵심 정보를 담당하고 있어 다른 어떤 문장성분보다도 그 위상이 높다고 할 수 있습니다. 주어는 상황에 따라 얼마든지 생략될 수 있지만 서술어가 없다면 문장이 지닌 메시지는 온전히 전달될 수 없습니다. 제가 국어 강사여도 우리말을 사랑하는지 아닌지는 서술어까지 가봐야 알 수 있죠.

엄쌤은 / 우리말을 / 사랑한다.
[주어]   [목적어]   [서술어]

엄쌤은 / 아름다운 / 우리말을 / 정말로 / 사랑한다.
[주어]   [관형어]   [목적어]   [부사어]   [서술어]

한국어는 서술어 중심 언어로 서술어가 중요하기 때문에 수식도 대부분 그 앞에서 이뤄지는 등 문장 맨 끝에 방점이 찍혀 있습니다. 그렇다 보니 수식하는 말이 붙을수록 문장에서 주어와 서술어 간 거리는 점점 멀어집니다. 학생의 작문에서 문장이 어색하고 앞뒤 문맥이 안 맞는 이유도 바로 이겁니다. 자신이 던져놓은 주어를 서술어가 책임지지 못하는 거죠. 아이들이 비문학 독해를 잘 못하는 본질적인 이유도 마찬가지입니다. 다음 문장을 함께 읽어볼까요?

> 가추법假推法은 관찰된 사실이 왜 일어나는가를 설명하기 위해 현재 상황과는 다른 상황에서 이미 통용되는 전제를 출발점으로 하여 그 전제 속에는 포함돼 있지 않은 결론을 도출하는 개연적 추론이다.

출처: 2023년 《EBS 수능특강: 국어영역 독서》 90쪽

어려운 명사가 마구 쏟아지는 이 문장을 읽자마자 이해하기란 불가능에 가깝습니다. 나아가 낯선 용어가 지문의 상당 부분을 차지하는 고난도 글일수록 해석을 요구하는 수많은 정보에 짓눌려 중심 내용을 파악하기가 매우 어려워집니다. 최근 수능과 모의고사에 나온 개념만 훑어봐도 '시뮬라크르', '공생 발생설', '위법성 조각 사유' 등 각 학문의 전문용어가 즐비합니다. 주어와 목적어로 등장하는 이 난해한 개념 명사에 집중력을 빼앗기면 정작 그것이 의미하는 핵심 내용을 놓치기 쉽습니다.

그래서 독해할 때는 늘 주어와 서술어를 찾아 읽는 태도를 기르는 게 중요합니다. 앞서 가추법을 설명하는 문장에서 주어와 서술어만 찾아 남겨봅시다.

가추법은 개연적 추론이다.

단어 자체의 뜻은 여전히 몰라도 문장이 설명하고자 하는 의미는 명료하게 드러납니다. 아, 가추법이라는 중심 소재는 추론하는 행위의 일종이구나!

이처럼 문장을 주어-서술어 구조로 단순화하는 것이 독해의 기본입니다. 어렵고 복잡한 용어에 현혹될 필요가 없습니다. 중심 소재와 연결되는 서술어로 뼈대를 잡은 뒤 부사어나 관형어같이 수식하는 말로 살을 붙여나가며 핵심 내용을 이해하면 됩니다. '개연적으로 추론한다는 건 뭘까? 전제 속에 들어 있지 않던 새로운 결론을 이끌어낸다는 말이구나. 그럼 그 전제란 뭐지? 이런 결론을 왜 이끌어 내려는 거지?' 이렇게 논리 연결을 통해 사고를 확장해 나가는 겁니다.

책을 많이 읽는다고 확장적 사고를 할 수 있는 게 아닙니다. 주어-서술어를 찾는 데서 한 단계씩 발전해야 합니다. 명사 중심 독해보다 동사와 형용사 중심 독해, 즉 서술어, 관형어, 부사어 중심으로 글을 읽어야 하는 이유입니다.

조사, 어미 하나로 뉘앙스가 달라진다

한국어는 언어유형론적으로 '교착어膠着語'에 속합니다. 실질적 의미가 있는 단어에 조사, 어미 같은 문법적 요소가 결합함으로써 체계적으로 문장을 구사할 수 있는 언어죠. 쉽게 말해 '하늘'을 주어에 두려면 하늘'이', 목적어에 두려면 하늘'을'이라고 쓰면 됩니다. '이'가 주격조사이고 '을'이 목적격조사임을 모른다 한들 한국 사람이라면 아무도 틀리지 않습니다.

그런데 우리 아이가 가장 어려워하는 문법이 바로 조사입니다. 왜일까요? 영어에는 조사가 없으니까요. 아이가 문법을 익힐 때 국문법부터 배웠나요, 영문법부터 배웠나요? 영문법을 중점적으로 학습하는 환경에서 자라다 보니 한국어까지 영문법으로 이해하려고 하는 겁니다. 저는 중2 아이부터 문법을 가르치는데 우리나라 품사가 몇 개냐고 물어보면 "8품사요!"라며 당당하게 영어 문법 체계를 떠올리고 답을 합니다. 모국어는 너무 익숙하다 보니 문법적으로 끊어 읽지 못하고 큰 덩어리로 퉁 쳐서 넘어가 버리죠. 조사 단위로 독해하는 분석적 태도가 결여된 겁니다. 아래 세 문장이 같은 말인지 다른 말인지 한번 생각해 보세요.

- 너 왜 공부를 안 하니?
- 너는 왜 공부를 안 하니?
- 너만 왜 공부를 안 하니?

분명 서로 다른 말임은 직감적으로 알 수 있습니다. '는'과 '만'이 쓰였으니까요. 여기서 기습 질문입니다. 이 낱말의 정확한 명칭은? 기억이 가물가물하실 텐데 답은 '보조사'입니다. 보조사는 체언, 부사, 활용어미 따위에 붙어 어떤 특별한 의미를 더해주는 조사로 '은/는', '만', '도', '조차' 등이 있습니다. 두 번째 문장은 '는'이 붙음으로써 발화자의 언짢은 마음이 강조됐고 세 번째 문장은 '만'을 통해 제발 공부하라고 재촉하려는 의도가 강조됐죠. 이처럼 우리말 뉘앙스는 보조사에 다 스며 있기 때문에 조사 중에서도 보조사가 특히 중요합니다.

국어 지문에는 한국어를 구사하는 글쓴이가 하고 싶어 하는 말, 즉 주제가 담겨 있습니다. 주제는 글쓴이의 주관적 견해에 해당하는데 글 한 편에는 주제를 직접적으로 드러내는 주관문과 이를 뒷받침하기 위한 객관적 근거문이 적절히 섞여 있습니다. 그리고 전문용어, 낯선 개념 명사는 대부분 주관문이 아닌 객관적 근거문에 딸린 설명입니다. 주관문을 잘 찾으려면 글쓴이만의 주관이 담긴 부분, 즉 문장의 뉘앙스를 감지할 수 있어야 합니다. 그게 바로 보조사의 쓰임새입니다.

학교 시험도 마찬가지입니다. 학교 선생님은 선지에 보조사를 십분 활용해 출제 의도를 심어놓는 경우가 많습니다. 선생님이 문제를 냈다는 얘기는 선생님의 주관이 들어갔다는 뜻이니까요. 국어 시험에서 보조사를 중심으로 글을 읽으면 출제자 의도를 파악하는 데, 나아가 복잡하고 헷갈리는 선지를 해결하는 데 도움이 됩니다.

마지막으로 각종 어미도 중요합니다. 어미의 종류에는 선어말어미와 어말어미가 있고, 어말어미에는 종결어미, 연결어미, 전성어미가 있습니다. 어미는 용언의 어간에 붙어 여러 가지 문법적 의미와 말의 뉘앙스를 전달해주죠. 예를 들어 아래 문장을 봅시다.

• 엄쌤은 키는 크지만,

우리는 이 문장의 뒷부분을 아직 읽지 않았지만 부정적인 내용이 이어지리라고 쉽게 예측할 수 있습니다. 왜냐하면 '-지만'이라는 연결어미는 어떤 사실과 내용을 시인하면서 반대되는 내용을 말하거나, 조건을 붙일 때 자주 사용하는 어미이기 때문이죠. 따라서 어미를 제대로 본다면 독해력, 문해력을 높이는 데 가장 중요한 '뒷말을 예측하며 읽기', '글쓴이의 의도 파악하며 읽기'를 할 수 있습니다.

문제를 풀면서 실수를 많이 하는 학생, 문장의 중심 의미를 자주 놓치는 학생은 보조사 같은 조사 그리고 각종 어미 중심의 글 읽기 태도를 길러야 합니다. 제가 늘 강조하듯이 국어는 능력이 아니라 태도니까요.

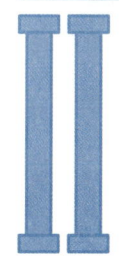

1등급의 독해 방법 ②
끝없이 주제를 떠올려라

"선생님, 글을 읽다 보면 앞 내용이 기억나지 않아요."

학생과 상담하다 보면 이런 고민을 자주 듣습니다. 아마 많은 학생에게 매우 현실적이면서도 공감되는 상황일 겁니다. 이는 머리가 나쁘거나 언어 능력이 부족해서가 아니라 사람이라면 누구나 경험하는 현상이죠.

지문을 읽어 내려갈수록 전문적이고 복잡한 내용은 점점 더 늘어나고 처리해야 할 정보량은 많아집니다. 그러니 지금 읽고 있는 문단의 내용을 파악하는 데 급급해 바로 앞 문단의 내용도 쉽게 잊어버립니다. 결국 지문을 열심히 끝까지 읽고도 전반적인 내용을 알지 못하는 경우가 부지기수죠. 충분히 국어 영역의 글을 읽고 이해할 수 있는 능력이 있는데 뭘 놓치고 있기에 그럴까요? 바로 '주제를 찾는 태도'입니다.

모든 문장은 주제를 향한다

시험에 나오는 지문처럼 잘 쓴 글은 '통일성'이 있습니다. 통일성이란 글의 내용적 구성 원리로 모든 문장이 한 주제를 향해 유기적으로 연결되는 특성을 가리킵니다. 우리가 지문을 독해하면서 읽는 문장은 각기 다른 내용을 설명하는 것처럼 보여도 큰 맥락에서는 모두 주제를 뒷받침하고 있죠. 즉, 지문 속 모든 문장은 주제의 부연 설명인 겁니다.

얼핏 보기엔 전혀 관련이 없어 보이는 문장도 모두 지문의 주제를 드러내기 위한 예시나 비유적 표현입니다. 따라서 지문의 어느 부분에서 어떻게 문제가 출제되든, 그 문제는 지문 전체를 관통하는 주제의 영향권에서 결코 벗어날 수 없습니다. 1문단에서 낸 문제든, 5문단에서 낸 문제든 모두 주제와 관련될 수밖에 없죠. 그래서 저는 항상 다음과 같이 말합니다.

"모든 문장은 주제를 향한다."

출제자는 문제의 거의 모든 것을 통제할 수 있습니다. 선지 길이나 지문 위치 등을 얼마든지 조정해 학생을 혼란에 빠트릴 수 있죠. 그러나 출제자도 통제할 수 없는 것이 딱 하나 있으니 바로 지문에서 명백히 드러나는 주제입니다. 주제는 아무리 출제자라 해도 절대 건들 수도, 바꿀 수도 없습니다. 그래서 선지 길이나 복잡한 문장구조 같은 주변 요소로 학생의 눈을 현혹합니다.

주변 요소에 매혹되지 말고 글의 본질인 주제를 찾는 태도를 길러야 합니다. 아무 맥락 없이 문장이 가는 대로 따라 읽던 습관에서 벗어나 시작부터 끝까지 지문을 이루는 문장에서 통일된 흐름을 의식적으로 찾는 태도를 연습해야 하는 겁니다.

어려운 문장에 너무 연연하지 않는다

예컨대 1문단의 핵심 키워드를 뽑고 이를 모든 문단에 적용하며 읽어보는 겁니다. 1문단 핵심 내용은 나머지 문단과 유기적으로 연결돼 있습니다. 얼핏 1문단의 역할은 독자의 흥미를 끄는 데 그칠 것 같지만 사실 1문단이 지문 전체를 관통하는 주제를 담고 있는 경우가 많습니다. 이해하기 쉬운 언어로 표현돼 있다 보니 중요한 내용임을 인지하기가 힘들 뿐이죠.

1문단 핵심 키워드와 내용을 파악하고 나면 '왜 이 부분이 중요하지?', '이 내용이 앞으론 어떻게 전개될까?' 하고 체계적으로 생각하며 나머지 문단을 읽어 내려가야 합니다. 3문단부터는 1문단과 직접적인 연관성이 떨어지는 듯 보이지만 지문 전체를 조망해보면 3문단 이후의 내용도 결국엔 모두 1문단부터 등장한 주제를 설명하는 것뿐임을 알 수 있습니다.

　다시 한번 말하지만 지문의 모든 문장은 주제의 부연 설명입니다. 그러니 지문을 읽어나가다 이해하기 어려운 문장을 만났을 때 그 문장을 이해하려고 너무 오랜 시간을 소모할 필요가 없습니다. 어려운 문장 또한 주제와 관련 있음을 의식하면서 지문을 차분히 읽어나가면 글이 말하고자 하는 바를 명확히 파악할 수 있습니다. 물론 어려운 문장을 만날 때마다 계속 방치해두면 안 됩니다. 지문을 읽는 도중 해석이 어려웠던 문장은 형광펜이나 기호로 표시해두고 문제를 다 풀고 오답을 정리하는 시간에 여러 차례 재해석해 보면서 독해력을 길러야 합니다.

　선지를 읽고 정답을 고를 때도 마찬가지로 반드시 주제를 머릿속에 담아두고 있어야 합니다. 처음 선택한 답을 바꾸고 싶거나 두 선지가 헷갈릴 때 최종 정답을 선택하는 기준은 주제와 밀접한 정도여야 합니다. '다음 중 적절한 것을 고르시오' 같은 문제에서는 단 한 글자라도 주제와 가까운 선지를 선택하고 '다음 중 적절하지 않은 것을 고르시오' 같은 문제에서는 단 한 글자라도 주제와 거리가 먼 선지를 선택해야 합니다. 헷갈리는 문제 또는 고난도 문제를 만났을 때 잠시 여유를 갖고 전체 주제를 한번 떠올려 본다면 정답률은 최소 80퍼센트 이상으로 오를 겁니다.

　앞서 말했듯 출제자는 학생이 어떤 선지를 두고 고민할지 알고 있습니다. 그래서 각종 장치로 오답을 선택하게끔 유도합니다. 나름대로 고심해 고른 답이 사실은 출제자의 의도에 따라 선택된 답일 수 있음을 늘 염두에 둬야 합니다. 함정 문제나 고난도 문제를 풀 때면 특히나 더 주제를 떠올려야 하는데 주제를 제대로 못 찾은 상태라면 출제자의 속임수에 홀랑 넘어가 문제를 틀릴 수밖에 없습니다. 한 걸음 물러나 주제를 생각하는 태도. 이 태도가 헷갈리는 문제와 고난도 문제를 극복할 수 있는 가장 중요한 요소입니다.

한 문단을 읽으면 잠시 멈춘다

각 문단을 읽고 나서 문단별 주제를 생각하라, 헷갈릴 때는 주제를 꼭 떠올려라… 이렇게 주제를 찾는 태도를 강조하는 이유는 그것이 '인지' 영역이 아니라 '앎' 영역이기 때문입니다. 사람들은 인지Cognition와 앎Knowledge을 의외로 잘 구별하지 못합니다. "엄마, 난 국어 지문을 읽으면 이해가 안 돼." 이 말은 인지가 안 된다는 말입니다. "무슨 말인지 하나도 모르겠어." 이것도 인지 영역입니다. 책 한 권을 읽는다고 생각해 볼까요? 한 챕터를 죽 읽고서 그 내용을 이해했다고 말한다면 이는 안 게 아니라 인지한 겁니다. 그렇게 한 챕터씩 읽고 이해하고 또 읽고 이해해서 300쪽짜리 책 한 권을 다 읽었다면 이건 인지를 끝낸 겁니다. 아주 커다란 뼈대 정도만 얼기설기 만들어놓은 거죠.

앎이란 접근 방식 자체가 다릅니다. 한 챕터를 읽고 책을 덮습니다.

그리고 잠시 멈춰 재구성해 봅니다. '이 챕터의 주제는 이거였어', '작가는 이런 생각으로 글을 썼나 봐', '이 생각을 내게 전달하기 위해 예시나 역사 사례를 많이 들었네', '글의 관점은 조금 보수적인 것 같아', '그 챕터가 원인이라면 이 챕터는 결과 정도가 되겠네' 하는 생각을 해보는 겁니다. 마찬가지로 지문을 읽으면서도 '출제자가 이런 문제를 냈을 것 같네', '이 부분은 선지에서 나오겠네' 하고 생각하는 것. 이것이 앎입니다.

이렇게 말하면 '생각한다'에 초점을 맞출 텐데 핵심은 '멈추다'에 있습니다. 거창한 게 아닙니다. 한 문단을 읽고 '잠시 멈춰 서서' 생각합니다. 잠시 멈춰 서서 생각하는 것이 앎 영역으로 가는 방법의 전부입니다. 그 기다림의 시간, 머무름의 시간이 곧 앎이 됩니다.

어떤 사람이 평소에 안 하던 행동을 하려면 그 행동을 유발하는 트리거Trigger가 필요하다고 합니다. A 행동을 하면 자연스레 B 행동으로 이어지도록 행동 전 행동을 하는 거죠. 잠시 멈추는 행동이 곧 주제를 정리하는 트리거인 셈입니다. '모든 문장은 주제를 향한다'는 명제를 품은 채 지문을 읽든 문제를 풀든 잠시 멈춰 서서 주제를 찾고 떠올리는 태도가 몸에 밴다면 출제자의 시선에서 문제를 바라보게 되니 정답이 더 잘 보입니다.

제가 이렇게 앎 영역을 중시하는 이유는 학생들과 함께 호흡하면서 그들이 실제로 변화하는 모습을 직접 목격해왔기 때문입니다. 저는 〈스터디러닝〉과 〈스터디챌린지〉라는 온라인 학습 프로그램을 운영해

왔습니다. 성적 분포가 다양한 학생들과 제가 실시간으로 채팅을 주고받으며 정답을 몇 문제 맞혔고 한 문제를 몇 분 만에 풀었으며 또 어떻게 정답을 찾아나갔는지 등 각자의 문제 풀이법을 공유하면서 '집단 지성'을 형성하는 수업입니다.

실제로 이 수업은 성적 향상에 정말 효과적입니다. 수백 명의 또래 학생이 집단 지성으로 문제에 접근하는 과정에서 혼자 풀 때는 생각하지 못한 요소를 발견하며 이때 학생 개개인의 사고가 인지 영역에서 앎 영역으로 나아가기 때문입니다. 채팅창으로 다른 학생의 생각을 읽는 순간 '멈춤'이 일어나고 이 멈춤의 시간이 '앎'으로 이어지니까요.

더불어 나와 비슷한 수준의 친구들이 나보다 정확하게 문제를 풀고 있음을 목격함으로써 나도 그렇게 할 수 있다는 자신감도 얻습니다. 정답을 맞힌 친구의 생각을 공유받으면 나도 충분히 할 수 있을 것 같다는 생각이 들기 때문입니다. '별것 아닌데?', '나도 조금만 노력하면 할 수 있겠는데?' 하는 마음이 드는 수업입니다.

제가 너무 진중하게 수업하면 아이들이 이렇게 생각하지 못할 겁니다. 저는 이런 대화가 자연스럽게 오갈 수 있도록 아이들의 즐거운 광대가 돼주면서 함께 소통할 뿐입니다. 문제를 대할 때 인지 영역에 머물지 않고 앎 영역으로 나아가는 태도가 형성되면 공부를 대하는 태도도 함께 변하기 마련입니다.

1등급의 독해 방법 ③
출제자의 의도를 추론하라

　일반적으로 고1, 2 때 치르는 시험에는 '사실 일치·불일치' 문제가 많이 나옵니다. 지문 내용이 사실 그대로 선지에 나오면 반가운 마음으로 동그라미를 칠 수 있다는 얘기죠. 말마따나 어릴 적 글 좀 읽었다는 친구는 문제에서 지문의 것과 똑같이 생긴 문장을 금방 찾아 정답을 곧잘 고르기도 합니다. 그런데 이는 진정한 의미의 문제 풀이를 한 게 아닙니다. 뭐 한 거냐면 시력검사를 한 겁니다.

　학생들은 이때 받은 점수를 고3 수능 점수라고 생각하면서 본인이 국어를 잘하는 줄 착각합니다. 부모님도 은연중에 기대하고 안심하죠. 저는 고1, 2 점수에 너무 자랑스러워하는 학생을 만나면 "조금 더 겸손

해야 해"라고 예언처럼 말합니다. 고3 6월 모의고사를 보고 나면 그 착각이 산산이 부서지거든요.

고1, 2 모의고사를 볼 때는 찾으면 보이던 정답이 고3 평가원 모의고사에선 아무리 시험지를 앞뒤로 엎치락뒤치락하며 찾아도 안 보입니다. 여러 차례 얘기했듯 고1, 2 현역 학생을 대상으로 치러지는 시험의 난도와 고3 학생과 16만여 명의 N수생이 함께 보는 시험의 난도는 크게 다릅니다. 수능 시험의 본질이 변별이라면 후자가 훨씬 더 까다롭게 출제될 게 분명하죠.

이런 시험은 시력검사하듯이 지문과 문제를 뚫어져라 쳐다본다 한들 풀릴 리 없어요. 그래도 계속 찾습니다. 미련이 많아 계속 찾습니다. 애꿎은 시간만 흘러가고 말죠. 저는 '시간이 없어서 두 지문을 통째로 못 풀었다'는 식의 고3 학생, 부모님의 하소연을 수천 번 넘게 들었습니다.

추론 문제를 푸는 방법

지문과 선지의 표현이 100퍼센트 똑같다면 이는 마치 수학의 기본 문제, 개념 확인 문제와 같습니다. 단순히 공식만 암기하면 누구나 바로바로 풀 수 있는 문제인 거죠. 그래서 고1, 2 때까지는 틀린 그림 찾기를 한다는 기분으로 지문과 선지를 오가며 빠르게 정답을 찾을 수 있습니다. 기본적인 언어 이해 능력, 순발력, 영리함, 좋은 시력이 있다면 고득점을 받는 데 무리가 없습니다.

그러나 '추론' 문제를 맞닥뜨리는 순간 지금껏 지켜온 점수가 와르르 무너집니다. 지문에 있는 내용이 어떤 과정을 거쳐 다른 표현으로 선지에 등장할 때 이 다름을 찾는 과정을 '추론'이라고 합니다. 수능이나 평가원 모의고사처럼 정교한 변별력을 갖춰야 하는 시험에는 추론 유형 문제가 대거 출제될 수밖에 없습니다.

추론 문제에는 지문 내용이 선지에 그대로 나오지 않기 때문에 말 그대로 추론해야 합니다. 추론을 뜻하는 영단어 'infer'가 '안으로In 가져가다Ferre'라는 어원에서 비롯됐듯이 추론 문제는 출제 의도가 겉으로 드러나 있지 않습니다. 그러니 안에 있어 보이지 않는 핵심이 뭔지 생각할 줄 알아야 합니다. 이런 사고 훈련이 돼 있지 않으면 문제를 풀 수가 없습니다. 출제 의도를 생각한 적 없이 지문에 나온 똑같은 문장만 눈 크게 뜨고 찾던 문제 풀이는 이제 더는 소용없는 겁니다.

기본적인 언어 능력, 순발력, 영리함, 좋은 시력은 재능이 아닙니다. 국어 능력도 아닙니다. 그저 약간의 운동신경 정도랄까요? 운동신경이 있는 친구는 어떤 운동을 하든 곧잘 합니다. 그러나 프로 선수 영역까지 올라가면 운동신경보다 훨씬 더 중요한 요소가 바로 체계적인 훈련과 끊임없는 노력입니다.

수능에서 1등급을 받겠다는 건 동네 조기 축구나 배드민턴 대회에서 우승하겠다는 의미가 아닙니다. 50만 명 중 상위 4퍼센트 안에 들고자 하는, 내 미래와 삶의 방향이 걸린 중대한 경기에 출전하는 프로의 마음가짐으로 수능에 임해야 합니다. 그러기 위해선 한 단어 한 단어, 한 문장 한 문장에 의미를 부여하면서 관심을 표할 줄 알아야 합니다. 그 관심의 대표적인 척도가 바로 '패러프레이즈Paraphrase'입니다.

지문을 이해하는 척도, 패러프레이즈

패러프레이즈란 한국말로 '문장 치환', 더 쉽게는 '바꿔 쓰기'라고 표현할 수 있습니다. 한 문장을 다른 단어와 문장구조를 사용해 최대한 원래 문장의 의미와 비슷하게 변환하는 걸 말합니다. 본질적으로 언어가 하나의 시험으로 기능하려면 지문과 선지 구성에 패러프레이즈가 필수적으로 요구됩니다. 올바로 바꿔 쓴 문장을 찾을 수 있는 역량이 바로 '지문 이해의 척도'이기 때문입니다.

국어 시험은 패러프레이즈로 문제 출제 의도와 내용을 숨겨놓습니다. 선지를 구성할 때 의도적으로 지문과 똑같이 표현하지 않음으로써 학생의 추론력, 사고력을 평가하고자 하는 겁니다. 컴퓨터와 사람이 소통할 때 사용하는 언어가 0과 1의 이진법이라면 출제자와 학생이 대화할 때 사용하는 언어는 패러프레이즈라고 생각하면 됩니다.

국어 영역을 공부한다는 건 단어와 문장에서 미묘함을 읽어내는 겁니다. 얼핏 보기엔 똑같아 보이는 문장도 차이가 있음을 인지하는 일이

고 서로 완전히 달라 보이는 문장도 사실은 적절하게 패러프레이즈된 동일한 의미의 문장임을 알아내는 일이죠. 지문 내용을 내가 얼마나 적절하게 내 언어로 패러프레이즈했는가? 이것이 지문 이해입니다. 지문 내용이 얼마나 선지로 패러프레이즈됐는가? 이것이 추론입니다. 그러니 지문과 선지를 읽을 때 서로의 공통점과 차이점을 찾으려는 태도를 견지하는 게 매우 중요합니다.

실제 지문을 예시로 들어볼게요. 아래 문단에서 핵심 키워드, 즉 주제는 무엇일까요? 힌트를 드리자면 반복되는 내용에 주목해보길 바랍니다. 같은 의미의 말이 여러 번 반복된다는 건 그만큼 중요하다는 뜻이니까요.

> ㉠ 엑스레이 아트의 거장인 닉 베세이는 엑스레이를 활용하여 오브제* 내부에 주목한 작품을 만들었다. 그는 〈튤립〉이라는 작품을 통해 꽃봉오리에 감추어진 암술과 수술을 드러냄으로써, 꽃의 보이지 않는 내부의 아름다움을 탐색하였다. 또한 〈셀피〉라는 작품을 통해 현대 사회의 외모 지상주의를 비판하기도 했다. 이 작품은 자기 얼굴을 찍는 사람의 모습을 엑스레이로 촬영한 것으로, 엑스레이로 인체를 촬영할 경우 외양이 드러나지 않는 점을 이용하여 창작 의도를 나타낸 것이다.
>
> * 일상 용품이나 물건을 본래의 용도로 쓰지 않고 예술 작품에 사용하는 기법 또는 그 물체.

출처: 2019년 3월 고1 모의고사

'엑스레이' 혹은 '엑스레이 촬영'이라고 생각했다면 아쉽게도 틀렸습니다. 엑스레이라는 표현이 네 번이나 등장하는 건 맞지만 이는 보조적 서술에 가깝습니다. 앞에서 언급했듯이 우리는 중요한 키워드를 찾으라 하면 명사를 찾는 습관이 배어 있습니다. 더군다나 표면에 드러난 표현만 좇습니다. 추론적 사고 과정 없이 시력검사만 한 셈이죠. 사실 일치·불일치 문제를 풀던 방식과 다를 바 없으니 한 문단에 내재된 핵심을 제대로 짚을 수 없습니다.

그런데 '내부'라는 단어는 어떤가요? 표면적으론 두 번밖에 쓰이지 않았지만 이 문단에는 '내부'가 패러프레이즈된 표현이 있습니다. 엑스레이는 어떤 기술인가요? 대상 안에 '보이지 않는' 부분을 촬영하는 기술입니다. 이를 활용해 사물 속에 '감춰진' 뭔가를 보여주는 예술이 엑스레이 아트이고요. '외양이 드러나지 않는' 특성을 예술적으로 이용하는 거죠.

㉠ 엑스레이 아트의 (…) 오브제 내부에 주목한 작품을 만들었다. 그는 〈튤립〉이라는 작품을 통해 꽃봉오리에 감추어진 암술과 수술을 드러냄으로써, 꽃의 보이지 않는 내부의 아름다움을 탐색하였다. 또한 (…) 엑스레이로 인체를 촬영할 경우 외양이 드러나지 않는 점을 이용하여 창작 의도를 나타낸 것이다.

즉, 엑스레이로 '대상의 숨겨진 내부를 드러내는' 예술 창작이 엑스레이 아트다, 이렇게 패러프레이즈된 표현을 통해 해당 문단의 주제를 자연스럽게 파악할 수 있습니다. 문제도 한번 풀어볼까요?

> 23. ㉠(엑스레이 아트)의 의의로 가장 적절한 것은?
> ① 오브제를 찍은 사진에 의도적인 변형을 가하여 오브제의 실체를 감추는 예술이다.
> ② 실존하지 않는 대상을 그래픽 작업으로 만들어 사회의 병폐를 풍자하는 예술이다.
> ③ 인체나 사물의 외양을 있는 그대로 드러냄으로써 아름다움의 의미를 구현하는 예술이다.
> ④ 눈에 보이지 않을 만큼 작은 오브제를 가시화하여 대상의 본질에 대해 탐색하는 예술이다.
> ⑤ 겉으로 드러나지 않는 오브제의 내부를 의도적으로 보여 주어 예술의 영역을 확장한 예술이다.

정답은 몇 번일까요? ⑤번입니다. '겉으로 드러나지 않는'은 우리가 문단에서 찾은 내용과 동일한 의미로 패러프레이즈된 표현임을 알 수 있습니다. 그런 내부를 감상자에게 보여주기 위해 엑스레이로 촬영하는 예술이 엑스레이 아트였죠. 이렇게 가장 적절한 것을 고르는 추론 문제를 술술 풀어낼 수 있습니다.

⑤ 겉으로 드러나지 않는 오브제의 내부를 의도적으로 보여 주어 예술의 영역을 확장한 예술이다.

선생님, ④번도 맞지 않나요? 충분히 그렇게 생각할 수 있습니다. 이 선지에도 '눈에 보이지 않을 만큼'이라고 패러프레이즈된 표현이 등장하니까요. 그런데 눈에 보이지 않는다는 것이 작아서 안 보인다는 뜻인가요, 아니면 감춰져서 안 보인다는 뜻인가요? 엑스레이 아트의 대상이 되는 오브제의 크기는 해당 문단에 언급되지 않았을뿐더러 주제에 해당하지도 않습니다. 엑스레이의 본질은 숨겨진 내부를 가시화하는 것이지, 현미경처럼 미세한 물체를 확대하는 것이 아니니까요.

④ 눈에 보이지 않을 만큼 작은 오브제를 가시화하여 대상의 본질에 대해 탐색하는 예술이다.

문맥적으로 지문과 얼추 맞는 것처럼 느껴지는 선지는 함정 선지일 확률이 높고 대략적인 감에 의지해 선지를 고르면 십중팔구 틀립니다. 이에 반해 '지문에 나온 그 문장과 지금 선지에 나온 이 표현은 완전히 같은 말의 다른 표현이구나!'와 같이 패러프레이즈를 공식처럼 적용하면서 문제를 푼다면 정확한 판단 근거를 갖고 함정과 오답에서 쉽게 벗어날 수 있습니다.

저는 강의를 시작한 순간부터 지금까지 패러프레이즈의 중요성을 강조해 왔지만 여전히 학생이든 부모님이든 이를 잘 모르는 경우가 많습니다. 안다 해도 패러프레이즈를 체계적으로 훈련하고 연습하는 게 쉬운 일이 아니고요. 오늘부터라도 꼭 기억합시다. 국어 문제 풀이의 핵심은 패러프레이즈입니다. 패러프레이즈 훈련을 꾸준히 합시다!

중요한 내용이니 조금 더 쉬운 언어로 한 번 더 정리해드리겠습니다. 패러프레이즈는 총 4가지 종류가 있습니다.

1) 단어 패러프레이즈(중등 수준)

2) 문장 패러프레이즈(고1 수준)

3) 단어+문장 패러프레이즈(고2~3 수준)

4) 이야기형 패러프레이즈(고2~3 수준)

예를 들어 "엄태욱은 바보다"라는 문장을 위 4가지 패러프레이즈에 맞게 적용해 보겠습니다.

1) 엄쌤은 멍청이다.

2) 바보 같은 엄태욱

3) 멍청이 같은 엄쌤

4) 만약 세상에 가장 바보 같은 사람을 뽑는 대회가 있다면 그곳에서 엄태욱 쌤의 이름을 찾는 것은 어렵지 않은 일이다.

예시가 쉬워 패러프레이즈가 별것 아니라고 느낄 수도 있는데요. 지금이야 쉬운 명사, 엄태욱, 바보를 사용했기 때문에 그렇지, 실제 시험에는 훨씬 더 어려운 전문용어가 나옵니다. 문장구조도 이보다 훨씬 복잡해지니 패러프레이즈 공부는 꼭 많은 시간을 투자해서 해주세요.

유독 특정 영역을 어려워해요

> **엄쌤의 한마디**
>
> 그 영역의 절대 학습량을 늘리되 짧은 시간에 몰입해야 해요!

대학원 시절, 과외를 하러 서울 곳곳을 누비던 때였습니다. 그때 제 우스운 별명은 '엄 도사'였습니다. 이유인즉 학생을 처음 만나기도 전에 이 학생이 무슨 과목을 잘하고 못하는지 딱 알아맞혔기 때문이죠.

제가 한 일은 학생의 책장을 '관찰'하는 것이었습니다. 약속된 시간보다 30분 정도 먼저 가면 부모님이 보통 학생 방으로 먼저 안내해 주시는데 그때 학생의 책꽂이를 분석하는 거죠. 그렇게 관찰과 분석을 통해 어떤 과목 책이 가장 많고 어떤 과목 책이 가장 적은지 파악해보면 어김없습니다. 관련 교재가 가장 많이 꽂혀 있는 과목을 가장 잘하고 또 좋아하며 권수가 적거나 혹은 책이 아예 없는 과목, 구석진 곳에 구겨진 채 꽂혀 있는 책의 과목을 가장 싫어하고 또 못합니다.

요한 선생님, 저 고전시가가… 미쳐버리겠어요.
엄쌤 왜, 뭐가 문제여?
요한 진짜 맨날 틀림. 다른 건 다 맞는데 고전시가만 틀려요.

엄쌤 너 고전시가 책 집에 몇 권 있어?
요한 몇 권 있을걸요?
엄쌤 다 풀었음?
요한 (웃는다)

학생들은 자신이 잘하는 과목을 더 많이 보는 습관이 있습니다. 공부하는 행위가 그리 달갑진 않은, 어쩔 수 없이 해야 하는 상황에서는 손에 좀 더 익고 조금이라도 스트레스를 덜 받는 과목을 선택하기 마련이거든요. 그러다 보니 못하는 과목은 잘하는 과목에 비해 절대적인 학습량이 떨어집니다. 공부 자체가 스트레스니 학습 패턴도 하루에 찔끔찔끔, 일주일에 두어 번 손댔다가 떼는 날이 반복되고요.

이런 습관이 굳어지면 잘하는 과목과 못하는 과목 간 편차는 점점 더 커집니다. 못하는 과목은 계속 못해요. 사람은 망각의 동물이기 때문입니다. 사람이 기억을 잃는 이유는 크게 3가지라고 합니다. 첫째, 기억을 저장하는 부호화·기호화가 부족할 때, 둘째, 시간이 지나면서 저장된 기억이 유실될 때, 셋째, 저장된 기억을 인출할 적절한 단어와 상황을 못 찾을 때입니다.

가령 '이적異蹟'이라는, '기이한 행적, 상식으로는 생각할 수 없는 기이한 일'이란 뜻의 낯설고 새로운 어휘를 공부한다고 합시다. 먼저 부호화 단계에서는 소리의 언어로 [이적]이라고 기억하며 의미적으로는 '기적'이라는 단어의 유의어라고 뇌에서 저장할 겁니다. 하지만 이렇게 외운 단어는 하루이틀이 채 가기 전에 잊어버리고 맙니다. 독일 심리학자 헤르만 에빙하우스Hermann Ebbinghaus의 망각곡선에 따르면 학습한 내용의 44퍼센트 정도가 1시간 만에 기억에서 사라진다고 합니다(이 이론을 바탕으로 보통 복습의 중요성을 역설합니다).

두어 달이 지난 뒤 시험문제에 '이적'이 나왔는데 학생들은 그동안 이 단어를 실제 생활에서 사용해본 적이 없으니 저장 공간 어딘가를 떠도는 단어를 인출할 수도 없습니다. 평소 기적이나 귀신 같은 건 잘 떠올리지 않으니까요. 한 단어를 학습할 때도 상황이 이러니 학습해야 할 범위가 훨씬 크고 내용이 복잡한 한 학문 체계, 즉 한 과목을 공부하려면 어떻겠습니까? 중요한 개념을 명확히 기억하지 못하면 개념과 개념 사이 연결고리가 툭툭 끊어져 학습이 제대로 이뤄질 수 없습니다.

절대량 부족과 몰입 부족은 망각의 세 원인을 모두 불러옵니다. 해당 과목에 대한 부정적 인식은 부호화를 소극적으로 하게 합니다. 절대 학습량 부족으로 복습도 제대로 이뤄지지 못할 테고 더욱이 뜨문뜨문 공부하는 패턴은 학습한 내용을 적용할 상황과 문맥을 형성하지 못하게 방해합니다.

따라서 못하는 과목을 잘하는 방법은 2가지입니다.

첫째, 해당 과목의 절대량을 늘릴 것.
둘째, 해당 과목을 짧은 기간에 몰입해서 공부할 것.

엄쌤 일단 그 책들 싹 다 꺼내. 온라인 서점에서 올해, 작년, 재작년 수능특강 다 구매하고 '고전시가'만 골라서 풀어. 3개년이면 아마 최소 30지문 정도는 되겠지. 문제에 나온 모든 선지, 모든 해석을 완벽하게 파악한다는 생각으로 접근해. 그러면 깨달음이 올 거야!

요한 일주일에 몇 번 해요?

엄쌤 무슨 소리야! 매일매일. 들숨에 고전, 날숨에 시가. 지금부터 딱 2주간 저 책을 다 끝내는 거야. 국어 공부를 하는 시간의 90퍼센트는 고전. 이제 네 머리에는 고전밖에 없어. 자다가도 해석법이 나와야 해. 버튼만 누르면 〈상춘곡〉이 튀어나올 정도로.

요한 이렇게 하면 실력이 늘까요?

엄쌤 응, 100퍼센트 확신. 세상 모든 문제는 패턴화돼 있거든. 더욱이 고전은 새로운 작품이 나올 수 없어서 일정한 절대량에 도달하면 이 작품과 저 작품이 연결돼 있고 이 작품의 문제 유형은 이렇게 나오겠다는 걸 깨닫게 된단다.

(한 달 후)

요한 엄쌤! 저 이제 고전 알 것 같아요! 대박!

엄쌤 자, 그럼 이제 '중세 문법'이다. 똑같은 방법으로! 어서 다녀와.

한 놈씩 팹시다. 다시는 옴짝달싹 못 하게.

4장

실수를 걷어내는 반성적 태도

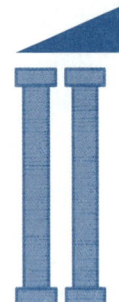

실수로 틀렸다고 함부로 착각하지 말 것

오늘도 시험을 망치고 온 아이는 부모가 들으면 기가 막히고 억장이 무너지는 소리를 합니다.

아이 엄마, 나 실수해서 3개 틀렸어.
엄마 아니 무슨 실수를 그렇게나 많이 했어?
아이 적절한 것을 고르라고 했는데 적절하지 않은 것으로 잘못 골랐거든….
엄마 아휴, 엄마가 그거 눈 크게 뜨고 항상 잘 보라고 했잖아.
아이 ….

엄마 (애써 화를 삭이며) 괜찮아, 다음에 더 잘하면 돼! 다음에는 더 집중해서, 최선을 다해서 열심히 봐! 알았지? 밥 먹자.

이처럼 엄마가 바로 앞에 있는 아이에게 하고 싶은 말을 꾹꾹 참으며 대화하는 장면은 모두에게 익숙할 겁니다. 마음속에 화가 쌓이면 엄마의 언어에는 강조 표현이 많아집니다. '더, 항상, 열심히, 다음에는, 돼!' 등 마음속에 차오르는 화를 표출하지 않기 위해 문장에 반복법이 많아지고 강조 부사가 늘어나죠. 아마 심한 말이 나오려는 걸 최대한 힘을 줘 강조하는 표현으로 대체하기 때문일 겁니다.

이런 대화의 결론은 늘 '집중'을 더 하라거나 '최선'을 더 다하라거나 하는 식의 추상적인 해결책입니다. 하지만 이 아이는 다음에도 또 실수를 하고 오죠. 실수는 집중의 문제도, 또 최선의 문제도 아니기 때문입니다. 다음에 더 열심히 보라고 말해도 아이는 다음 시험에 더 열심히 할 여력도 없을뿐더러 아마 이번 시험도 최선이었을지 모릅니다.

아이가 실수하는 것은 전적으로 태도 문제입니다. 실수할 수밖에 없는 문제 풀이법이 이미 습관과 태도로 몸에 밴 거죠. 실수는 큰 사건으로 일어나지 않습니다. 사소한 좋지 않은 태도가 쌓이고 쌓여 실수라는 필연적 결과로 이어지는 거예요. 그래서 흔히 그러듯 '그저 실수'였다고 넘겨버리면 절대 안 됩니다. 오히려 최대한 세심하게 대처해야 합니다.

실수 유형 1 가장 적절한 것을 고르시오

실수를 고치려면 행동 영역에서 근본적 변화가 필요합니다. 실수한 문제마다 다음에는 실수하지 않도록 행동 변화 장치를 마련해야 하죠. 다음 발문을 함께 봅시다.

[A], [B]에 대한 이해로 가장 적절한 것은?

학생들이 가장 많이 틀리고 가장 많은 실수를 하는 문제 유형, 바로 '가장 적절한 것을 고르시오' 문제입니다. 일반적으로 '가장'이라는 표현은 특정한 '기준'을 중심으로 판단해야 하는 맥락에서 사용합니다. 그러니 가장 적절한 것을 고르는 문제에는 정답 선지보다는 덜 적절할지라도 어느 정도 적절하다고 볼 수 있는 다른 선지가 함께 있다는 뜻입니다. 그 선지도 물론 적절하긴 한데 발문이나 〈보기〉 기준에 비춰봤을 때 조금 덜 적절하다는 의미로 해석해야 하는 겁니다.

이런 맥락을 학생 시점에서 보면 한 문제에 헷갈리는 선지가 엄청 많다는 뜻이 됩니다. 이것도 적절해 보이고 저것도 적절해 보일 수밖에 없으니까요. 그럼 우리 아이가 이런 문제를 풀 때는 어떤 행동 양식이 필요할까요? 네, 아무리 ②번이 정답처럼 보여도 ⑤번까지 끝까지 읽고 문제를 풀겠다는 각오와 다짐, 의식적 태도를 지녀야겠죠.

정답 같은 선지를 만났다고 다른 선지를 안 읽고 대충 문제를 푸는 습관이 있으면 가장 적절한 것을 고르는 문제, 즉 추론형 문제는 영영 점령할 수 없습니다. 이건 공부량, 순수 공부 시간, 좋은 강사, 좋은 학원과 무관한 개인 행동 영역입니다. 그릇이 이미 깨졌는데 거기에 국물이 끝내주는 음식을 담아봤자 무슨 소용이 있겠습니까?

실제로 많은 학생이 발문조차 제대로 읽지 않습니다. 몇몇 패턴이 반복된다고 생각해 대수롭지 않게 여기기 때문이죠. 저도 어릴 적에 덜렁거리면서 실수를 많이 했던 터라 이를 고치기 위해 저만의 행동 원칙을 만들었습니다. 가장 적절한 것을 고르라는 말은 틀린 선지가 4개나 있다는 뜻이니 나 자신과 약속했죠. "눈앞에 × 표시가 4개 없으면 절대로 정답을 선택하지 않겠어!"

그리고 마법의 주문을 외웁니다.

"엑스 4개, 엑스 4개, 엑스 4개."

적절하지 않은 것을 고르는 발문일 때도 마찬가지입니다.

"동그라미 4개, 동그라미 4개, 동그라미 4개."

이런 식으로 말입니다. 강사가 된 지금도 저는 모의고사를 풀 때면 모든 문제마다 이 주문을 외웁니다. 수능 모의고사는 총 45문제니까 한 회 시험을 볼 때 저는 마음속으로 주문을 135번 외우겠네요. 이 원칙을 반복적으로 실천해 눈앞에 4개의 동그라미나 엑스 표시가 없으면 선택하지 않는 단단한 습관이 형성됐기 때문에 저는 이 문제로 실수할 일이 없는 겁니다.

또 하나, 가장 적절한 것을 골라야 할 때 그 기준은 바로 '주제'입니다. 지문이나 작품 전체의 주제일 수도 있고 해당 문제가 출제된 문단의 부분 주제일 수도 있습니다. '내가 지금 선택하려는 정답이 이 문단의 주제와 일치하는가? 주제, 즉 저자의 의도와 너무 동떨어진 건 아닐까? 너무 세부적인 데 집착하는 건 아닐까?' 점검하는 자세로 최종 선택을 하세요. 가장 적절한 것을 고르는 문제 또는 헷갈리는 문제는 항상 주제에 비춰 보려는 태도가 필요하다는 점도 꼭 잊지 말길 바랍니다. (3장 151쪽 〈1등급의 독해 방법 ② 끝없이 주제를 떠올려라〉 꼭지를 함께 읽어보면 더 좋습니다.)

실수 유형 2 적절하지 않은 것을 고르시오

나아가 사소하지만 아주 중요한 팁을 함께 드릴게요. 적절한 것을 고르는 문제를 표시할 때는 적절한 것에는 'O' 표시를, 적절하지 않은 것에는 '×' 표시나 '/' 표시를 해야 합니다. 보통 학생들은 문제에 따라 표시를 구별해 쓰지 않고 다 '/'으로 표시하거나 반대로 다 'O'로 표시합니다. 다음 박스를 보겠습니다.

> 27. ⓐ~ⓖ에 대한 이해로 적절하지 <u>않은</u> 것은?
>
> ⓐ는 상대를 못마땅해하는 발언이지만, (…)

> ②̸ ⓑ와 ⓓ의 시에 대한 인물의 태도를 고려하면, (…)
> ③ ⓔ는 ⓓ를 듣고 실망하여, (…)
> ④̸ ⓕ는 ⓔ에 대한 상대의 반응이 예상을 벗어났지만, (…)
> ⑤ ⓖ는 ⓕ의 주장을 확인하는 질문으로, (…)

적절하지 않은 것을 고르는 문제인데 학생은 선지 번호 앞에 '/' 표시로 정답이 아니라는 체크를 합니다. 학생으로서는 정답이 아니라는 의미로 '/' 표시를 한 건데 실제로는 헷갈릴 만한 요소가 다분합니다. 가령 ①, ②, ④번이 정답이 아니라는 것을 안 상태에서 ③번과 ⑤번이 헷갈리면 학생은 이 문제를 잠시 제쳐둔 뒤 다른 문제를 풀고 다시 돌아올 겁니다. 이때 문제를 다시 읽지 않고 선지 표시만 보다가 아까는 안 보이던 정답이 갑자기 보입니다. 그리고 학생은 이 문제를 틀립니다.

엄쌤 이 문제 왜 잘못 봤어?
주현 아니, 다시 풀려고 돌아왔는데 ③번을 읽으니까 갑자기 너무 적절해 보이는 거예요. 그래서 골랐는데 틀렸네요.
엄쌤 이거 적절하지 않은 것을 고르는 문제인데?
주현 그러니까요. '/' 표시가 3개나 있으니 저도 모르게 적절한 거 고르는 건 줄….

학생들은 자신이 사용하는 기호에서조차 일관성이 없는 경우가 많습니다. 잘못된 기호 사용이 습관처럼 굳어지면 급한 마음에 문제를 풀다가 나도 모르게 인지 착각이 일어나고 말죠.

앞서 말씀드렸듯 이런 실수는 아무리 집중을 많이 한다고, 최선을 다한다고 해도 해결되지 않습니다. 실수를 되풀이하지 않을 뚜렷한 행동 원칙이 필요할 따름이죠. 학생 스스로 나만의 행동 원칙을 만들 줄 알아야 합니다. 그리고 이를 반복, 실천하기 위한 체계적인 훈련법이 필요하고요. 실수하지 않은 단 한 문제가 대학을 바꿉니다.

정답을 선택하지 않을 용기

문제를 풀 때는 다음 5가지 태도를 원칙으로 꼭 지키는 게 좋습니다.

첫째, 판단 근거가 없는 선지는 선택하지 않는 태도.
둘째, 감에 의존해 억지로 문제를 찍지 않는 태도.
셋째, 시간 때우기용, 숙제 처리용으로 대충 풀지 않는 태도.
넷째, 정답 같은 선지에 현혹되지 않는 태도.
다섯째, 중간에 멈췄다가 다시 풀지 않는 태도.

사실 이 5가지 원칙이 무너지면 문제를 푸는 의미가 많이 사라집니다. 판단 근거 없이 감으로 문제를 풀어 우연히 정답을 맞히면 그 문제를 다시 정밀하게 보지 않을 겁니다. 정답을 맞혔으니 오답 노트에 적지도 않겠죠. 또 숙제 제출용으로 문제를 대충 푸는 습관이 들면 전심전력을 다해 풀어야 하는 중요한 시험 날에 나도 모르게 문제를 대충 보고 푸는 습관이 나올 수 있습니다. 집중하지 않은 상태에서 푼 문제는 머릿속에 푼 흔적이 남아 오히려 기억을 흐리게 합니다.

요컨대 이 순간 우리에게 가장 필요한 건 '정답을 선택하지 않을 용기'입니다. 우리는 어릴 적부터 늘 정답을 '선택'하도록 강요받아 왔죠. 문제를 안 풀었을 때는 혼이 났는데 문제를 다 풀었을 때 왜 풀었냐고 혼난 적은 없으니까요. 답을 고르지 못하면 문제 있는 학생으로 비춰진 겁니다. 정확한 답을 몰라도 선택해야만 했고 찍어서라도 정답을 맞히면 칭찬을 받았습니다.

하지만 더 나은 미래를 위해 앞으로는 판단 근거가 명확하지 않은 문제에서 '선택하지 않을 용기'를 발휘합시다. 아는 문제와 모르는 문제를 엄밀하게 구별합시다. ①, ②, ③, ④번이 정답이 아니라는 걸 알아도 ⑤번이 정답인 이유를 찾지 못하면 정답을 ⑤번이라고 찍지 맙시다. 그리고 당당하게 그 문제에 사선을 그어 틀렸다고 표시한 뒤 ⑤번이 정답인 이유를 찾을 때까지 복습하고 또 복습합시다.

물론 당장은 모의고사에서 점수가 잘 안 나올 수 있습니다. 하지만 내가 부족해서 선택하지 '못한' 게 아니라 스스로 더 발전하기 위해 선택하지 '않은' 것임을 기억하면 좋겠습니다.

우리 모두에겐 선택하지 않을 권리와 용기가 있습니다.

> **엄쌤 꿀팁**

문제부터 읽으면 실수가 줄어듭니다

출제자는 문학 문제를 낼 때 지문으로 사용하는 작품 자체를 수정할 순 없습니다. 특정 시인이나 소설가의 작품을 일부분 인용해 문제를 내는 것이니 실제로 출제자의 생각이나 의도가 드러나는 부분은 '문제' 자체에 있죠.

문제는 '발문', '<보기>', '선지' 3요소로 구성됩니다. 출제자의 의도는 지문보다 문제 쪽에 훨씬 많이 녹아 있다는 점에서 발문 독해, <보기> 독해, 선지 독해라는 개념은 필수적이죠. 그런데 학생들은 <보기>와 선지의 중요성은 그나마 인지하고 있어도 정작 발문을 정확히 읽는 게 얼마나 중요한지는 놓치고 있습니다.

발문에는 해당 문제를 풀 방향성에 대한 출제자의 지시 사항, 즉 정확한 출제 의도가 담겨 있습니다. 따라서 발문을 읽고 독해 지시 사항을 체크한 후 그에 맞는 문제 풀이 태도로 지문과 선지에 접근하는 것을 행동 원칙으로 삼아야 합니다.

17. <보기>를 바탕으로, (나)에 대한 설명 중 가장 적절한 것을 고르시오.

위 예시에서 드러나는 지시 사항은 '반드시 <보기>를 바탕으로 (나)를 읽어야 한다'는 점입니다. 발문 자체에서 <보기>를 바탕으로 (나)를 읽으라고 했으니 (나) 지문을 먼저 다 읽은 다음 17번 문제를 풀 때 <보기>를 읽고 다시 (나)를 읽는 건 매우 비효율적입니다. 그러니 (나) 지문을 읽기 전에 먼저 17번 문제의 <보기>를 독해한 뒤 이 내용을 바탕으로 (나) 지문을 해석해야겠죠. 이런 맥락에서 지문과 문제 중 문제를, 그중에서도 <보기>를 먼저 읽는 게 이 문제를 푸는 올바른 순서입니다.

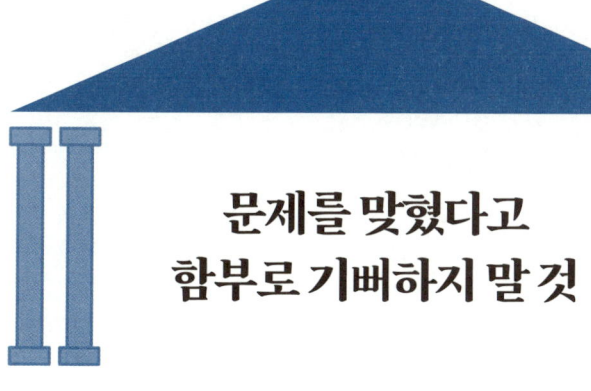

문제를 맞혔다고 함부로 기뻐하지 말 것

학생들은 일반적으로 '공부'와 '문제 풀이'를 동일시합니다. 문제 풀이가 곧 공부요, 공부가 곧 문제 풀이인 셈이죠. 이런 식의 사고방식으로 학창 시절 12년을 보내다 보니 문제 풀이란 뭔지 진지하게 고민해보지 않습니다. 한번 직접 답해보세요. 우리가 문제를 푸는 이유는 정답을 맞히기 위함인가요, 틀리기 위함인가요?

대부분 '정답을 맞히기 위해' 문제를 푼다고 대답할 겁니다. 사실 틀린 말은 아닙니다. 수능 시험, 내신 시험 때는 문제를 잘 맞히는 게 가장 중요하니까요. 하지만 평상시에는 어떨까요? 수능만큼이나 중요하다는 모의고사에서는 또 어떨까요? 공부 인생 12년 중 수능은 고작 8시간이요, 내신 시험 기간을 다 더해도 몇백 시간밖에 채 되지 않을 텐데 왜 이들을 제외한 나머지 문제 풀이도 정답을 '맞히기' 위해 시간을 쓰는 걸까요?

동그라미 개수만 세는 공부는 위험하다

제 생각에 문제 풀이의 목적은 실전을 대비하면서 내가 모르는 부분을 '발견'하고 이를 '개선'하는 겁니다. 정답을 찍어서 맞히거나 우연히 맞히거나 내가 어떻게 맞혔는지도 모른 채 정답을 맞히면 사실 그날의 공부는 공친 겁니다. 이런 식으로 정답을 맞혀버리면 부족한 점을 찾을 수가 없습니다. 학생 대다수가 동그라미를 쳐서 맞힌 문제는 절대로 다시 보지 않으니까요. 동그라미가 많으면 기분은 좋아질지 몰라도 성적은 좋아지지 않습니다.

동그라미는 위험합니다. 문제 선지는 ①번부터 ⑤번까지 5개인데 정답을 맞혔다고 동그라미 치고 그냥 넘어가면 정답 선지는 이래서 맞고 오답 선지는 저래서 틀렸다고 모든 선지마다 정확한 판단 근거를 찾는 훈련을 할 수가 없습니다. 그러면 오늘은 어찌저찌 문제를 맞혔다 하더라도 그 문제의 오답 선지에 있었을 잘 모르는 개념이 다음 시험에 나오면 그땐 당연히 틀릴 수밖에 없습니다. 문제 풀고 동그라미 개수만 세는 공부는 밑 빠진 독에 물을 붓는 것과 같습니다. 하루에 10시간씩 아무리 많은 문제를 푼다 한들 공부에 구멍이 숭숭 뚫려 있으니 국어 성적이 안 오르는 겁니다.

물론 컨디션이 좋은 날에는 문제를 잘 맞히겠죠. 하지만 컨디션이 좋지 않거나 긴장감이 밀려오는 날에는 반드시 틀리게 됩니다. 혼자 문제를 풀 때는 정답률이 높은데 실전에서는 시험을 크게 망칠 때가 있다고 하죠? 부모님이 "우리 아이는 유독 실전에서 약해요"라고 말하는 사례 대부분이 바로 이런 학습 태도와 문제 풀이 습관에서 기인합니다.

실제 수능에서는 함정 선지와 매력적인 오답 선지가 많기 때문에 겉보기에 그럴듯해 보이는 선지는 오답일 확률이 높습니다. 뿐만 아니라 수능 당일에는 정말 많이 떨립니다. 그렇다 보니 지문과 선지가 모두 눈에서 튕겨져 나가 그동안의 노력이 무색하게 수박 겉핥기식으로 문제를 풀고 마는 경우가 허다합니다.

확증 편향, 잘못된 믿음이 시작되는 순간

엄쌤 수찬 씨, ③번 선지가 정답인데 그대는 왜 ③번을 읽지도 않았어?
수찬 ②번이 너무 정답 같아 보여서요….
엄쌤 설령 ②번이 정답이라고 하더라도 ③번이 오답이라는 근거를 찾았어야지. 정답을 마음속으로 미리 정해버리니까 다른 선지가 눈에 들어오지 않은 거야.

아이 입장에서 문제를 열심히 풀었는데도 틀리는 억울한 경우가 종종 있습니다. 함정에 빠져 틀렸다거나 문제를 끝까지 안 읽어서 틀렸다거나 처음 답에서 바꿨는데 틀립니다. 차라리 몰라서 틀렸으면 덜 억울할 텐데 다시 풀어보면 너무 쉬운 문제였던 거죠. 그런데 중요한 학교 내신 시험에서 이렇게 문제를 틀렸다? 더구나 이런 실수가 한두 번이 아니라 여러 번이다? 우리 아이에게 왜 이런 일이 반복될까요?

학생들이 정답을 선택하는 과정을 들여다보면 이성적 판단보다 심리적 영향이 앞서는 경우가 많습니다. 명확한 판단 근거 없이 심리적·확률적 요인으로 정답을 고른다는 뜻입니다. 이러면 성적에 기복이 생깁니다. 사람 마음이 늘 맑고 깨끗할 수 없고 확률이 늘 일정할 수 없으니까요. 이럴 때 학생들에게는 역시 '판단 근거를 찾는 태도'가 필요합니다. 어떤 경우에도 정답이라면 정답인 이유를, 오답이라면 오답인 이유를 찾는 태도 말입니다.

학생들은 '확증 편향', 좀 더 쉬운 말로 '믿음 편향'에 쉽게 빠집니다. 내게 유리한 정보만 선택적으로 수집해 보고 싶은 것만 보고 믿고 싶은 것만 믿는 겁니다. 지문을 읽고 문제를 풀다 보면 불현듯 정답으로 보이는 선지가 마음속에 어렴풋이 떠오릅니다. 뭔가 직감적으로 이 선지가 답일 것 같은 느낌적 느낌, 정답이라고 할 명확한 근거가 없는데도 '이 선지가 정답이면 좋겠다'는 생각이 강하게 듭니다. 그러다 보니 헷갈리는 다른 선지를 보면서도 '내가 선택한 답이 맞으니 이 선지는 어딘가 틀렸다'고 섣불리 판단해 버립니다.

제가 늘 강조하지만 ①, ②, ③, ④번이 다 옳다고 ⑤번이 틀렸다는 보장은 어디에도 없습니다. 왜냐하면 ①, ②, ③, ④번이 옳다고 판단한 근거가 확실하지 않기 때문입니다. 그럼에도 '방금 읽은 선지가 정답이니 이제 다른 선지는 다 오답이겠구나' 하며 사소한 부분에 과도한 의미를 부여합니다.

예를 한번 들어봅시다. ①번부터 ⑤번까지 선지가 있습니다. ①번은 확실히 정답이 아닌 듯하고 ②번이 너무 정답 같아 보입니다. 이 경우 학생들은 대개 ②번 선지에 동그라미를 쳐서 이 선지가 잠정적 정답이라는 표시를 해놓습니다. 바로 이 지점이 확증 편향, 즉 잘못된 믿음이 시작되는 순간입니다.

학생들은 ②번이 확실한 정답이라 판단하면 ③번을 보면서 자기도 모르게 '이 선지는 정답이 아닐 거야!' 하고 예단합니다. 자기 판단으로는 ②번이 정답인 게 너무 명확하니까요. 그러니 자연스레 다른 선지를 보면서 '정답이 아니면 좋겠어', '아닐 거야', '어! 이거 아닌데?' 하는 생각에 빠집니다. ②번이 정답이니 ③번은 정답이 아니라는 논리입니다.

최악은 내가 고른 선지가 정답이면 좋겠다는 바람 탓에 다른 선지를 대충 읽고 넘어가는 경우입니다. 아예 읽지조차 않는 경우도 많습니다. 혹시라도 다른 선지를 읽다가 내가 고른 선지가 오답으로 판명될까 두려워 애써 피하는 회피 성향이 나타나는 거죠. 이런 식으로 문제를 풀고 나서 채점할 때 틀렸다는 사실을 발견하면 '아, 이거 실수야! 잠시 잘못 생각했네' 하며 가볍게 넘기기 일쑤입니다.

하지만 모든 실수에는 이유가 있는 법! 이때 학생들이 돌이켜봐야 하는 건 '답을 잘못 고른 이유'입니다. 오답의 배경엔 그 선지를 고를 수밖에 없게 한 나만의 잘못된 문제 풀이 습관이 있거든요. 이런 습관과 태도를 발견하고 고치려 노력해야 합니다. 저는 이를 '실수의 원인을 찾는 태도'라고 합니다.

판단 근거를 갖고 정답을 선택하라

학생들은 문제를 풀 때 지문에서 읽은 내용과 흐름을 선지에서 찾는 방식으로 문제를 풉니다. 선지를 읽었는데 전반적으로 기억나는 내용이거나 맞는 내용 같으면 'O' 표시를, 뭔가 좀 이상하고 틀린 것 같으면 '×' 표시를 하는 거죠.

문제를 틀린 학생에게 "이 문제 정답은 ③번인데 넌 왜 ⑤번을 찍었어?"라고 묻고서 "⑤번이 맞다고 생각한 근거가 어디야?"라고 재차 질문하면 학생은 마땅한 답을 하지 못합니다. 지문 이해가 잘 안 됐지만 ⑤번이 아닌 것 같아 선택했다거나 그냥 나머지 선지가 정답이 아니라 ⑤번을 선택했다고 대답합니다. 그럼 어떻게 해야 이런 잘못된 태도를 고칠 수 있을까요? 해답은 다음과 같습니다.

"앞으로 문제를 풀 때는 ⑤번까지 판단을 다 끝마친 후에 최종 정답을 표시한다."

여기서 중요한 포인트는 '표시'입니다. 선택이 아니고요. 앞서 말했듯 이것은 '정답'이 아니라 '정답 같다'고 임시로 표시해두는 것뿐인데 학생들은 이를 정답으로 만드는 경향이 있습니다. 그러니 표시와 정답을 헷갈리지 않기 위해선 표시를 최적화하거나 정답과 혼동하지 않게 명확히 구별해야겠죠.

문제를 푸는 방법에는 소거법과 정답법, 2가지가 있습니다. '소거법'은 ①, ②, ③, ④번이 정답이 아니기 때문에 ⑤번이 정답이라고 선택하는 문제 풀이를 말합니다. 이에 반해 '정답법'은 다른 선지는 잘 모르겠어도 ⑤번이 확실히 정답이라는 믿음과 확신으로 정답을 고르는 문제 풀이입니다. 문제를 푸는 동안 소거법과 정답법은 모두 사용되지만 각각 사용하는 적절한 상황과 맥락이 다릅니다.

예를 들어 정답법은 〈보기〉와 선지 길이가 너무 긴 고난도 문제를 짧은 시간 안에 풀어야 할 때, 너무 어려운 지문이지만 그래도 단락별 키워드를 찾고 그 키워드를 등불 삼아 문제를 풀어야 할 때 활용됩니다. 혼자서 자습을 할 때는 정답법을 사용하지 않는 게 좋습니다. 다른 선택지에 내가 모르는 개념어나 어휘가 있어도 찾아내기 쉽지 않거든요. 반면 소거법은 가장 적절한 것을 고르는 문제를 풀 때, 문제 자체가 까다롭진 않지만 함정이 있을 수 있으니 꼼꼼하게 풀어야 할 때, 무엇보다도 점수를 따기 위한 문제 풀이가 아니라 학습을 위해 자습 시간에 문제를 풀 때 주로 사용됩니다.

이때 중요한 점은 평소 연습하는 단계에서는 <u>소거법으로 ①, ②, ③,</u>

④번이 정답이 아니라 ⑤번을 선택했더라도 ⑤번이 왜 정답인지 정답법도 동시에 적용해야 한다는 겁니다. ⑤번이 왜 정답인지 모르는 상태에서 소거법만으로 문제를 맞히면 사실상 '찍어서' 맞힌 것과 다름없습니다.

소거법이 빛을 발하는 순간은 혼자서 꼼꼼하게 공부할 때입니다. 실전을 위한 연습용 기법이죠. 모든 선지를 꼼꼼하게 봄으로써 내가 아는 내용은 무엇이고 모르는 내용은 무엇인지 하나하나 자연스럽게 학습할 수 있습니다. 그래서 평소에는 모든 문제를 ⑤번 선지까지 꼼꼼하게 살피면서 정답을 선택하는 연습을 하는 게 중요합니다. 이 훈련이 되지 않으면 앞선 사례에서처럼 어설프게 소거법을 사용해 '③번이 아니니까 ⑤번이다' 같은 불확실한 문제 풀이만 반복될 뿐입니다.

이런 식의 소거법은 안정적인 고득점 획득에도 도움이 되지 않습니다. 따라서 소거법을 이용하든 정답법을 이용하든 모든 선지를 명확한 근거를 갖고 판단하는 태도를 길러야 합니다. 평소에 이 연습이 충분히 돼 있어야 긴박한 실전에서도 빠르게 판단하고 선택할 수 있습니다. 정답이라면 정답인 이유와 근거 문장의 위치를 표시하고 오답이라면 왜 오답인지, 어떤 단어나 문장이 틀렸는지 해당 부분에 직접 '×' 표시를 해야 합니다. 억지로 정답을 만들어 찍는 게 아니라 이 선지가 정답일 수밖에 없다는 생각으로 문제를 푸는 겁니다.

이렇게 생각을 하나씩 더듬으며 문제를 푸는 공부는 정신력과 시간이 많이 소모되기에 중학생 단계부터 꾸준히 이 방향으로 공부하는 게 중요합니다. 스스로 "틀린 근거 위에 × 표시를 할 거야. 정확한 판단 근거를 찾으면서 문제를 풀 거야!"라는 원칙을 세우고 이를 지키려는 노력이 몸에 진득이 밸 수 있도록 말이죠.

    태도를 고치지 않으면 백날 국어 공부에 시간을 할애해봤자 같은 유형의 문제를 또 틀립니다. 확증 편향이 판단력을 흐리지 않도록 오늘부터 정답을 신중히 고르는 연습을 합시다. 일주일씩 밤을 새워가며 공부했는데 그 일주일 적공을 한순간의 판단 실수로 무의미하게 만들 수야 없지 않겠습니까?

시험이 끝나고
진짜 공부가 시작된다

한 학생이 독서실에 터벅터벅 들어갑니다. 학생은 자리에 앉은 뒤 책상 한 번 정리하고 물 한 번 마시고 공부가 하기 싫어 한숨 한 번 쉬고 그렇지만 굳게 마음먹고 펜을 듭니다. 교재를 펼치고 문제를 풉니다. 다 풀면 채점을 합니다. 틀린 문제는 해설을 읽습니다. 이래서 틀렸구나 나름의 분석도 곁들입니다. 다시 문제 풀고 답 맞추고 해설지 보고 문제 풀고 답 맞추고 해설지 보고 반복합니다. 다음 날도 그다음 날도 분명 똑같을 테죠.

무조건 성적이 올라가는 10단계 공부법

　문제 풀이-채점-해설지가 밀착된, 너무나 평범해 보이는 이 모습이 안타깝게도 성적이 안 오르는 공부법 1순위입니다. 뭇 학생들은 문제를 풀고 해설지를 참고해 내용을 익히는 일련의 과정을 최적의 공부법으로 여기지만 실제로 이런 공부는 국어에서 효율이 매우 떨어지는 방식입니다. 문제 풀이는 성적 유지 조건이지, 성적 향상 조건이 결코 아닙니다. 100문제를 풀고 80문제를 맞힌 학생이 있다면 이 학생은 자신의 정답률이 80퍼센트는 된다는 걸 확인했을 뿐 이 자체로 성적이 오른 건 아니니까요. 진짜 성적 향상은 시험을 풀고 난 후 어떤 행동을 하느냐에 달려 있죠. 문제만 풀고 휙 넘어가는 건 밑바닥이 훤히 보이는 시냇물과 같습니다. 며칠 비만 안 와도 금방 메말라 버리거든요.

　모의고사 한 세트를 풀든 오늘 치 독서 지문 3개를 풀든 문제 풀이가 성적 향상으로 이어지려면 저는 194쪽과 같은 체계적인 공부법이 필요하다고 장담합니다. 기존 공부법과 달리 문제 풀이와 해설지 사이의 거리가 얼마나 멀리 떨어져 있는지 한눈에 보이죠? 뿐만 아니라 문제 풀이 전 단계도 있습니다. 이처럼 문제 풀이 시간보다 문제 풀이 전후에 할당하는 시간이 훨씬 더 길어야 합니다. 국어 성적 향상은 문제 풀이 전과 후 작업에 달려 있습니다. 그럼 어떤 과정을 거쳐야 하는지 하나씩 살펴봅시다.

1) 행동 원칙 마련하기

2) 문제 풀이 전략 세우기

3) 집중 및 몰입하기

4) 문제 풀기

5) 풀이 전략대로 풀었는지 점검하기

6) 행동 원칙 지켰는지 점검하기

7) 가채점하기

8) 틀렸다고 판단한 문제 다시 풀기

9) 실채점 및 반성하기

10) 해설 읽기

문제 풀이 전 선지후행

1. 행동 원칙 마련하기(체화노트 작성하기)

문제를 풀기 전 해야 할 작업을 저는 '선지후행 先知後行'의 태도라고 부릅니다. 문제 풀이에 앞서 생각부터 하라는 뜻입니다. 이는 문제를 풀기 전 스캐닝 Scanning을 통해 정보를 먼저 얻는 정보 중심 독해와도 일맥상통합니다. 이때 우리가 첫 번째로 해야 할 일은 문제 풀 때 해야 할 행동 원칙 To-Do list과 하지 말아야 할 행동 원칙 Not-To-Do list을 작성하는 겁니다.

여러 번 강조했듯 문제를 자꾸 틀리는 배경에는 잘못된 습관과 문제 풀이 태도가 있을 수 있습니다. 이 습관과 태도를 고치지 않으면 문제를 더 많이 풀거나 학원을 옮겨도 성적이 나아지지 않습니다. 밑 빠진 독에 계속 물을 부을 게 아니라 빠진 밑을 먼저 메꿔야 합니다. 즉, 비슷한 문제를 반복해 틀리지 않으려면 잘못된 문제 풀이 습관을 파악한 뒤 고쳐나가야 합니다. 그러니 어제, 지난주부터, 몇 주 동안 문제를 풀면서 발견한 나만의 문제점 또는 잘한 점을 바탕으로 오늘 잊지 말고 꼭 실천해야 할 행동 원칙을 문제 풀이 전 주입하는 과정이 반드시 필요합니다. 저는 이렇게 To-Do와 Not-To-Do 목록을 만드는 작업을 '체화노트'를 작성한다고도 표현합니다.

꼭 해야 할 행동 원칙 To-Do list	하지 말아야 할 행동 원칙 Not-To-Do list
문학 지문은 무조건 <보기> 먼저 읽기	독서 지문에서 밑줄 남발하지 않기
①번 선지는 두 번 읽고 판단하기	'않은' 것 고르는 문제 잘못 보지 않기
⑤번 선지까지 끝까지 읽고 정답 고르기	문제 풀다 휴대폰 알림 확인하지 않기

거창하게 노트를 따로 만들라는 뜻이 아니라 스케줄러든 포스트잇이든 어디든 명확히 기록해두고 오늘 이 행동 원칙을 꼭 지키겠다 다짐하고 실천하라는 뜻입니다. 앞선 예시에서처럼 행동 원칙은 오늘 공부한 결과에 따라 내일 또는 일주일 뒤에는 새롭게 바뀌기도 하겠죠? 이렇게 나만의 행동 원칙을 갱신해 나가면서 하나하나 내 손에 익숙해지

도록 만들다 보면, 말 그대로 '체화'하다 보면 어제보다 더 성장한 내가 될 수 있습니다. (1장에서 짚어드렸듯이) 사실 이것이 진정한 공부입니다. 이 단계를 문제 풀이 전 가장 첫 번째에 두는 이유입니다.

2. 문제 풀이 전략 세우기

이어서 지금부터 풀 문제를 훑어보며 어떻게 풀지 구체적 전략을 세웁니다. 시간의 구애를 받지 않고 천천히 전체를 스캐닝하면서 '<보기>에 상세한 그래프가 나와 있네? 가장 먼저 풀어야겠어', '처음 보는 고전소설이네? 여기서 시간을 좀 더 써야겠군' 하는 식으로 문제별 경중을 따지고 풀이 순서를 정하고 풀이 시간을 안배하는 등 시험지에 전략적으로 접근하는 단계입니다. (관련해 2장 112쪽 '문제 풀이 방법론 체화하기', 5장 230쪽 꼭지의 '조망하고 스캐닝하기' 내용을 나란히 참고해보면 좋습니다.) 그리고 지문을 독해할 때 더 주목해야 할 키워드를 찾고 출제될 부분의 정보를 미리 확인해야 합니다. 문제를 가볍게 훑어보면 각 선지에 반복적으로 등장하는 키워드가 있습니다. 이 키워드는 앞으로 지문에서 중요하게 다뤄질 테니 늘 마음에 두고 지문 독해를 해나가야 합니다.

3. 집중 및 몰입하기(이미지 트레이닝)

행동 원칙도 마련하고 풀이 전략까지 세웠으니 이제 곧장 시험지로 뛰어들면 될까요? 아닙니다. 그전에 펜을 멈춘 채로 30초에서 1분 남짓 마음을 가다듬습니다. 일종의 명상을 통해 집중력을 끌어올리는 단계입니다. 공부는 정신력뿐 아니라 내 육체, 내 두뇌로도 하는 겁니다. 사람의 두뇌는 기계가 아닌지라 전환이 바로바로 되지 않기 때문에 지금부터 내가 진지하게 문제를 풀 것임을 머릿속에 각인해야 합니다. 이렇게 정신을 집중하는 연습을 매 순간 빼놓지 않고 하면 훗날 실제 시험장에서 아주 큰 효과를 발휘할 겁니다.

문제 풀 때 주관적 자아와 객관적 자아

4. 문제 풀기

선지후행 단계를 다 끝내고 나서야 비로소 문제를 풉니다. 4장 〈문제를 맞혔다고 함부로 기뻐하지 말 것〉에서 말씀드렸듯이 문제 풀이의 목적은 내가 다음에 문제를 맞힐 가능성을 높이기 위함입니다. 또 내가 틀릴 수 있는 요소를 배제하기 위함입니다. 다시 말해 문제를 푸는 건 현재 부족한 부분을 찾고 내 상태를 객관적으로 바라보기 위한 행위인 거죠. 내가 어떤 사고를 거쳐 문제를 푸는지, 내가 뭘 알고 뭘 모르는지 정확하게 파악하려는 게 문제 풀이의 본질이거든요.

따라서 문제를 풀 때는 자아가 '주관적 자아'와 '객관적 자아' 이렇게 둘로 분리돼야 합니다. 문제를 열심히 이해하고 해석하는 나, 이것은 주관적 자아입니다. 온 힘을 다해 문제를 풀고 있는 나죠.

그럼 객관적 자아는 무엇이냐. 문제를 풀고 있는 나를 '관찰'하는 나입니다. '너 지금 선지 2개가 헷갈리는데 주제 생각해봤어?', '너 지금 시간 모자라, 다음 문제로 넘어가야 해!', '너 지금 해석이 안 돼서 당황하고 있네? <보기>부터 다시 보고 와' 같은 식으로 제삼자의 시선에서 주관적 자아가 보이는 행동이나 태도를 점검하고 분석하는 게 객관적 자아의 역할입니다. (기출 문제 공부법을 다루는 5장 258쪽에서 객관적 자아를 활용한 문제 풀이법을 설명합니다. 기출 문제뿐 아니라 모든 문제 풀이에 적용해도 유용한 방법이니 함께 살펴보세요!)

주관적 자아만으로 주관에 갇혀 문제를 풀면 내 문제 풀이를 반성할 수 있는 객관적 근거가 하나도 남지 않습니다. 쉽게 말해 문제를 풀고 오답을 분석할 때 내가 어떻게 문제를 풀었었는지조차 기억이 안 나는 겁니다. 내가 나 자신을 관찰할 줄 모르는데 독서실에 앉아 마냥 문제를 푼다고 어떻게 국어 실력이 늘겠습니까? 따라서 두 자아를 동시에 활발하게 움직일 줄 알아야 합니다. 이런 의식 분리는 선수로 쉴 틈 없이 경기를 뛰면서도 동시에 감독으로서 전체 흐름을 지휘해야 하는 것처럼 분명 어려운 일입니다. 매일매일 훈련해야만 습득할 수 있는 태도지만 이 풀이법이 곧 문제 풀이 후 작업과 긴밀히 이어져 결국 성적 향상으로 가는 탄탄대로가 돼줄 겁니다.

문제 풀이 후 | 점검과 가채점

5. 풀이 전략대로 풀었는지 점검하기

열심히 문제를 다 풀고 나면 정답이 너무 궁금할 겁니다. 그러나 문제 풀이 단계와 채점, 해설 단계 간 거리를 멀리 떨어뜨려 놓는 것이 제가 전하는 공부법의 핵심입니다. 그사이에 해야 할 작업이 정말 많거든요. 먼저 내가 앞서 세운 전략대로 문제를 풀었는지 점검해야 합니다. 계획한 순서대로 혹은 독해법대로 문제를 풀었는지, 그러지 않았다면 왜 그랬는지 등 앞으로 개선해 나갈 부분을 꼼꼼히 체크하고 이후 반영해 나가야 합니다.

6. 행동 원칙 지켰는지 점검하기

나만의 행동 원칙을 지켰는지도 확인해야겠죠. 모든 선지를 하나도 놓치지 않고 읽겠다는 원칙을 세웠는데 <보기> 문제에서 ⑤번 선지를 못 봤다면 부주의했는지 아니면 선지가 어려웠는지 등 원인을 하나하나 살펴야 합니다. 결국 수능 날 점수는 해야 할 행동 원칙과 하지 말아야 할 행동 원칙의 준수 여부로 결정됩니다. 해야 할 행동을 하면 내가 원하는 등급이 나오고 하지 말아야 할 행동을 하면 등급이 뚝뚝 떨어집니다. 이 단계는 무엇보다 철저하게 지켜야 합니다.

7. 가채점하기

이제 채점을 해볼까요? 아직입니다. '가채점'을 해야 하거든요. 가채점이라는 개념이 생소할 것 같아 간단히 설명하자면 문제를 푼 상황을 생생히 '복기'하면서 문제를 맞혔는지 틀렸는지 스스로 판단하는 작업입니다. 평소에 가채점을 하는 이유는 '내가 푼 문제는 무조건 맞는다'는 감각을 키우기 위해서예요. 수능 날 맞은 줄 알았는데 틀렸다고 생각해 보세요. 아찔합니다. 그러니 가채점을 하면서 내가 어떤 판단 근거로 문제를 풀었는지 분명하게 따져볼 줄 알아야 합니다.

8. 틀렸다고 판단한 문제 다시 풀기

가채점을 하면서 스스로 틀렸다고 판단한 문제가 있을 겁니다. 그 문제들을 시간제한 없이 다시 풀어봅니다. 여전히 실제 정답을 알기 전이에요. 정답에 대한 미련 없이 좀 더 객관적인 시선으로 여유 있게 다시 한번 천천히 풀어보는 단계입니다.

9. 실채점 및 반성하기

이제야 정답표를 보고 답을 맞춥니다. 예상대로 맞힌 문제, 고쳤는데 틀린 문제, 맞힌 줄 알았는데 틀린 문제 등 다양한 경우가 있을 텐데 이를 바탕으로 성찰하는 시간을 가집니다. 가령 가채점 후 좀 더 고민하고서 고친 답이 정답이라고 해봅시다. 원래 내 실력이면 맞힐 수 있었다는 뜻이니 어떻게 하면 처음 문제를 풀 때 맞힐 수 있었을지 여기서 진득이 생각해보는 겁니다. 해설을 보기 전에 혼자만의 힘으로요. 다시 말해 나 스스로 해설을 붙이고 오답을 정리하는 단계입니다.

10. 해설 읽기

앞선 모든 단계를 끝내고 나서야 해설지를 펴는 이 순서의 의미를 이제 확실히 알겠죠? 문제를 풀고 곧바로 해설을 읽으면 스스로 사유할 틈이 없어집니다. 해설은 그저 양질의 참고 텍스트일 뿐입니다. 해설은 보조 도구로 대하고 문제 풀이 전후로 나만의 질문을 깊게 던질 때 국어 성적은 오릅니다.

성적 기복을 줄이는 방법: 가채점의 효능

가채점이란 말 그대로 문제를 다 풀고 실채점을 하기 전에 내 문제 풀이를 스스로 평가해 채점해보는 일을 가리킵니다. 가채점을 다 끝낸 뒤 실채점을 하면 둘의 일치도를 파악할 수 있고 이는 내 문제 풀이 정확도와 자신감의 기준이 돼줍니다.

가채점 결과와 실채점 결과가 크게 차이 난다면, 즉 둘 사이 일치도가 낮다면 설령 정답률이 높다 할지라도 실제로는 찍어서 맞힌 문제가 많았으며 내가 어떻게 문제를 풀었는지 모른 채 '감'에 의존했다는 뜻입니다. 감이라는 건 긴장과 불안이 커지면 커질수록 상대적으로 둔해질 수밖에 없죠. 따라서 평소에 긴장을 많이 하는 학생은 더욱이 감에 의존해 문제를 푸는 습관을 버려야 합니다. 이를 위한 첫 번째 실천이 가채점입니다.

가채점 결과와 실채점 결과의 일치도가 높을수록 내가 뭘 풀고 있고 어떻게 풀고 있는지 제대로 안다는 뜻입니다. 이는 곧 내가 푼 문제에 자기 확신이 있다는 뜻이니 시험 난도에 따른 점수 기복도 줄어듭니다. 늘 일정한 점수대를 유지할 수 있다는 거죠. 그래서 많은 최상위권 학생이 가채점을 굉장히 중요하게 생각합니다. 문제를 풀고 곧바로 가채점하는 습관을 통해 풀 때는 다 맞힌 줄 알았는데 실제로는 많이 틀리는 상황을 최소화하는 연습을 평상시에도 계속해야 합니다.

사실 평소 특별히 국어 공부를 하지 않는데도 국어를 잘하는 친구를 본 적 있죠? 유니콘 같은 아이지만 가끔은 있습니다. 이런 아이 특징이 바로 선지 민감도가 높다는 겁니다. 선지 민감도란 문제의 선지를 보면서 '이 부분은 조금 이상한데? 뭔가 수상해' 하는 부분을 잘 느끼는 것입니다. 한마디로 '감'이 좋은 거죠. 하지만 이런 친구는 실제 수능에서 미끄러지는 경우가 많습니다. 수능 때는 압박감과 긴장감이 평소보다 훨씬 높아 문제를 풀 때 각 선지를 민감하게 느끼기가 어렵기 때문입니다. 그래서 평소 1등급을 놓치지 않던 친구도 갑자기 수능에서 3, 4등급을 받아 옵니다. 이런 학생이 재수를 할 경우 가장 먼저 없애려고 하는 것이 감으로 풀던 과거 자신의 습관이라는 점을 기억해 주세요. 감에 의존하기보다는 내가 지금껏 쌓아온 가채점과 실채점 일치의 역사를 믿어야 합니다.

어제의 나와 오늘의 나를 비교하라

엄쌤 진수야, 니 국어 오답노드 있나?

진수 아니요, 없는데요?

엄쌤 수현이 너는?

수현 있긴 있는데….

엄쌤 있는데 뭐?

수현 아니, 그게 어떻게 해야 하는지 잘 몰라서. 일단 있긴 있어요.

엄쌤 뭘 어떻게 하길래 그래?

수현 틀린 문제는 정답 보고 틀린 거나 모르는 거 적고요. 뭐 가끔 오려 붙이기도….

엄쌤 그럼 지난 1년 동안 만든 게 몇 페이지나 되는데?

수현 어… 한… 10페이지?

엄쌤 미친 거 아냐? 그게 무슨 오답이야?

이 대화가 책을 위해 지어낸 가상 대화라고 생각할지 모르지만 놀랍게도 100퍼센트 실화입니다. 학생들이 국어 오답 분석을 어떻게 해야 하는지, 뭘 해야 하는지 전혀 몰라 강사로서 답답할 때가 많아요. 사실 답답해할 일은 아니고 질책받아야 할 일에 가깝긴 합니다. 아이가 학원에 들어오면 이것부터 가르쳐야 하는데 매주 신규생이 올 때마다 알려줄 수 없으니 결국 누락자가 생기고 맙니다.

정답노트 말고 오답노트 만들기

문제를 풀고 정답을 고르고 해설을 본다. 저는 이를 '오답'이라고 여기지 않습니다. 그러니 당연히 해설을 옮겨 적는 게 오답노트도 아니죠. 굳이 이름을 붙이자면 정답을 보는 것이니 '정답노트'에 가깝습니다. 왜 정답인지만 적어둔 거니까요.

이런 행위를 오랜 시간 반복한다고 성적이 오르지도 않습니다. 선지 5개 중 한 선지가 정답인 이유는 하나밖에 없으니 그 하나를 적어둔다 한들 나머지 3~4개 선지에서 문제가 변형돼 다시 출제되면 또 틀리거든요. 그러니 오답을 정리할 때도 모든 선지에 대한 완벽한 근거를 찾겠다는 태도로 접근해야 합니다.

오답 정리는 신성한 작업입니다. 오답을 제대로 점검하기 위해서는 준비가 필요합니다. 다음 3가지를 꼭 기억해 두세요. 오답은 오답 자체로도 중요하지만 그 오답을 잘 정리할 수 있게 해주는 준비물과 도구가 필수입니다.

- 어제 푼 문제의 오답노트
- 문제 풀 당시 남겨놓은 필기와 밑줄 등 문제 풀이 흔적
- 자기객관화를 위한 데이터(EBSi 사이트, 정답률 통계 등)

먼저 오답노트의 시작은 어제의 나와 오늘의 나를 비교하는 일입니다. 어제의 나보다 오늘의 내가 한 스푼이라도 더 나은 점이 있다면 성공적으로 공부한 셈이죠. 보통 학생들은 오답노트를 하라고 하면 오늘 틀린 문제를 분석하기 바쁜데 사실 문제를 몰라서 틀리는 경우도 있겠지만 문제 풀이 습관과 태도에서 이미 틀린 경우가 많습니다. 집중해서 문제를 풀지 않았다거나 푸는 도중 딴생각을 했다거나 발문을 읽지 않고 풀었다거나요.

그러니 먼저 잘못된 습관과 태도를 기록해두고 오늘 문제를 풀 때는 이 행동을 하지 않겠다고 다짐에 다짐을 해야 합니다. 문제를 대하는 자세와 태도가 변하지 않으면 아무리 공부를 많이 해도 성적은 오르지

않습니다. 운동 연습을 해봤다면 잘 알 겁니다. 처음에 이상한 자세가 고착되면 그다음부터는 실력이 잘 안 는다는 걸요. 그러다 1:1 레슨을 받으면 자세부터 교정해주지 않습니까? 같은 원리입니다.

다음으로 문제 풀이 당시의 심리 상태를 복기하고 이를 기록해 둡니다. 내가 푼 시험지에는 많은 정보가 담겨 있습니다. 학생들은 문제를 풀 때 밑줄을 치는 이유가 문제를 잘 풀기 위해서라고 생각하지만 사실 그보다 더 중요한 목적이 있습니다. 바로 문제를 풀고 난 후 오답을 점검할 때 내가 어떻게 문제를 풀었는지 확인하기 위한 데이터 역할을 하는 겁니다.

시험지에는 문제 풀이 당시의 심리 상태가 적나라하게 드러나기 마련입니다. 밑줄 모양이 일정하지 않거나 규칙성이 없으면 문제를 풀 때 심리적 불안이나 긴장이 높았음을 의미하고 밑줄이 희미하거나 잘 보이지 않으면 문제를 풀 때 자신감 없었음을, 나아가 공부에 열의와 열정이 떨어지고 있음을 확인할 수 있습니다.

마지막으로 타 학생과의 비교 내용을 분석하고 기록해 둡니다. 자기 객관화를 위한 데이터를 수집하는 겁니다. 가령 EBSi 사이트에 가면 '모의고사 풀서비스'라는 것이 있어서 내가 최근에 본 문제의 통계가 잘 나와 있습니다.

나 혼자 아무리 문제 풀고 오답노트를 해봐야 소용없습니다. 고등학교 때부터 치르는 거의 모든 시험은 상대평가라 남은 어떻게 풀었는지 꼭 통찰해야 하거든요. 지피지기면 백전불태라 하지 않습니까? 남들은 다 맞힌 문제를 나만 틀렸다면 첫째, 해당 영역 지식이 부족했거나 둘째, 해당 문제를 풀 때 잠시 딴생각을 했거나 셋째, 해당 문제를 맨 마지막에 풀어 시간이 부족했다는 등의 이유를 분석해낼 수 있습니다. 또 시험 통계를 보면 이 문제가 함정 문제인지, 단순 고난도 문제인지, 쉬운 문제인지 쉽게 파악할 수 있어 내가 어떤 유형의 문제를 주로 틀리는지도 파악할 수 있습니다.

그래서 저는 과외를 많이 하던 시절 문제집을 고를 때도 출판사 사이트에 해당 문제집의 통계가 잘 나와 있는 책으로 수업을 나갔습니다. 강사 혼자 주관적으로 판단하는 공부에서 나아가 객관적인 데이터로 수업할 수 있어 학생의 성장이 훨씬 더 분명하고 빨랐기 때문입니다.

정답의 필요조건＝지문×선지×시간

결국 오답노트 정리란 내가 문제를 푼 바로 그 당시로 회귀하는 일입니다. 똑같은 문제를 오늘 풀면 틀리지만 내일 풀면 맞힐 때도 있고 집에서 풀면 틀리지만 학교에서 풀면 맞히는 경우가 있습니다. 문제 풀이라는 게 단순히 정답을 고르는 행위가 아니라 당시 상황과 맥락 그리고 내 상태에 따라 섬세하게 달라지는 행위임을 받아들여야 합니다. 그래야 내 상태를 계속 복기하며 잘한 건 뭐고 못한 건 뭔지 객관화하는 작업의 중요성도 깨달을 수 있습니다.

객관화 작업에 적합한 평가 기준은 바로 앞에서 다룬 국어 영역의 3요소, '지문, 선지, 시간'입니다. 이 3가지 측면에 비춰 항상 내 문제 풀이를 다각도로 점검하고 스스로 피드백하는 태도를 지녀야 합니다. 만약 어떤 문제를 틀렸는데 지문 독해에는 큰 걸림돌이 없었다면 선지 분석이나 시간 관리에서 약점이 드러났다는 뜻이겠죠. 그에 맞춰 선지 끊어 읽기를 소홀히 했다거나 또는 앞선 지문에서 시간을 너무 뺏긴 바람에 쫓기듯 풀었다는 등 오답의 주된 원인을 찾아냅니다.

정답을 맞힌 문제라도 그냥 넘어가면 안 됩니다. 예컨대 지문도 잘 읽고 선지의 판단 근거도 정확히 찾아 정답을 맞혔다 해도 남들은 2분이면 충분히 풀었을 문제를 나만 5분이 넘게 걸렸다면 이는 시간 면에서 오답에 해당합니다. 진정한 의미의 '정답'은 지문, 선지, 시간 측면에서 모두 부족함이 없는 것입니다. 지문, 선지, 시간은 정답의 필요조건과 같습니다. 셋 중 하나라도 충족하지 못하면 행여 지금은 맞혔을지라도 결과적으로는 언젠가 틀릴 미래의 오답으로 계속 남습니다.

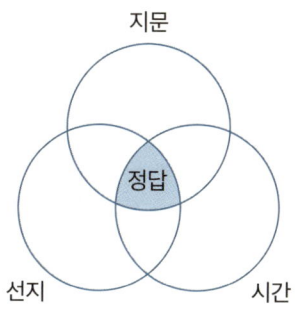

문제를 맞혔든 틀렸든 상관없이 내가 푼 모든 문제에서 지문 측면에서의 약점, 선지 측면에서의 약점, 시간 측면에서의 약점을 각각 따져보는 작업을 반드시 하는 게 좋습니다. 나를 객관적으로 판단하려면 어느 부분에서 어떤 문제가 있었는지 철저한 검증이 뒤따라야 합니다.

여기까지 왔다면 최종적으로는 행동 변화의 장치를 마련해야겠죠. 머릿속으로 알기만 하고 적절한 행동으로 나아가지 못하면 결국 아무런 변화도 없을 테니까요. 스스로 찾은 원인을 바탕으로 3가지 기준에 부합하는 나만의 행동 원칙을 만든 뒤 당장 다음 문제 풀이부터 바로바로 지키려고 노력합시다. 문제점 인식부터 원인 탐색, 실천까지 이어지는 길이 진정한 오답의 완성입니다.

끝으로 덧붙이자면 학생들은 오답을 분석할 때 주로 자신이 잘못한 부분에만 초점을 맞추는데 그다지 좋은 방식은 아닙니다. 오답노트에는 칭찬도 함께 섞여 있어야 좋습니다. "이럴 때 이렇게 생각해서 푼 건 참 잘했다. 다음에도 그렇게 풀어야지", "오늘은 시간 관리를 잘한 것 같다. 앞으로도 이런 느낌으로 계속 풀어야지"처럼 긍정적 요소도 함께 기록해줘야 합니다. 틀린 것만 자꾸 반복해서 생각하다 보면 자신감과 자존감이 많이 떨어지니까요. 지금도 잘하고 있다는 자기 위로를 통해 오답노트를 만드는 일이 실력뿐 아니라 기분도 끌어올릴 수 있는 길이 되면 좋겠습니다.

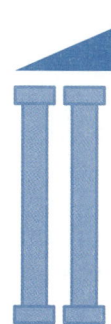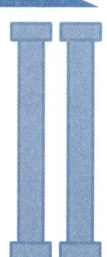

자기객관화
데이터 쌓는 법

수능 전날 밤, 연구소 직원이 제게 전화를 걸어옵니다. 제 핸드폰 번호를 모르는 학생이 지푸라기 잡는 심정으로 연구소에 연락을 한 거죠. 어떤 학생이 선생님과 꼭 통화를 해야 한다며, 안 그러면 잠을 잘 수가 없다고 한다는 다급한 전달에 저는 전화를 이어 받습니다.

"여보세요?"

"선생님…."

"잠 안 자고 도대체 무슨 일이야?"

걱정스럽게 물어보면(수능 전날 아이가 엄마나 아빠랑 싸우는 경우도 정말 많을 뿐 아니라 엄마랑 아빠가 싸우는 경우도 많습니다) 아이는 말합니다.

"선생님, 저 내일 뭐부터 풀어야 할까요? 좀 정해주세요…."

좋아하는 것과 잘하는 것은 다르다

수능 시험장에 가기 전 학생들에게서 가장 많이 받는 질문입니다. 그 중요한 수능 날 자신이 어떤 순서로 문제를 풀지 저한테 맡기는 겁니다. 왜일까요? 자기 자신은 못 믿겠으니 선생님이 정해달라고, 선생님의 지혜와 경험을 빌려달라고 요청하는 겁니다. 저는 심호흡과 함께 아이를 진정시킨 뒤 일단 이렇게 질문합니다.

"너 평소에 문학이 좋아, 독서가 좋아, 문법이 좋아?"

만약 아이가 문학을 선택했다면 이어서 문학의 여러 갈래 중 뭘 가장 좋아하는지 물어봅니다. 현대시든 고전소설이든 대답하면 바로 그것부터 풀라고 저는 말합니다.

그러고 나서 더 중요한 질문을 던집니다.

"좋아하는 거 말고 평소에 정답을 가장 잘 맞힌 파트는 어디야?"

즉, 아이의 주관적 선호나 감정이 아니라 아이가 그동안 쌓아 올린 객관적 통계를 물어보는 겁니다. 아이 스스로 생각하길 과학 지문을 가장 좋아하지만 실제로는 철학 지문을 풀었을 때 정답률이 가장 높을 수도 있습니다. 따지고 보면 이게 수능 날 가장 신뢰할 수 있는 데이터 아닌가요?

개인마다 성향도 다르고 문제 풀이 속도도 다른데 이번 수능은 왠지 문법이 쉬울 것 같으니 문법부터 풀라고 찍어주면 그건 도사입니다, 엄도사. 그런 일은 일어나지 않습니다. 저는 도사가 아니라 평범한 사람인걸요. 결국 시험을 어떻게 운용할지는 수험생 본인의 통계에서 결정됩니다. 그런데 정답률이 가장 높은 파트처럼 객관적인 데이터를 물어봤을 때 곧바로 답이 나올 만큼 스스로 정리해놓은 학생이 몇 명이나 될까요?

현역은 거의 99퍼센트가 안 합니다. 제대로 공부하는 N수생이 실전에서 강할 수밖에 없는 이유입니다. N수생은 객관적 데이터를 끊임없이 확인해야 마음이 놓이는 친구들이거든요. 현역이 자신만의 데이터를 몇 개월도 못 쌓는 동안 N수생은 그 몇 배수로 데이터를 쌓아놓고 정밀하게 분석하고 있습니다. 현역 때 원하는 대학에 들어가려면 N수생처럼 행동할 줄 알아야 합니다.

문제 풀이 데이터 기록하는 법

그럼 어떻게 데이터베이스를 구축할 수 있을까요? 모의고사를 풀 때마다 나만의 문제 풀이 데이터를 꼼꼼히 기록해야 합니다. 가장 기본적으로 '시간'부터 측정해야 해요. 모의고사를 푸는 그 순간 한 지문이 끝날 때마다 시험지 하단에 현재 시간을 적어둡니다. 예를 들어 1번부터

3번까지 풀이가 딱 끝나는 순간 시계를 보니 5분을 지나고 있습니다. 그러면 시험지에 "5분"이라고 현재까지 흐른 시간을 적으면 됩니다. 이어서 4번부터 7번까지 다 풀었더니 14분 20초를 지나고 있다면 마찬가지로 "14분 20초"라고 적습니다. 그럼 4번부터 7번까지 푸는 데 걸린 시간은 얼마일까요? 9분 20초겠죠. 시험이 다 끝나고 나서 역추산해 보면 한 지문당 시간이 얼마나 걸렸는지 확인할 수 있습니다.

그다음에는 노트를 펴든지 엑셀을 켜든지 해서 이번 모의고사 풀이의 주요 포인트를 체계적으로 정리합니다. 지문별로 시간이 얼마나 걸렸는지 계산해 기록하고 맞힌 문제와 틀린 문제를 구분해 시험 당시를 복기하며 미리 구상한 문제 풀이 전략대로 잘 풀었는지, 어떤 어려움이 있었는지 등을 메모해두는 겁니다. 어렵고 헷갈린 문제의 오답률까지 비교할 수 있다면 더 좋겠죠. 오른쪽 표는 2025학년도 6모를 풀고 나서 분석한 내용 예시이니 참고해 보세요.

일주일에 한 번씩 6개월 정도만 빼먹지 않고 만들어도 데이터가 약 24번 쌓입니다. 모의고사는 매번 다 '실험'입니다. 유일한 실전은 수능 딱 한 번뿐이에요. 그러니 여러 번 반복된 실험을 통해 내가 어떻게 행동했을 때 가장 좋은 결과물이 나오는지 그 표본을 만들어 나가는 것이 중요합니다. (모의고사 실전 훈련법을 다룬 5장 245쪽과 연계해 읽어보면 더 좋습니다.) 나만의 모의고사 데이터를 꾸준히 축적하면서 통계를 내는 시간으로 하루의 국어 공부를 정리하면 더할 나위 없겠죠.

문항/영역	걸린 시간	틀린 문제	오답률	분석 내용
⋮				
[8~11] 과학	7분 50초			<보기> 문제가 관계성만 잘 파악하면 되는 문제. 마지막 문단을 그에 맞게 잘 정리해서 비교적 쉬웠음.
[12~17] 인문 통합	12분 20초	15번	71.3% (TOP4)	파본 검사 때 제재 확인하고 가장 마지막에 풀었음. ㉠의 주장을 제대로 파악하지 못함. (가)와 (나)의 견해와 각각 대비해 ㉠의 핵심을 파악했어야. 다음에는 다른 데 시간을 덜 써서라도 시험지에 간단하게 정리해보자.
⋮				
[27~30] 현대 소설	7분 10초	29번	53.7% (TOP10)	별표 치고 넘겼다 다시 풀었는데도 틀림. ㉮와 ㉯의 앞뒤 맥락을 전쟁의 상흔과 연계해 살폈다면 무엇이 (+)이고 (-)인지 충분히 알 수 있었음. EBS 연계임에도 작품의 시대 배경과 주제를 제대로 생각 못함. EBS 공부 더 제대로.
[31~34] 현대시	6분 30초	34번	64.1% (TOP5)	<보기>를 먼저 읽었음에도 (나)를 해석하지 못해('차'의 의미 파악 X) 찍음. 현대시가 여전히 약점으로 작용함. <보기> 중심 독해 훈련이 앞으로의 과제.
⋮				

많은 학생이 총 100점 중 몇 점을 받았는지만 보고 자신이 국어를 '전반적으로' 틀린다고 생각합니다. 절대 그렇지 않습니다. 내가 특히 잘 못 푸는 지문이나 문제 유형, 집중력이 흐트러지는 구간 등 나만의 약점이 분명 있기 마련입니다. 그러니 수십 번의 실험에 치열하게 임하면서 나는 현대시 갈래를 푸는 데 평균적으로 시간이 얼마나 걸렸는지, 법 지문과 경제 지문 중 무엇이 더 고난도 문제 정답률이 높았는지 등 내게 유효한 통계 데이터를 쭉쭉 뽑아낼 수 있어야 수능 날 빛을 볼 자격이 생깁니다.

일생일대의 중요한 시험을 보겠다는 사람이 내가 한 지문을 몇 분 만에 푸는지, 내게 어떤 강점이 있고 약점이 있는지 모르면 안 되잖아요. 수많은 학생이 모의고사를 풀긴 풀어야 한다니까 시험지를 펴지만 개선과 발전을 위한 아무 계획 없이 80분을 흘려보내고 그 끝에 받은 점수로 일희일비하는데 그럴 이유도, 여유도 없다는 사실을 명심하면 좋겠습니다.

집중력이 부족한 걸까요, 끈기가 부족한 걸까요?

> **엄쌤의 한마디**
>
> 추상적이고 관념적인 것에 집착하지 마세요!

상담실에 부모 두 분이 심각한 표정으로 앉아 있습니다.
아빠가 단호한 말투로 말합니다.
"선생님, 우리 아이는 집중력이 좀 떨어집니다."
엄마가 고개를 저으며 말합니다.
"아니에요, 선생님. 우리 애는 집중력은 좋은데 끈기가 부족해요."
한 학생에 대한 아빠 엄마의 다른 평가. 과연 어느 쪽이 맞을까요?
집중력과 끈기는 그 차이를 학문적으로 정밀하게 기술하기 어려울뿐더러 교육 현장에서 느끼기에도 참으로 실체가 없고 모호한 개념입니다. 집중력의 력力, 끈기의 기氣라는 단어 모두 추상적이고 관념적인 개념에 불과하죠.
결국 관점에 따라 집중력이 부족한지, 끈기가 부족한지 달라 보일 수밖에 없습니다. 또 공부에 몰입한 상태 자체를 집중력으로 볼지, 아니면 몰입한 상태를 특정 시간 이상 유지하는 것을 집중력으로 볼지에 따라서도 집중력과 끈기에 대한 생각은 달라질 겁니다.

그러니 답이 안 나오는 질문에 집중하면 안 됩니다. 이런 문제로 부모 두 분이서 다투거나 아이와 실랑이를 할 이유가 없습니다. 집에서도 이렇게 의견이 분분하면 추상적이고 관념적인 개념이 넘쳐나는 입시 세계에서 중심을 잡지 못하고 몇 년간 길을 헤맬 수 있습니다.

개념 자체에 집중하지 말고 집중력과 끈기라는 놈을 높이기 위해 '무엇을 해야 하는가'와 같은 구체적 행동 양식에 집중해야 합니다. 아무리 좋은 학원, 상담이라 하더라도 학생의 변화에 구체적으로 기여하지 못하면 의미가 없습니다.

아이에게 부족한 게 집중력이냐 끈기냐는 물음에 제가 제시하는 구체적 행동 양식은 다음과 같이 생각하고 행동하라는 겁니다.

"집중력과 끈기는 의지와 노력의 산물이 아니라 상황의 산물이다."

문제를 풀면서 학생들이 멍 때리는 시간이 생각보다 많습니다. 열심히 지문 독해를 하고 선지를 분석해 나가는 것 같지만 실상은 그렇지 않거든요. 학생들은 대부분 국어 시험에 나오는 작품과 지문에 적대감을 느낍니다. '이걸 왜 해야 하나' 하는 생각도 드는 데다 내 관심 분야도 아닌 걸 매일매일 마주해야 합니다. 그러니 자연스럽게 공부에 집중을 못하고 30분만 지나도 엉덩이를 들썩이고 말죠.

그럼 어떻게 해야 집중력과 끈기가 늘어날까요? 공부하는 상황마다 꼭 해야 할 일을 대폭 늘리는 겁니다. 집중할 수밖에 없는 상황, 노력할 수밖에 없는 상황을 만들어야 합니다.

예를 들어 수업을 들을 때 선생님이 강조하는 내용을 꼼꼼히 필기하고 내가 아는 것과 모르는 것을 노트에 구별하면서 표시하고 시험에 나올 것 같은 부분과 안 나올 것 같은 부분을 따로 정리하며 수업을 따라가면 저절로 집중하게 됩니다. 수업 시간에 졸거나 집중하지 못하는 학생은 대부분 그 시간에 아무런 행동도 하고 있지 않습니다.

시험을 볼 때는 해야 할 일이 훨씬 더 많아집니다. 지문을 읽으면서 문제의 〈보기〉를 끊임없이 떠올려야 하고 반대로 〈보기〉를 읽으면서도 지문 내용을 떠올려야 하며, 지문 [A] 부분을 읽을 때는 재빠르게 문제로 넘어가 선지들을 한 번 훑어보고 와야 하고, 지문 한 문단이 끝날 때마다 문단 주제를 찾고 다음 문단으로 넘어갈 때는 방금 읽은 앞 문단과의 연관성을 떠올려 주제와 연결하며, 모르는 문제나 헷갈리는 문제가 있을 때는 방금 떠올린 주제를 가져와 이 주제와 가장 가까운 내용을 정답으로 선택해야 합니다. 이렇게 시험을 보는 긴 시간 동안 필요한 사고 과정을 끊임없이 이어가면 딴생각과 딴짓을 할 겨를은 당연히 있을 수 없습니다. 의심할 여지 없이 1등급이 나올 테고요.

결국 집중력과 끈기 부족은 내가 뭘 해야 할지 모를 때 발생하는 현상입니다. 그러니 아이에게 상황마다 어떤 행동을 해야 하는지 그리고 그 행동을 하면 얼마나 유리한지를 알려주고 하게 한다면 아이의 집중력과 끈기는 자연스럽게 발현될 겁니다.

5장

수능 1등급을 실현하는 실전 태도

지피지기, 수능을 알고
12년을 투자하라

 수능이란 무엇일까요? 우리 아이들은 고등학교 교복을 입고 다니면서도 대체 수능이라는 시험이 뭔지 잘 모릅니다. 1, 2학년 때 모의고사를 대여섯 번씩 봐도, 고3이 돼 발등에 떨어진 불이 무릎까지 태우고 있어도 수능이 어떤 시험인지 물어보면 정확한 설명이 나오질 않습니다.

 부모님도 어디 학원이 좋다더라, 어느 강사가 잘 가르친다더라 하는 정보에는 빠삭할지 몰라도 수능의 본질은 깊게 알아본 적이 없으십니다. 어떤 시험이든 그 시험 성격에 맞게 준비해야 하는데 그 성격을 모르니 정면을 공략하지 못한 채 주변으로만 헤맵니다.

수능이란 무엇인가

수능의 목적은 '변별'입니다. 고3 현역 학생을 비롯해 검정고시, 재수생, N수생까지 모든 응시생의 우열을 변별하기 위해 만들어진 시험이라는 뜻입니다. 그럼 평가원에서는 이 변별을 위해 얼마나 많은 시간과 비용을 투자하고 있을까요? 수능 기출문제 한 세트의 가치는 얼마나 될까요? 매년 수능 문제 출제에 쓰이는 예산이 대략 얼마일지 생각해 보세요. 제가 이렇게 질문을 던지면 학생, 부모 상관없이 3억이니 10억이니 100억이니 다양한 숫자가 나옵니다. 수능을 제대로 이해하지 못하고 있다는 방증이라고 볼 수 있죠.

매년 수능 예산이 딱 얼마라고 발표하진 않지만 지난 데이터를 살펴보면 대략 200~300억 정도 편성됩니다. 수능 문제는 대학교수, 교사, 검토 위원 등 전문 인력 수백 명이 약 한 달간 심혈을 기울여 출제합니다. 취사 시설, 운동 시설, 의료 시설까지 모두 갖춰진, 외부와 차단된 공간에서 인터넷까지 통제된 상태로 모든 출제가 끝날 때까지 한 발짝도 나가지 못합니다. 수능은 문제 정확성은 물론이고 난이도 조절, 논리 적확성에 이르기까지 어느 것 하나 부족함 없도록 완벽함을 추구하는 시험인 겁니다.

국어 영역에는 총예산 중 얼마 정도가 투입될까요? 주요 과목 중 하나이니 약 40~50억 정도로 추산합니다. 수능 국어 시험지 하나가 자그마치 50억이라는 겁니다. 이렇게 많은 시간과 비용, 인력을 투입해 출제하는 시험은 세상에 많지 않습니다. 우리가 아무리 평가원을 지지고 볶고 욕해도 수능이 명실상부 오류 가능성이 매우매우 낮은 당해 최고의 문제라는 사실은 부정할 수 없습니다. 50만 명 가까운 아이들이 인생을 걸고 치르는 시험인 만큼 절대 오류가 나면 안 되니까요.

여기서 한 걸음 더 나아가 봅시다. 오류가 없다는 건 무슨 뜻일까요? 답이 확실하다는 뜻입니다. 답이 확실하다는 건 무슨 뜻일까요? 정답과 오답을 판단하는 근거가 명확하다는 뜻입니다. 다시 말해 정답을 정답이라고, 오답을 오답이라고 판별할 수 있는 아주 객관적인 근거가 있다는 겁니다. 누구나 공감하고 고개를 끄덕일 수밖에 없는 문제와 선지를 구성하는 게 수능 출제의 대원칙이죠.

많은 학생이 객관적이지 못하다고 쉽게 오해하는 문학 영역을 볼게요. 학생들은 문학 문제를 풀 때 다음과 같이 얘기합니다.

"왜 이 선지가 정답인지 납득할 수 없어요. 저는 그렇게 생각되지 않는데요."

자신의 '주관적' 관점으로는 출제자의 '주관적' 정답에 동의하지 못하겠다는 말입니다. 당연히 100명이면 100명이 다 다르게 해석할 여지가 충분한 내용을 시험에서 물어볼 순 없습니다. 문학이 시험문제로 출제되려면 근본적으로 객관성과 보편성을 갖춰야 하는데 이를 뒷받침하는 근거가 바로 '문학 개념'입니다. 각종 수사법, 서술자 시점, 시조 형식 등과 같이 교육과정에서 배우는 문학 개념은 모두가 공감하는 해석을 가능하게 하죠. 그러니 문학 문제 선지는 문학 개념을 중심으로 구성될 수밖에 없으며 이것만 알면 주관적 감상은 가져올 필요가 없습니다. 문학 작품의 독해는 발견이 아니라 발굴의 관점에서 접근해야 합니다. 출제자의 의도에 맞게 필요한 문학 개념어를 발굴해 내는 작업입니다. (국어 공부의 기본과 연관된 내용으로 2장 84쪽 〈국어 공부 성장기〉와 함께 읽어보세요.)

변별력 문제가 두렵지 않으려면

또 하나, 정답과 오답의 판단 근거가 엄밀하다는 점도 꼭 짚고 넘어가겠습니다. 저는 이를 '단어의 엄밀성'이라고도 하며 요즘 더욱 여기에 주목하고 있습니다. 수능은 한국어를 모국어로 사용하는 사람을 대상으로 하는데 국어 영역은 이미 한국어 구사 능력이 출중한 사람 간의 우열을 가리기 위해 변별력을 갖춰야 하니 언어적으로 더 섬세할 수밖에 없습니다. 그래서 문제가 치사할 만큼 까다롭고요. 국어의 숙명과도 같죠. 국어를 얼마나 더 정확하고 엄밀하게 사용하는지 평가하려는 의도는 몇 년 새 평가원 출제 경향에 줄곧 드러나고 있습니다. 2024학년도 6모에 나온 현대시 지문을 예로 들어볼게요.

(나)

저기 저 담벽, 저기 저 라일락, 저기 저 별, 그리고 저기 저 우리 집 개의 똥 하나, 그래 모두 이리 와 내 언어 속에 서라. 담벽은 내 언어의 담벽이 되고, 라일락은 내 언어의 꽃이 되고, 별은 반짝이고, 개똥은 내 언어의 뜰에서 굴러라. 내가 내 언어에게 자유를 주었으니 너희들도 자유롭게 서고, 앉고, 반짝이고, 굴러라. 그래 봄이다.

(후략)

- 오규원, 〈봄〉 -

출처: 2024학년도 6월 평가원 모의고사

위의 (나) 작품을 읽고 나서 아래 선지를 한번 살펴보세요. 맞는 내용일까요, 틀린 내용일까요?

⑤ (…) (나)의 화자는 '담벽' 안에서 '봄'과 같은 세계를 대상들과 공유하려 하고 있어.

⑤번 선지는 틀렸습니다. 담벽 '안'이 아니라서 그렇습니다. 시에서 '담벽'은 '라일락', '저 별', '똥 하나'와 함께 열거된, 이들과 가치가 동등한 사물입니다. 그러니 담벽 안에서 뭔가 이뤄지고 있다는 진술은 적절하지 않습니다. 담벽도 화자가 '내 언어'로 자유롭게 만들고자 하는 대상 중 하나인 겁니다.

그런데 우리는 '담벽' 하면 당연하게 담벽 안쪽과 바깥쪽을 떠올립니다. 담벽이라고 말하면서 누가 담벽이 무슨 색이고 어떤 재질인지에 관심을 갖겠어요? 담벽 하면 머릿속에서 가장 먼저 안과 밖이라는 관념을 연상하게 되죠. 이렇게 기존 관념대로 생각하는 것이 우리 일상에선 너무나 자연스럽습니다.

그러나 이 시는 기존 관념을 따르지 않습니다. 이 시만의 고유한 세계관에 근거해 해석하지 못하고 시험지 밖에서 그랬듯 느슨하게 생각하고 넘어가면 답이 보이지 않습니다. 비단 문학만의 일이 아닙니다. 어느 지문에서든 시험지 위에 쓰인 표현이 어떤 의미를 지니는지 엄밀하게 판단하지 못하면 수능 문제를 맞힐 수가 없습니다. 앞으로의 수능은 이렇게 단어 하나까지도 문맥에 따라 정확히 볼 것을 계속해서 요구할 겁니다. 그래서 저는 수업 시간에 "통념에서 벗어나라! 내 마음대로 해석하지 마라!"라고 가르칩니다.

여러 번 강조했듯이 수능 국어를 대비하려면 한 문제 한 문제 명확한 판단 근거를 갖고 푸는 연습을 해야 합니다. ①번부터 ⑤번까지 모든 선지에 정확히 동그라미와 엑스 표시를 하면서 풀겠다는 마음가짐, 이것이 수능을 치르고자 하는 모든 학생이 가져야 하는 기본 태도입니다. 그런데 많은 학생이 평소 문제를 풀 때 그냥 휙 보고 딱 찍어버립니다. 점 하나 안 찍고 풀어도 정답만 맞히면 된다고, 숙제만 잘 끝내면 된다고 생각할지 모르지만 이런 안일한 태도에서 비롯되는 실수는 계속 반복될 뿐입니다. 이것이 습관으로 굳어지면 수능 날 절대 원하는 점수가 나오지 않습니다. (특히 4장 188쪽에서 강조한 내용을 다시 살펴보면 좋겠습니다.)

수능은 어느 한 문제도 오류 가능성이 없도록 막대한 예산을 들여 만든 매우 객관적이고 엄밀한 시험입니다. 약 50억짜리 국어 영역이 총 45문제니까 한 문제당 1억 원 상당의 가치가 있다 해도 과언이 아니겠죠. 결국 수능이란 내 온 마음과 모든 에너지를 다 쏟아도 좋을 만큼 지금까지의 인생에서는 듣도 보도 못한 높은 가치를 지닌 시험이라는 점을 강조하고 싶습니다. 이런 수능의 본질을 이해하는 건 스스로 내가 왜 이 공부를 열심히 해야 하는지 느끼는 데 중요합니다. 이 시험이 내 인생에 어떤 가치가 있는지 알면 그만큼 동기가 부여될 수 있으니까요.

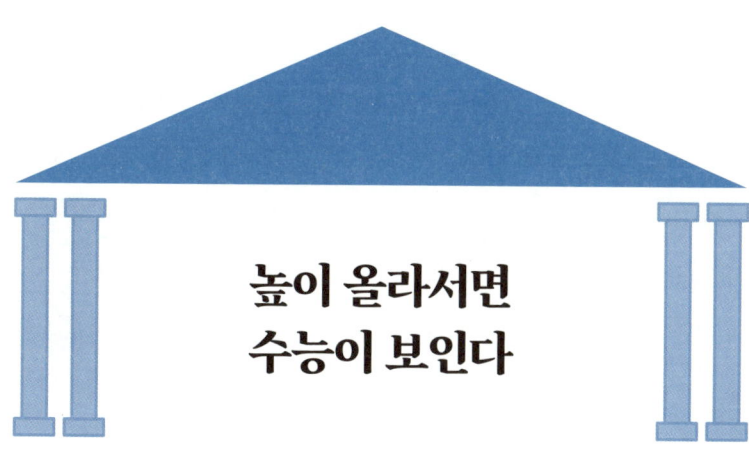

높이 올라서면
수능이 보인다

 수능 시험지가 눈앞에 놓여 있습니다. 마른침 삼키는 소리도 들릴 것만 같은 정적…. 그러다 8시 40분이 되자 "뿌" 하는 알림음에 이어 "제1교시 본령입니다"라는 음성이 흘러나옵니다. 학생은 재빨리 표지를 넘기고 다음과 같이 시험지를 읽어 내려가기 시작합니다.

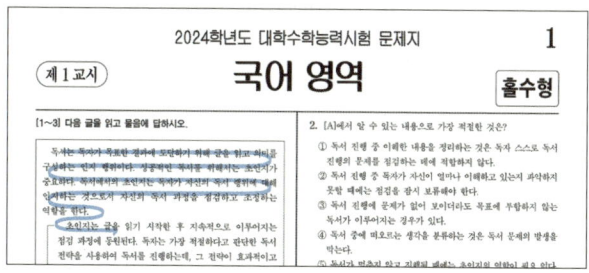

어쩌면 이 학생은 한 지문은 통째로 풀지도 못한 채 책상에 엎드려 눈물을 삼킬지 모릅니다. 수능에 대한 기초적인 이해조차 못하고 있으니까요. 수능은 문제를 얼마나 잘 맞히는지, 다시 말해 문제 해결 능력이 얼마나 좋은지 보는 시험입니다. 그리고 수능은 지문과 문제가 동시에 공개됩니다. 무슨 문제가 나올지 애초부터 훤히 알 수 있는데 대체 왜 지문과 함께 문제부터 살펴보지 않을까요?

조망하고 스캐닝하기 (S-Q-R 독해법)

최상위권 학생은 절대로 시험지에 다짜고짜 뛰어들지 않습니다. 처음부터 끝까지 전반적으로 한번 훑어봅니다. 즉, '조망$^{Bird\ Eye}$'합니다. 새가 하늘에 떠서 아래를 내려다보듯이 지문과 문제를 동시에 확인하면서 다음과 같이 문제 풀이 전략을 세웁니다.

'올해 6모도 그렇고 9모도 그렇고 독서 지문이 되게 짧았는데 수능도 똑같이 짧게 나왔네. 근데 엄쌤이 지문이 짧으면 선지가 까다롭다고 하셨지. 선지에 좀 더 포커스를 맞춰서 읽어야겠어. 고전소설 길이가 좀 긴데? 고전 수필은 연계도 아니면서 꽤 추상적이고 철학적일 것 같은 내용이네. 작가와 제목을 보니 EBS 기출 문제였구나. 이 지문은 (가) 대신 (다)부터 읽고 풀어야겠다. 이 문제는 까다로울 수 있겠어. 화작은 신유형은 없어 보이고… 오케이, 독서 먼저 풀어보자!'

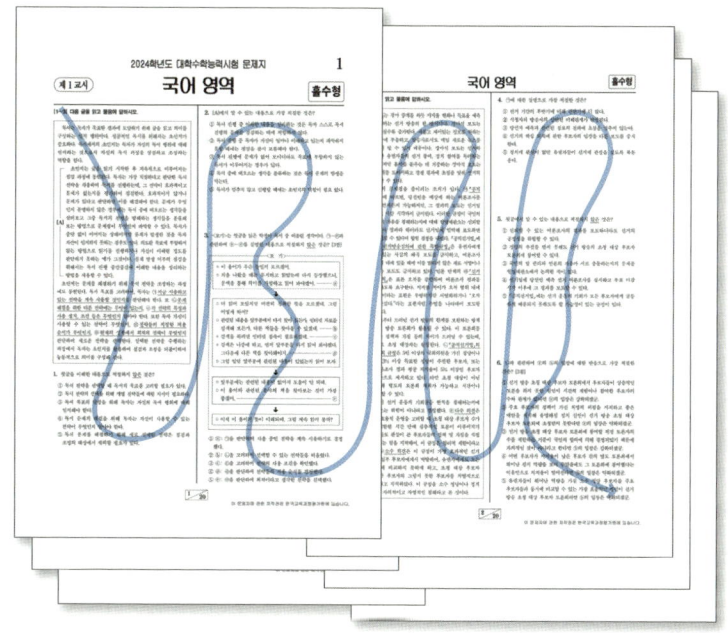

    시험지 처음부터 끝까지 휙휙 넘기면서 이런 판단을 굉장히 빠른 속도로, 몇십 초 이내로 내리는 겁니다.

    실전 팁을 드리자면 8시 35분에 준비령 안내가 나오고 나면 시험지와 OMR 카드를 나눠줍니다. 그리고 시험지가 모두 있는지, 인쇄가 불량한 부분은 없는지 검사하는 시간을 주는데요, 이때 시험지를 한 장씩 넘기면서 1차로 조망하면 됩니다. 감독관에 따라서는 엄격하게 막기도 하는데 그런 상황까지 다 고려하면서 파본 검사를 하는 순간까지도 최대한 활용하는 거죠. 최선의 결과를 이끌어내기 위해 초 단위까지 아껴 쓰려고 노력해야 50억짜리 문제를 제대로 풀 수 있습니다.

이렇게 조망한 다음에는 지문마다 '문제 스캐닝(Scanning)'을 합니다. 지문과 문제는 동시에 공개되는데 해석의 방향성과 근거는 압도적으로 문제 쪽에 많거든요. 정보가 지문에만 있다고 생각하면 안 됩니다. 항상 문제에서 유의미한 정보를 먼저 찾은 뒤 그 정보를 토대로 지문 독해를 하려는 태도가 기본으로 장착돼 있어야 합니다. 스캐닝 방향은 좌상단에서 우하단으로 설정합니다.

문제를 스캐닝 후 이제는 '출제자의 의도'에 물음을 던져야 합니다(Questioning). 문제를 맞히려면 당연히 문제를 낸 사람의 의중을 알아야겠죠. 사실 수능이든 내신이든 모든 시험은 '나'가 아니라 '남'인 출제자의 의도와 목적을 파악하고 그에 따라 문제를 해결하는 겁니다. 그런데 부모님 중에는 아이가 문제를 풀다가 답지가 틀렸다고 하거나 심지어 학교 선생님과 자기는 생각이 다르다고 하면서 정답을 받아들이지 못하는 모습을 종종 맞닥뜨린 분이 있으실 겁니다. 아이 스스로 자기만의 고정관념, 관점의 틀을 깨고 나오지 않으면 국어 성적은 절대 오를 수 없습니다. 나를 만나면 나를 죽일 줄 알아야 해요.

수능은 자의적인 내용 이해를 묻는 시험이 아니라 주어진 조건에 따라서만 해석하고 판단해야 하는 시험이고 그 조건은 바로 출제자가 지문과 문제에 객관적 근거를 바탕으로 심어둔 출제 의도입니다. '오늘은 죽었다 깨어나도 꼭 출제자가 원하는 대로 해석하자' 이게 정말 중요한 마음가짐입니다. 마지막으로 출제자의 의도에 맞게 지문을 빠르고 정확하게 독해하는 것(Reading). 이것이 S-Q-R 독해법의 핵심입니다.

출제자의 의도 파악하기

'도대체 그걸 어떻게 하느냐?' 하고 따져 묻고 싶으실 텐데요. 잘하는 아이는 시험지에 적힌 모든 글자를 일원론적으로 보지 않고 이원론적으로 봅니다. 다시 말해 '글쓴이가 쓴 공간'과 '출제자가 쓴 공간'을 나눠서 볼 줄 안다는 뜻입니다. 예시를 함께 살펴보겠습니다. 2024학년도 9모 현대시 지문입니다.

(나)

내 어린 날!
아슬한 하늘에 뜬 연같이
바람에 깜박이는 연실같이
내 어린 날! 아슴풀하다*

하늘은 파랗고 끝없고
편편한 연실은 조매롭고*
오! 흰 연 그새에 높이
ⓒ 아실아실* 떠 놀다 내 어린 날!

바람 일어 끊어지던 날
엄마 아빠 부르고 울다
ⓔ 희끗희끗한 실낱이 서러워

> 아침저녁 나무 밑에 울다
>
> 오! 내 어린 날 하얀 옷 입고
> 외로이 자랐다 하얀 넋 담고
> ⓜ 조마조마 길가에 붉은 발자욱
> 자욱마다 눈물이 고이었었다
>
> — 김영랑, 〈연 1〉 —
>
> • 아슴풀하다: '아슴푸레하다'의 방언.
> • 조매롭다: '조마롭다'의 방언. 보기에 마음이 초조하고 불안하다.
> • 아실아실: '아슬아슬'의 방언.

출처: 2024학년도 9월 평가원 모의고사

    시험지에 적힌 시 제목은 시인 김영랑이 썼을까요, 출제자가 썼을까요? 으레 시인이라고 생각하기 쉽지만 시험지에서 작가와 제목은 출제자의 의도가 들어간, 다시 말해 출제자가 쓴 공간입니다. 수만 편의 시 중에서 출제자가 그 시를 선택했으니까요. 너무나 중요한 9모에 왜 이 작가의 이 시를 선정했을까요? 또 이 시는 (가) 작품과 어떤 연관이 있길래 함께 출제됐을까요? 출제자가 쓴 공간을 구분하면 이런 질문이 자연스럽게 떠오릅니다.

    그럼 ⓒ, ⓔ, ⓜ 표시는 시인이 처음 시를 쓸 때 넣었을까요, 아니면 출제자가 문제를 내기 위해 넣었을까요? 당연히 후자입니다. 왜 "아실아실", "희끗희끗한", "조마조마"라는 표현에 표시했는지 알려면 먼저 해당 문제를 스캐닝해야겠죠.

> **25. ㉠~㉤에 대한 설명으로 적절하지 않은 것은?**
> ③ ㉢: 높이 날아오른 연을 동경하는 심리를 드러내고 있다.
> ④ ㉣: 서러움을 느끼게 하는 대상인 실낱의 모습을 표현하고 있다.
> ⑤ ㉤: 외롭고 슬픈 어린 시절의 정서를 함께 담아내고 있다.

'…한 심리를 드러내다', '…인 모습을 표현하다', '…한 정서를 담아내다'와 같은 진술이 쓰인 걸 보니 이 문제는 각 시어의 의미를 구체적으로 해석할 수 있는지 묻고 있네요. 그러니 이 시를 관통하는 화자의 정서를 바탕으로 각 시어의 앞뒤 문맥에 집중해 읽어야 할 겁니다. 출제자가 별표로 어휘 풀이를 준 것도 방언의 표준어를 알려줌으로써 시를 더 잘 이해하게 돕기 위함이겠죠.

요컨대 하이라이트한 부분이 출제자가 쓴 공간에 해당합니다. 시행 하나하나는 글쓴이가 쓴 공간이지만 그 위로 출제자가 시험을 위해 설계한 공간이 겹쳐져 있는 거죠. 어떤 지문이든 이렇게 두 공간으로 나뉘어 있습니다. 소설 지문의 앞부분 줄거리도 작가가 아니라 출제자가 문제를 내기 위해 의도적으로 만든 텍스트입니다. 이어지는 첫 문단도, 원래 쓴 사람은 작가인 글쓴이겠으나 시험지에서 그 문단이 첫 문단으로 자리하게 된 데는 출제자의 생각이 깊숙이 들어가 있는 거고요.

시험지에서 이 두 공간을 잘 구분할수록 출제자의 의도와 목적을 더욱 명확하게 알아낼 수 있습니다. 따라서 뚜렷한 목적의식에 따라 두 공간을 오가면서 역동적으로 문제 풀이를 향해 나아가야 하는데 안타깝게도 아이 대부분이 글쓴이가 쓴 공간에만 오랫동안 머무르며 문제를 풀려고 합니다. 지문과 문제를 전체적으로 조망하지 않으니 관성적으로 시험지의 처음부터 끝까지 인쇄된 대로 읽어 내려갈 뿐이며 주어진 문제에서 필요한 정보를 충분히 추출하지 못하니 출제자와 어떤 대화를 나눠야 할지 모른 채 지문과 문제 사이를 의미 없이 오가며 방황합니다.

시험지 위 모든 기호, 단어, 문장에는 숨겨진 의도가 있으며 그 의도를 밝혀내는 과정이 바로 문제를 푸는 과정입니다. 그리고 의도를 읽어내려 노력하는 훈련을 '공부'라고 하는 거죠. 실제로 이 과정을 치열하게 하는 아이일수록 성적이 잘 나오고 빨리 오릅니다. 그냥 지문만 받아들이고 달달 암기하면 외부 지문이나 낯선 지문에는 손댈 수가 없습니다.

수능은 특별한 배경지식 없이도 누구나 주어진 정보를 잘 활용한다면 다 맞힐 수 있도록 논리적으로 그리고 근거 중심으로 출제됩니다. 주어진 정보를 활용해 객관적 관점에서 해석할 수 있는 역량을 기른다면 어떤 문제가 출제되더라도 주변 정보와 출제 의도를 읽고 이를 활용해 충분히 해결할 수 있습니다.

알수록 의심하고 경계하라

길고 복잡해진 선지를 대하는 자세

    2023년 6월 이전, 독서는 지문이 어렵고 선지가 쉬웠습니다. 문학은 지문이 쉽고 선지가 까다로운 편이었고요. 그런데 킬러 문제를 없애라는 대통령 지시 이후 평가원의 출제 방향이 바뀌었습니다. 독서는 지문이 쉽고 선지가 어려워졌으며 문학은 지문도 어렵고 선지도 어려워졌죠. 선지에 많은 조건이 붙어 답을 찾기가 쉽지 않았는데 이는 문제를 해결하는 데 더 세밀한 주의와 분석이 필요하다는 뜻입니다.
    3장 〈1등급의 공부 습관〉에서 국어 영역의 3요소를 설명하며 짚어

드린바, 수능은 선지 하나에 정오를 판단해야 할 정보가 최소 2~3개 들어 있는 시험입니다. 한 문제에 선지 5개가 주어지니 한 문제를 맞히려면 못해도 12가지 정도 정보를 확인해야 하는 겁니다. 아이들은 이런 정오 판단을 80분 동안 한 치의 실수도 없이 225번 반복해야 합니다. 최근 기출에서 길이가 긴 선지를 아래에 예시로 뽑아봤는데요, 딱 봐도 숨이 턱 막히지 않나요?

[25학년도 6모 7번 문제]
② X사는 현재 경영진이 고정되는 구조로 바뀌었지만 주주가 실적에 대한 이익 분배를 결정할 수 있기 때문에 수직적 경영의 부작용은 나타나지 않는다.

[25학년도 9모 34번 문제]
③ '심의산'이 화자의 심회이고 '오뉴월'의 '자취눈'이 화자의 복잡한 심정을 비유한 표현이라면, (나)의 초장과 중장에서는 당쟁의 상황에서 굳은 마음을 견지하려는 화자의 의지를 드러내는 것이겠군.

[25학년도 수능 8번 문제]
② (가)에서 개화당의 한 인사의 개화 개념에 내포된 개화의 지향점은 통치 방식의 변화와 관련 있다는 점에서, <보기>에서 정부가 서양의 생산 기술을 도입하며 내세운 목표와 다르겠군.

이런 선지를 하나하나 세심하게 나눠 분석하지 않고서 어떻게 문제를 풀 수 있겠습니까? 다시 강조하지만 수능 국어에서 선지 끊어 읽기는 필수입니다. 복잡한 선지를 하나의 덩어리로만 인식한 채 지문에서 본 듯한 파편화된 기억에 의존하며 읽으면 정보에 빈틈이 생길 수밖에 없습니다. 선지를 끊어 읽지 않고 대충 감으로 답을 찍는 습관은 가장 최악의 공부 태도입니다.

> ③ '심의산'이 화자의 심회이고 / '오뉴월'의 '자취눈'이 화자의 복잡한 심정을 비유한 표현이라면, / (나)의 초장과 중장에서는 / 당쟁의 상황에서 굳은 마음을 견지하려는 / 화자의 의지를 드러내는 것이겠군.

제가 선지 끊어 읽기를 죽어라 강조할 때 몇몇 아이는 꼭 이렇게 되묻습니다.

"제가 아는 전교 1등은 안 끊어 읽는데요."

실제로 최상위권 친구는 일일이 표시하지 않고도 정답을 잘 찾습니다. 왜일까요? 끊어 읽기에 도가 터서 눈으로만 봐도 알아서 탁탁 끊기기 때문입니다. 이런 경지에 오르려면 국어 공부를 하는 내내 어떤 선지도 허투루 넘기지 않고 일일이 다 끊어 읽는 훈련을 반복해야 합니다. 그래야 긴장감이 정신을 옥죄는 수능 날에도 나도 모르게 선지가 저절로 끊기면서 정답이 눈에 들어올 겁니다.

정답보다 더 매력적인 오답 피하기

그다음으로 수능은 늘 선지에 함정이 있음을 경계하고 의심해야 하는 시험입니다. 2024학년도 수능 오답률 통계(언매 기준)를 한번 살펴봅시다. 오답률 2위인 30번 문제에서 정답인 ①번 선지를 선택한 비율은 30퍼센트였습니다. 그런데 오답 중 ④번 선지를 선택한 비율은 26.2퍼센트, ③번 선지는 20퍼센트나 됐죠. 오답률이 정답률과 굉장히 근접한 겁니다. 이런 출제 경향은 '변별'을 위한 어쩔 수 없는 결과입니다.

오답률 1위인 10번 문제도 볼게요. ⑤번 선지를 선택해 정답을 맞힌 비율은 28.4퍼센트였던 반면 ④번 선지를 선택한 비율은 무려 35.2퍼센트였습니다. 한번 따라 읽어보실래요? 정답보다 더 정답 같은 오답.

[2024학년도 수능 오답률 통계]

오답률 순위	문항 번호	정답 번호	선지별 선택 비율(%)				
			①	②	③	④	⑤
1	10	⑤	8.4	13.3	14.6	35.2	28.4
2	30	①	30.1	15.1	20.0	26.2	8.6
3	15	④	11.4	25.8	13.2	30.3	19.3
4	37	①	34.5	11.3	24.1	16.1	13.9
5	16	⑤	8.2	11.3	21.8	22.4	36.3

네, 맞습니다. 정답보다 더 매력적인 오답이 있었던 겁니다. 출제자가 일부러 함정을 파놓았을까요, 아니면 정말 우연하게도 수험생의 찍기 운이 몰렸을까요? 당연히 출제자가 애초부터 두 선지가 헷갈리도록 설계했겠죠. 이것이 수능 시험의 본질입니다.

그럼 이번에는 오답률이 가장 높은 10번 문제를 통해 오답 함정이 어떻게 설계되는지도 함께 살펴볼까요?

---

10. ⓒ과 관련하여 윗글의 A 기법과 <보기>의 B 기법을 설명한 내용으로 가장 적절한 것은? [3점]

④ A 기법은 이상치의 개수가 문턱값보다 적으면 후보 직선을 버리지만 B 기법은 선택한 직선이 이상치를 포함할 수 있다.

⑤ A 기법에서 후부 직선이 정상치 집합에는 이상치가 포함될 수 있고 B 기법에서 후보 직선은 이상치를 지닐 수 있다.

처음 풀 때 ①, ②, ③번 선지는 확실히 제쳐뒀고 다시 돌아와 ④번과 ⑤번 선지에서 B 기법에 대한 설명은 맞다는 것까지도 알았다고 해봅시다. 그래도 정답이 보이지 않으면 식은땀을 한 번 닦고는 A 기법을 설명한 문단으로 돌아갑니다.

평면상에 있는 점들의 위치를 나타내는 데이터에서도 이상치를 발견할 수 있다. 대부분의 점들이 가상의 직선 주위에 모여 있

> 다면 이 직선은 데이터의 특징을 잘 나타낸다고 할 수 있다. 이 직선을 직선 L이라고 하자. 그런데 직선 L로부터 멀리 떨어진 위치에도 몇 개의 점이 있다. 이 점들이 이상치이다.
> ⓛ 이상치를 포함하는 데이터에서 직선 L을 찾는다고 하자. 이때 사용할 수 있는 기법의 하나인 A 기법은 두 점을 무작위로 골라 정상치 집합으로 가정하고, 이 두 점을 지나는 후보 직선을 그어 나머지 점들과 후보 직선 사이의 거리를 구한다. 이 거리가 허용 범위 이내인 점들을 정상치 집합에 추가한다. 정상치 집합의 점의 개수가 미리 정해 둔 기준, 즉 문턱값보다 많으면 후보 직선을 최종 후보군에 넣는다. 반대로 점의 개수가 문턱값보다 적으면 후보 직선을 버린다. (…)

출처: 2024학년도 대학수학능력시험

학생은 ④번 선지에 나온 어려운 단어 '문턱값'이 어디에 있었는지 찾아봅니다. 그리고 나서 그 주변 문장을 하나씩 훑어보다가 '…의 개수가 문턱값보다 적으면 후보 직선을 버린다'는, ④번 선지 표현과 아주 똑같이 생긴 구절을 발견해 냅니다. '내가 이걸 왜 못 봤지' 하며 보물을 찾은 듯한 기쁨으로 ④번 선지를 찍고 넘어갑니다. 틀린지도 모른 채 말입니다. 표면적으로 굉장히 유사해 보이는 표현이 이 문제의 함정인데 명확한 판단 근거 없이 지문과 선지 사이에서 단어 짝짓기를 하니까 매력적인 오답에 퐁당 빠지는 겁니다.

발문이 가리키고 있는 ⓛ에서 가장 중요한 키워드는 '이상치'입니다.

그리고 해당 문단에서 이상치의 '이항 대립어'를 찾을 수 있죠. 맞습니다, '정상치'입니다. (이항 대립어에 관한 설명은 6장 306쪽 '독서 영역 출제 원리'를 참고해 보세요.) ⓒ이 속한 문단에서는 이상치와 정상치 개념의 구분이 중요할 테고 따라서 선지에 이상치가 나오면 정상치라고 써야 할 자리에 잘못 넣은 건 아닌지 의심하면서 풀어야 합니다. ④번 선지는 '이상치' 개수가 아니라 '정상치 집합의 점' 개수여야 맞는 선지였습니다.

제가 이 책의 모든 부분에서 기본에 충실한 태도를 강조하는 이유가 여기 있습니다. 항상 선지를 끊어 읽는 태도, 문단별 핵심 키워드와 주제에 입각해 판단하는 태도를 평소에 기르지 않으면 방금 본 것처럼 수능 날 출제자가 정성스레 마련해놓은 함정에 걸려들어 아까운 점수를 잃고 맙니다.

수능 공부에 왕도가 있을까요? 제 강의든 일타강사 강의든 한 번만 딱 들으면 바로 성적이 오르나요? 학생들에게 "왜 선지를 안 끊어 읽었니?"라고 물어보면 "선지를 끊어 읽으면 시간이 더 오래 걸리는 것 같아요"라고 대답합니다. 네, 맞습니다. 사실 조금 더 걸려요. 그리고 더 귀찮기도 하죠. 그런데 앞에서도 말했듯이 선지 끊어 읽기가 충분히 훈련되면 나중에는 의도적으로 안 끊어 읽어도 훨씬 더 빨리 신속, 정확하게 판단할 수 있습니다.

하지만 수능의 성격을 제대로 분석해 공부하고 있는 학생은 많지 않습니다. 만약 이 시험을 제대로 활용한다면 다른 친구에 비해 더 좋은 결과를 더 적은 노력으로 얻을 수 있습니다. 내가 공부를 적대적으로 대하면 성적도 나를 적대적으로 대합니다. 그러니 지금 하고 있는 공부가 내 인생에 큰 도움이 될 것이라는 긍정적 믿음을 갖고 공부에 임하면 좋겠습니다. 지금까지 말한 수능의 가치와 본질을 깨닫고 학습에 임하면 더는 공부를 부정적 감정으로 대하지 않을 수 있을 겁니다. 하루하루 한 지문 한 지문이 얼마나 소중한지 스스로 느낄 테니까요.

나만 알고 싶은
1등급의 모의고사 활용법

 앞서 말씀드렸듯이 수능(과 평가원 모의고사)은 국가적 자원이 투입돼 만들어지는 체계적이고 정교한 시험입니다. 교육청 모의고사, 학교 내신보다 훨씬 더 완성도가 높습니다. 일치·불일치 문제를 넘어 추론적 사고로 변별력을 갖춘 시험이기에 실전 역량을 기르지 않으면 유입된 N수생을 결코 상대할 수 없습니다.

 많은 학생이 실전 훈련의 중요성을 간과한 채 모의고사 결과의 동그라미 개수에 일희일비합니다. 그런데 1등급 실력의 학생이라도 막무가내로 문제를 풀면 수능 날 5등급이 나오고 반대로 고3 때 3, 4등급이던 학생도 실전 훈련을 착실히 하면 수능 날 1등급을 받습니다.

모의고사는 점수가 중요하지 않습니다. 그보다 모의고사를 '실험의 장場'으로 받아들이는 태도가 중요합니다. 모의고사를 내 객관적 위치를 파악하고 문제 풀이 방법론을 점검하는 기회로 삼는 겁니다. 내가 어떻게 행동했을 때 가장 좋은 결과물이 나오는지 실전 훈련을 통해 나만의 신뢰할 만한 표본을 만들어놓고 수능 날 실제로 구현해야 합니다.

3모, 6모, 9모, 사설 모의고사 등 모든 모의고사는 그저 실험일 뿐입니다. 오직 수능만 실전입니다. 이렇게 모의고사를 실험의 장으로 바라보면서 준비하면 학생의 부담감은 확 줄어듭니다. 실험의 장에서는 실패를 두려워할 필요 없이 다양한 방법으로 맘껏 시도해봐도 괜찮으니까요. 또 실험의 장에서는 실패도 경험의 일부고 그 경험을 통해 성장할 수 있으니 자신감도 끌어올릴 수 있습니다. 그러니 모의고사는 실험으로서의 목적이 분명한 시험임을 꼭 마음에 새겨두세요.

이런 목적 아래 저는 앞서 국어 영역의 3요소로 언급한 '지문', '선지', '시간'에 '고난도'와 '집중력' 측면을 더해 총 5가지 요소를 충실하게 익히는 실전 훈련을 가르칩니다. 실전 '훈련'이라는 표현 그대로 모의고사 또한 훈련 영역이라 처음엔 낯설고 어렵다가도 회차를 반복해 나갈수록 점점 익숙해지고 쉬워집니다. 이때 중심에 둬야 할 요소가 뭐냐면, 바로 시간입니다.

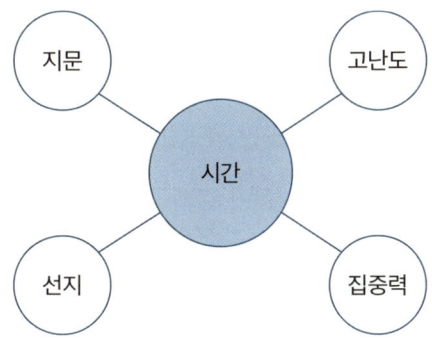

시간 관리: 실전 훈련의 중심축

모의고사, 나아가 수능은 '타임어택' 시험임을 반드시 명심해야 합니다. 극도의 긴장감 속에서도 무조건 80분 안에 끝장을 봐야 하죠. 내가 아무리 좋은 수업을 열심히 듣고 방법론도 잘 익히고 체화까지 끝냈다 치더라도 '시간'이라는 실전 요소를 딱 집어넣는 순간 공부는 다시 원점으로 돌아갑니다.

모의고사 실전 훈련에는 철저한, 정말로 철저한 시간 관리가 요구됩니다. 그저 풀 줄 아는 건 이때부터 전혀 의미가 없습니다. 실전 훈련을 충실히 한 뒤에 받는 등급이 진짜 내 등급입니다. 그러니 문제 풀이 방법론을 체화한 후에는 시간제한을 명확히 인지하면서 문제 푸는 훈련을 해야 합니다.

그런데 학생들은 실전에 대한 마음가짐이 제대로 준비되지 않은 채 모의고사에 임하는 경우가 많습니다. 일단 자리에 앉아 타이머를 켜고 문제를 풀기 시작합니다. 그러다 갑자기 배가 아파온다고 합시다. 어떻게 행동할 것 같나요? 타이머를 멈추고 화장실에 갔다 와서 다시 이어갑니다. 엄마한테 갑자기 전화가 걸려옵니다. 이때도 대다수 학생이 타이머를 멈추고 엄마 전화를 받고 나서 아무 일 없다는 듯 다시 시작 버튼을 누릅니다.

시간만 재면 다 실전인 줄 아는데 천만의 말씀입니다. 화장실이 급해도 안 되고 휴대폰이 옆에 있어도 안 됩니다. 참는 것도 안 되죠. 애초부터 이런 상황이 발생하지 않도록 주변 환경을 세팅해놓고 시작해야 하는걸요. 혼자서 완전히 시험에 몰입해 문제를 풀 수 있는 환경을 만들어놓는 것부터가 진정한 실전 훈련입니다.

이렇게 적절한 환경에서 모의고사를 80분 동안 치른 뒤에는 시간을 중심축으로 내 문제점을 파악하고 이를 해결할 방안을 모색합니다. (4장 211쪽 〈자기객관화 데이터 쌓는 법〉과 연결해 읽어보면 좋습니다.) 시간이 부족한 유형에는 크게 3가지가 있습니다. 각 유형마다 시간 부족 현상의 원인이 다르기 때문에 해결책도 그에 맞춰 다르게 접근해야 합니다.

첫째, 지문 독해 자체가 너무 느린 경우입니다. 주어, 서술어를 중심으로 문장을 단순화하지 못하거나 어휘력이 떨어지거나 문단별 주제를 제대로 요약하지 못하는 등 글을 읽는 힘 자체가 부족한 거죠. 한마디로 지문 독해에 약점이 있는 경우입니다.

둘째, 지문 독해 속도에는 문제가 없는데 문제를 풀 때마다 시간이 조금씩 늦어지는 경우입니다. 선지 끊어 읽기를 대충 하고 있거나 ⑤번 선지까지 다 확인하지 않는 버릇이 있거나 문학 개념어를 잘 모르는 등 선지를 분석하는 힘이 부족한 겁니다. 다시 말해 선지 독해에 약점이 있는 경우입니다.

문제점을 발견하고 원인을 찾은 다음에는 그 원인을 극복하기 위한 구체적인 행동 원칙을 만들어야 합니다. 예컨대 지문 쪽에서는 '한 문단이 끝나면 잠시 멈추고 주제를 떠올리자', 선지 쪽에서는 '정답을 골랐다 하더라도 ⑤번 선지까지 빠뜨리지 말고 읽자' 같은 식이죠. 그리고 이런 행동 원칙을 만들었다면 당장 다음 시험부터 바로바로 지키려는 태도를 갖춰야겠죠.

마지막 셋째, 평소에 미련이 많아 헷갈리거나 어려운 문제에 발목이 잡혀 못 넘어가는 경우입니다. 앞서 지문, 선지에서 논한 문제와는 차원이 다른 문제입니다. 이때는 내가 시간을 얼마나 불필요하게 소모하는지 스스로 깨닫고 고난도 문제를 뒤로 미뤄둘 수 있는 또 다른 실전 역량을 길러야 합니다.

고난도 관리: 메타인지 훈련

수능이라는 실전에서 가장 큰 효과를 발휘하는 태도가 뭐냐면, 누가 봐도 까다롭고 시간이 오래 걸리는 고난도 문제를 맨 뒤로 버리는 태도입니다. 절대 어려운 문제를 먼저 풀면 안 돼요. 틀리기 쉽거나 시간이 오래 걸릴 법한 문제는 과감히 나중으로 미뤄두고 내가 적정 시간에 맞힐 만한 문제부터 먼저 풀어나가야 합니다. 이렇게만 해도 수능 망했단 소리는 안 듣습니다.

그런 시간 절약의 증표가 바로 '별표'입니다. 고난도 문제에 별표를 치고 넘어가면 그 문제에 불필요한 시간을 투자하지 않았다는 뜻이 되거든요. 이렇게 하면 시간이 남습니다. 단, 현재 실력에 맞는 적정한 개수의 별표가 시험지에 남아 있도록 연습해야 합니다. 시간 관리와 고난도 문제 관리에 익숙하지 않은 학생 대부분은 미련이 많은 탓에 별표 개수가 터무니없이 적습니다. 가령 별표를 3개 쳤다는 건 목표 점수가 최소 92점 이상이라는 뜻인데 본인 실력이 어렵고 헷갈리는 문제가 기껏해야 3개밖에 없을 만큼의 수준인지는 객관적으로 따져보면 답이 나옵니다.

지금까지 별표를 적게 쳐온 학생은 별표 개수를 무조건 늘리겠다는 새로운 행동 원칙을 세워야 합니다. 4개 친 학생은 7개, 6개 친 학생은 10개, 이렇게 자신의 현 상황에 맞게 늘려나가는 겁니다. 이후 그 행동 원칙을 꼭 지키려고 노력하는 모습을 스스로에게 보일 줄 알아야 해요. '별표 늘리자, 별표 늘리자' 마음속으로 계속 되새기고 행동으로 드러나게 해야지, 지난번을 반성하고서도 달라지는 행동 원칙 없이 그저 모의고사 횟수만 채우는 공부를 하면 아무 발전도 없습니다.

고난도 문제를 별표 치고 넘기는 또 다른 이유는 제한된 시간 내에 최소 2차, 3차 풀이까지 가기 위해서입니다. 이제 1차 풀이에 그치는 방식은 끝내야 합니다. 시간이 부족해 한 지문 통째로 못 푸는 경우가 가장 최악입니다. 고난도가 아닌 충분히 맞힐 수 있는 문제까지 못 풀었다는 뜻이니까요. 내 실력도 제대로 발휘하지 못한 채 탈락하는 셈입니다. 피겨스케이팅 선수가 앞선 연기에 열중하느라 마지막 30초 동안 연기를 하지 못하면 부분 점수도 못 받습니다. 넘어져서 감점받는 한이 있더라도 전체 프로그램을 끝까지 마쳐야죠.

1번부터 45번까지 풀었더니 80분이 다 지나서 허겁지겁 OMR 카드를 제출했다면 다음 목표가 뭐여야 할까요? 별표로 시간을 확보해 2차 풀이로 나아가는 연습을 해야겠죠. 처음부터 끝까지 다 풀되 의식적으로 별표를 쳐 시간을 10분 남기는 경험을 쌓으려고 스스로 노력해야 합니다. 이것이 변화된 내 모습입니다.

1차 풀이를 끝내고 별표 친 문제로 돌아왔습니다. 그런데 돌아오기 전과 똑같은 방식으로 문제에 접근하면 어떻게 될까요? 4장에서 말했듯이 '확증 편향'이 발동돼 내가 믿는 바를 믿게 됩니다. 별표 치고 넘어가기 전, 이 학생은 어렴풋하게나마 특정 선지를 정답으로 찍어놓았을 겁니다. 그래야 마음이 덜 불안하니까요. 그리고 다시 돌아왔을 때는 결국 무의식적으로 정해둔 바로 그 선지로 손이 갈 수밖에 없습니다. 명확한 판단 근거가 없는 선택이었으니 당연히 실수하고 틀릴 가능성도 높겠죠.

내가 어떤 근거로 문제를 풀어야 하는지는 문제 안에 이미 다 들어 있습니다. 1차 풀이 때 찾지 못했을 뿐입니다. 머리를 좀 환기하고서 다른 눈으로 아까 보지 못한 부분을 찾고자 별표를 치는 겁니다. 별표를 쳤다는 건 제한된 정보를 갖고 정답법으로 접근하겠다는 뜻입니다. 정보가 많으면 많을수록 선택은 어렵습니다. 정보를 줄이는 작업이 별표의 본질입니다.

따라서 별표 친 문제로 돌아왔을 때는 가장 먼저 발문부터(<보기>가 있다면 <보기>도) 다시 독해해야 합니다. 발문과 <보기>에는 해당 문제를 푸는 방향성에 대한 출제자의 지시 사항, 즉 정확한 출제 의도가 드러나 있기 때문이죠. 이어서 선지에서는 주제 적합도가 얼마나 되는지 평가해야 합니다. 앞서 말했듯 출제자도 결코 건드릴 수 없는 절대적 기준이 바로 주제니까요. 가장 적절한 문제는 주제와 가장 밀접한 선지를, 가장 적절하지 않은 문제는 그 반대를 선택하면 됩니다. (주제를 찾는 태도의 중요성을 다룬 3장 152쪽을 함께 읽어보세요.)

요컨대 고난도 관리는 2가지로 요약됩니다. 첫째, 별표 치고 둘째, 별표 풀어내고. 1차 풀이 후 남은 시간에 별표 친 문제로 돌아와 2차 풀이, 또 남은 시간에 별표 쳤으나 아직 못 푼 문제 3차 풀이⋯. 이렇게 계속 거름망에 걸러내는 방식으로 얻은 점수야말로 아주 곱디고운, 내 실력이 제대로 발휘된 진짜 점수입니다.

집중력 관리: 80분 몰입의 힘

학생들이 학원에서 혹은 집에서 혼자 국어 문제를 풀 때 10분 정도를 한 호흡으로 집중하는 데는 나름 익숙합니다. 그러나 수능 당일에는 그 이상의 완전 초몰입 상태를 80분 동안 유지해야 해요. 10분 정도 유지하는 데 그치던 집중력을 최상으로 끌어올려 쉴 틈 없이 여덟아홉 번을 반복해야 하는데 과연 그 힘이 모의고사 몇 번 본다고 길러질 수 있을까요? 집중력은 사람의 근육처럼 부단히 훈련하고 노력하지 않으면 절대 길러지지 않습니다.

그러니 모의고사를 풀 때 전반적인 집중력과 에너지를 효과적으로 분배하는 연습을 해야 합니다. 최대한 가볍게 문제를 풀어야 해요. 샤워하고 나면 기분이 굉장히 산뜻하죠? 그런 뽀송뽀송한 느낌으로 다음 문제, 다음 지문으로 넘어가야 합니다. 정답을 선택하는 과정이 지저분하고 너저분하면 안 됩니다.

고난도 문제를 뒤로 보내는 이유는 집중력 관리를 위해서이기도 합니다. 후반부에 어려운 문제를 푸는 데 에너지를 쏟으려면 나머지 문제에서 정신력을 최소한으로 사용해야겠죠. 즉, 에너지 고갈을 최소화하려고 별표를 치는 겁니다. <보기> 문제 같은 경우 가벼운 마음으로 한 번 시도합니다. 안 풀린다? 쿨하게 별표 딱 던집니다. 이런 식으로 시험지 한 바퀴 돌고 나니 남은 시간 20분. 별표 친 문제 10개. 하나당 2분. 오케이, 새롭게 다시 시작! 마음이 아주 산뜻하고 가볍잖아요.

문제 풀이 전략을 세우는 이유도 마찬가지로 집중력을 안배하기 위해서입니다. 예를 들어 독서의 (가), (나) 통합 지문을 푼다고 해봅시다. 밑줄 열심히 그어가며 (가)를 읽고 이어 (나)도 머리를 쥐어짜며 끝까지 읽습니다. 그러고 나면 이제 여섯 문제를 연달아 풀어야 합니다. 더군다나 여섯 문제를 다 합친 분량은 (가)와 (나) 지문을 합친 만큼입니다. 중압감이 어마어마하게 밀려옵니다. 산 넘고 물 건너 겨우겨우 다 풀었더니 다음으로 통합 지문 길이만큼 긴 고전소설이 시작되네요. 쌓여만 가는 부담감에 집중력은 자꾸만 흐려지고 말겠죠.

풀이 순서를 약간만 바꿔도 세상은 달라집니다. (가)를 읽고 나서 (가)와 관련된 문제만 먼저 푼다면 어떨까요? 또 (나)를 읽고서 (나)와 관련한 문제 먼저 푼다면요? 통합 지문에 딸린 문제는 (가)와 (나) 각각을 묻는 문제와 함께 묻는 문제가 출제되니까요. 그럼 이제 남은 건 두세 문제뿐입니다. 이것만 풀면 그 길디긴 통합 지문이 벌써 끝납니다. 잘 안 풀리는 문제가 있다면 별표 치고 넘어가면 되고요. 냅다 풀었을 때와는 체감이 완전히 다릅니다. 마음의 부담이 덜하니 집중력을 쉽게 잃을 일도 없습니다.

이렇듯 모의고사 실전 훈련을 할 때는 에너지를 최대한 아껴가면서 효율적으로 풀려는 태도가 굉장히 중요합니다. 육상 선수로 치면 장거리달리기 선수처럼 뛰어야 합니다. 단거리 스프린터가 아니에요. 내 모든 걸 불태워 뛰겠다는 단순한 투지만으로는 결승선까지 집중력을 유지할 수 없습니다. 나아가 국어 영역이 10킬로미터 달리기라면 수능은 마라톤입니다. 국어 끝났다고 끝나는 게 아니잖아요. 곧바로 수학 영역 풀어야죠. 국어는 1등급인데 수학이 5등급 나오면 최저도 못 맞추는걸요.

정리하자면 시간을 중심으로 총 5가지 요소를 점검하면서 내 행동을 고쳐나가는 것이 수능을 위한 모의고사 훈련의 핵심입니다. 내가 어떤 행동을 다음에 해야 할지 혹은 하지 말아야 할지까지 모의고사를 푼 오늘 당장 고민하고 정해야 합니다. 그리고 내일부터 당장 실행에 옮겨야 합니다.

이런 원칙과 목표를 매번 만들고 지키고 무너뜨리고 쌓는 과정을 반복하면 드디어 시험에 적합한 사람이 됩니다. 즐기는 데 목적을 두는 아마추어 선수가 있고 최선의 결과를 달성하기 위해 끊임없이 단련하는 프로 선수가 있습니다. 우리는 아마추어 같은 학생1에서 벗어나 내 이름을 건 입시 공부의 프로가 돼야 합니다.

그러므로 중요한 건 나 스스로 변화하는 모습입니다. 그저 머릿속 생각만으로 그치면, 실제 행동으로 이어지지 않으면 아무 소용 없습니다. 하루하루 달라지는 내 모습을 목격하는 공부를 해야 합니다. 눈에 보이는 공부를 해야 해요. 일신우일신日新又日新. 하루 또 하루 새로워진다는 뜻입니다. 수능이라는 일생일대의 대회를 준비하는 프로의 자세로 오늘과 내일을 성실하게 살아가 봅시다!

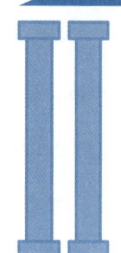 

나만 알고 싶은
1등급의 기출 문제 회독법

　보통 고1에서 고2 넘어갈 때 또는 고2에서 고3 넘어갈 때 가장 많이 하는 공부가 뭘까요? 바로 기출 문제 풀이입니다. 대학 합격 후기엔 언제나 '기출 문제를 분석하라'는 말이 빠지지 않고 등장하죠. 상식적으로도 기출 문제 분석은 출제 경향을 예상할 수 있으니 너무나 중요해 보입니다. 그래서 부모가 아이에게 가장 먼저 시켜보는 것도 이겁니다.

　"올해 수능 한번 풀어봐. 몇 점 나오나 보자."

　입시 현장과 밀착된 아이 입장에서는 기출 문제를 대할 때 본능적으로 점수가 궁금할 수밖에 없다 쳐도 아이보다 더 넓은 시야로 상황을 바라봐줘야 할 부모님마저 대부분 점수에 초점을 맞춥니다.

부모님과 상담할 때마다 듣게 되는 아래의 단골 멘트만 봐도 알 수 있습니다.

"현재 예비 고3인데요. 이번 수능 풀어보니 ○○점에 ○등급 컷 들어갔거든요. 우리 아이 고3 때 어떻게 공부하면 될까요?"

그런데 그 수능은 그때 대학을 가는 아이들의 시험이지, 내 아이의 시험이 아닙니다. 우리 시험이 아님에도 너무 냉정하지 못해요.

우리 목적은 이미 지나간 기출 문제를 만점 받는 게 아닙니다. 즉, 기출 분석의 목적은 답을 맞히는 게 아닙니다. 시험 난도와 출제 경향을 넘어 지문의 논리는 어떻게 조직돼 있고 문제의 출제 의도는 무엇이며 선지는 어떻게 구성돼 있는지 등 시험지에 담긴 모든 텍스트의 본질적 의미를 궁구하는 것이 기출 분석의 목적입니다. 특히 가장 최근의 6모, 9모, 수능은 씹어 먹고 있어야 해요. 수능을 보려는 프로 선수라면 갖춰야 할 기본 덕목입니다.

그런데 대부분 그 정도로 심도 있게 기출을 들여다보진 않습니다. 사골 국물 우리듯 정수를 제대로 뽑아내야 하는데 이 중대한 콘텐츠를 너무 허무하게 소비하고 있어요. 모두에게 익숙한 방식인 기출 문제 풀고 해설 보는 행위로는 몇 번, 몇 권을 반복한다 해도 내공이 쌓이지 않습니다. 오히려 지문과 답에 익숙해져 뭔가 공부가 되고 있다는 성적 착각, 기출 함정에 빠질 뿐입니다.

그 가치가 족히 수십억 원에 달하는 평가원 기출 문제는 한 번 풀고 쓱 넘길 문제가 절대 아닙니다. 기출을 제대로 분석하려면 최소 5회독은 해야 합니다. 문제 풀이와 해설지 사이 거리가 최대로 멀어지는 전략적 5회독으로 철저하게 분석해야 해요.

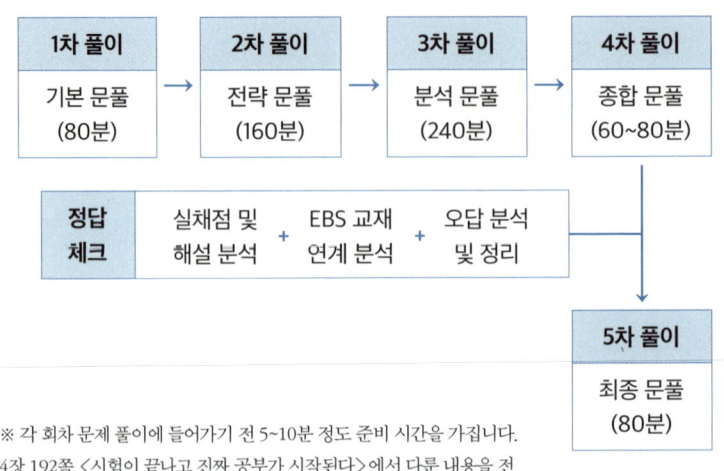

※ 각 회차 문제 풀이에 들어가기 전 5~10분 정도 준비 시간을 가집니다. 4장 192쪽 〈시험이 끝나고 진짜 공부가 시작된다〉에서 다룬 내용을 전반적으로 참고하길 바랍니다.

1회차 기본 문풀(80분)

본래 제한 시간인 80분 동안 푼다고 생각하되 90분이 넘어도 괜찮습니다. 80분 안에 끝내는 게 1차 풀이의 목적이 아니에요. 1차 풀이의 가장 큰 목적은 '객관적 자아를 활용한 문제 풀이'입니다. 그 준비물로 반대쪽 손에 형광펜을 하나 들어주세요.

먼저 문제를 풀어나갑니다. 밑줄도 긋고 빗금도 치면서 열심히 읽고 정답을 고릅니다. 4장 197쪽에서 말했듯이 이 과정은 주관적 자아의 영역이죠. 열심히 지문을 읽고 문제를 풀다 보면 내가 모르는 단어, 제대로 설명할 수 없는 개념, 무슨 말인지 도저히 이해가 안 되는 표현이나 문장이 나오기 마련입니다. 그러면 그때그때 형광펜으로 표시합니다. 독서 지문에 '패권'이라는 단어가 나왔는데 뜻을 모르겠다면, 문학 선지에 '유사한 통사 구조의 반복'이라는 표현이 나왔는데 무슨 말인지 모르겠다면 문제를 푸는 동시에 형광펜으로 칠해두는 거예요. 1차 풀이 때는 이렇게 표시만 해놓습니다. 이 표시는 3차 풀이 때 본격적으로 활용하게 됩니다. 더불어 각 지문을 푸는 데 걸린 시간도 기록해 둡니다. 뒤이은 풀이들과 비교하기 위해 이때부터 시간 데이터를 만들어놓는 거죠.

끝까지 다 풀었다면 이제 정답표로 답을 맞추…면 절대 안 된다는 거 알죠? 정답을 확인하고 싶어 몸이 배배 꼬여도 꾹 참아야 합니다. 제대로 공부하기도 전에 정답을 알면 그 이후로는 모든 게 다 시시해지고 지루해지거든요. 머릿속에 담기지 못하고 줄줄 새어나갑니다. 그래서 실채점이 아니라 스스로 '가채점'을 합니다.

이 문제는 근거를 확실히 찾았기 때문에 맞혔다, 이 문제는 맞힌 것 같긴 한데 정확한 근거를 모르겠다, 이 문제는 두 선지 중에서 헷갈렸는데 지금 다시 보니 바꾼 답이 틀린 것 같다 등 한 문제 한 문제 정성껏 되돌아보는 시간을 가집니다. 해설지는 거들떠보지도 않습니다. 바둑에서 대국이 끝나고 난 뒤 바둑알을 한 알씩 빼며 복기하듯이 오로지 나만의 힘으로 내 문제 풀이를 점검하는 게 중요합니다.

2회차 전략 문풀(160분)

    1차 풀이를 끝내고 곧장 2차 풀이로 넘어가는 건 아닙니다. 월요일에 1차로 풀었으면 화요일 하루 쉬고 수요일에 2차 풀이에 들어가면 됩니다. 2차 풀이의 주요 목적은 1차 풀이 때보다 조금 더 효율적으로 풀 수 있는 전략, 조금 더 정답률을 높일 수 있는 방법론을 모색하고 적용해보는 겁니다.

    그래서 2차 풀이는 시간을 재지 말고 1차 때보다 훨씬 더 천천히, 한 문제당 시간을 두 배는 더 쓰겠다는 마음으로 문제를 풀어야 합니다. 더 정확하게 읽으려고, 더 명확하게 풀려고 노력해야 해요. 보통 학생들은 2차 풀이에 들어가면 60분, 50분 만에 풀어버리려고 합니다. 그저께 한 번 봤다고 얼추 기억이 나니까 빨리빨리 정답을 찾으려고만 하는 거죠. 그런 본능을 억누르고 1차 풀이 때보다 더 천천히, 마치 처음 보는 것인 양 더 꼼꼼하게 풀려는 태도를 견지하는 게 중요합니다.

    지문에 쓰인 접속사 하나, ㉠과 ㉡ 또는 굵은 글씨 하나하나, 선지에 쓰인 표현 한 줄 한 줄 꼼꼼히 출제 의도를 따져봅니다. '두 입장이 등장하는 걸 보니 문제에서 차이점을 묻겠네', '〈보기〉에서 서술 시점을 설명하고 있으니 시점이 바뀌는 부분이 나오겠구나', '출제자가 이 선지에 함정을 심어둔 것 같은데?' 이런 생각을 시험지에 다 적어보는 것도 좋은 방법입니다. 뿐만 아니라 여전히 모르는 용어와 문장이 있다면 1차 때처럼 형광펜으로 표시합니다. 이 요소들을 체크하면서 푸는 게 2차 풀이입니다. 신기하게도 지난번에는 몰랐는데 이번에는 충분히 이해되는 것도 나옵니다.

다 풀었으면 1차 때와 마찬가지로 해설지는 가방 속에 고이 넣어둔 채 가채점을 합니다. 이때 놀랍게도 점수가 올라갑니다. 그사이 더 많은 배경지식을 쌓은 것도 아닌데 1차 때는 60점대에 머무르던 점수가 2차 때는 70점대로 상승합니다. 재차 읽으면서 이해력이 늘었거나 처음 봤을 땐 놓친 중요한 포인트를 찾아냈다는 뜻입니다. 주변 환경은 그대로인데 문제를 풀어나가는 나만 바뀐 거죠. 다시 말해 내 전략과 행동을 스스로 고친 결과입니다. 이것이 2차 풀이의 진정한 의미입니다.

3회차 분석 문풀(240분)

또 하루 쉬고 나서 3차 풀이에 들어가는데 이번에는 문제부터 풀지 않습니다. 3차는 문제 풀이라기보다는 본격적인 공부에 가깝습니다. 먼저 1차와 2차 풀이 때 형광펜으로 표시한 부분의 의미와 맥락을 3차에 이르러서야 비로소 넓고 깊게 탐색하는 시간을 가집니다.

예를 들어 선지의 '명시적 청자에게 말을 건네는 방식'이란 표현이 뭔지 몰랐다면 이제 인터넷으로 검색하거나 교과서 또는 지금껏 푼 문학 문제집을 책장에서 꺼내 찾아보는 겁니다. '아, 작품 속에 돈호법이 사용됐는지 묻는 표현이구나! 그런데 돈호법이 뭐였지?' 이 학생은 현재 문학 개념어에 약점이 있다는 뜻이니 돈호법뿐 아니라 해당 기출에 쓰인 다른 문학 개념어까지 살펴보면 아주 좋겠죠.

이처럼 내가 새로 외우고 배워야 할 부분을 알아내 습득하는 공부가 3차 풀이의 주된 목적입니다. 앞서 객관적 자아를 통해 찾아낸 스스로 부족한 부분을 충실하게 메꾸는 시간입니다. 그래서 공부 시간도 240분으로 넉넉히 잡았고요. 참고로 앞에서도 말했듯 한국어 어휘는 어휘집을 사서는 못 외웁니다. 지금처럼 모르는 단어가 나온 맥락이 머릿속에 생생한 시점에 바로바로 의미를 찾고 익혀야 내 것이 됩니다. (2장 93쪽 어휘 관련 내용을 다시 한 번 살펴보면 좋습니다.)

3차 풀이에서 꼭 해야 하는 또 다른 공부는 선지에 쓰인 모든 내용을 샅샅이 분석하는 것입니다. 저는 이를 '수능 언어를 습득'한다고 부릅니다. 만약 독일에 가서 독일 사람과 대화하려면 독일어를 알아야겠죠. 마찬가지로 수능 문제를 풀려면 뭘 알아야 할까요? 수능에서 사용하는 언어, 즉 수능 언어를 알아야 합니다.

그럼 수능 언어는 무엇일까요? 바로 '선지'입니다. 출제자 교수님, 평가원은 수험생에게 선지로 말을 겁니다. 그렇기 때문에 3차 풀이에서는 지문-선지 1:1 매칭 공부법이 필요합니다. 선지의 정오를 가르는 정확한 판단 근거를 지문에서 한 줄 한 줄 찾아 선으로 연결해주는 방법이죠.

'지문의 이 부분이 패러프레이즈돼 이 선지가 만들어졌구나', '이 선지 전반부는 2문단에서, 후반부는 3문단에서 복합적으로 판단해야 했구나' 파악하며 출제자의 생각을 따라가보는 겁니다. 이렇게 한 시험지의 총 225개 선지에 한 땀 한 땀 선을 잇다 보면 지문과 선지가 어떻게 상호 연결되는지 문제 구성과 스타일이 눈에 들어오기 시작합니다. 이런 분석적 사고를 3차 풀이에서 훈련합니다.

부족하던 어휘와 개념을 익히고 선지까지 꼼꼼히 분석하고 난 뒤에는 다시 80분 시간을 재고 처음부터 끝까지 문제를 풀어봅니다. 1차부터 3차까지 계속 똑같은 기출 문제를 푸는 겁니다. 3차 가채점을 해보면 점수가 또 오릅니다, 80점대 이상으로. 이제 정말로 지식이 늘었기 때문이죠. 내게 부족한 부분을 내 힘으로 배우고 채우는 작업. 3차 풀이의 진정한 의미이자 공부의 본질이기도 합니다.

4회차 종합 문풀(60~80분)

3차 풀이까지 마치면 문제 풀이의 정확도가 많이 올라갑니다. 배경지식도 충분히 쌓였고 내가 뭘 알고 모르는지 명확해졌으니까요. 또 거의 모든 문제가 머릿속에 이미 들어와 있을 겁니다. 그럼 다시 하루 쉬고 이어갈 4차에서는 문제 풀이 속도감을 익혀봅니다(정확도를 올린 후에 속도를 높이는 게 올바른 학습 순서입니다). 시간이라는 요소를 아주 타이트하게 잡고 가는 게 4차 풀이의 핵심입니다.

60분도 좋고 70분도 좋습니다. 시간을 할 수 있는 만큼 최대한 줄여본다는 마음으로 임하면 됩니다. 이렇게 짧은 시간 동안 문제를 다 푼다는 건 어떤 느낌인지 나만의 시간 감각을 체화하는 과정이 반드시 필요합니다. 70분 안에 문풀을 마치려면 이 정도 길이의 지문과 문제는 몇 분 만에 풀어야 하는지, 선택과목은 몇 분 만에 풀어야 안정적으로 시험을 운용할 수 있는지 등을 깊이 고민해보는 게 4차 풀이의 목적입니다.

한편으로는 1차, 2차, 3차에서 한 모든 시행착오를 고려하면서 4차 풀이에 도전한다고 생각해야 합니다. 가령 1차 풀이 때는 정답을 ③번으로 골랐습니다. 그런데 시간 구애 없이 2차로 풀 때는 정답을 ⑤번으로 바꿨어요. 분석적 공부를 끝낸 뒤 3차 풀이에서는 정답을 ④번으로 또 바꿨고요. 이런 일련의 풀이 과정을 종합하며 가장 효율적인 풀이 방식으로 내 사고를 수정해 나갑니다. 시간이 촉박하니 그럴 수밖에 없겠죠.

이때 중요한 건 마치 처음 보는 것처럼 문제를 풀어야 한다는 점입니다. 정답을 이미 안다고 해도 이번에 문제를 풀면서 모든 문제, 모든 선지를 '재판단'해야 합니다. 사실 이렇게 노력해도 이미 이해도가 높아져 술술 풀리겠지만요. 그 뒤 가채점을 하면 점수가 90점대까지 오릅니다. 그리고 반성합니다. '내가 1차 풀이 때는 이 선지 전반부를, 2차 풀이 때는 지문 마지막 문장을 제대로 못 봤구나. 3차 풀이 때는 발문 지시 사항을 놓쳤네. 나는 왜 여길 애초에 보지 못했을까? 바로 앞 문제에서 시간을 너무 많이 잡아먹어서 그랬구나…' 느껴지나요? 이쯤 되면 누가 시키지 않아도 스스로 척척 해냅니다. 이렇게 내가 성장합니다.

5회차 정답 체크 및 최종 문풀(80분)

실채점 및 해설 분석

4차 풀이까지 끝나면 드디어 꼭꼭 숨겨둔 해설지를 꺼내 정답을 확인합니다. 그토록 궁금했던 정답을 이제 드디어 만났습니다. 그러니 이 해설지가 얼마나 반갑고 귀하겠습니까? 해설지의 모든 문장을 살펴보다 보면 '마지막에 바꾼 ④번이 정답 맞았네, 나 좀 기특한데. 이 문제는 끝까지 틀린 걸 몰랐구나, 너무 아쉽다'와 같은 마음이 들면서 지난 4차까지의 풀이 과정이 주마등처럼 스쳐 지나갑니다.

그리고 해설을 하나하나 톺아봅니다. 이때도 놀라운 일이 벌어집니다. 해설을 맹목적으로 따르는 게 아니라 주체적으로 평가하고 있는 내 모습을 발견하게 되거든요. '해설지는 이 문제를 이렇게 접근했구나. 나는 좀 다르게 접근했는데. 이 부분 해설은 너무 헐겁게 쓰여 있네. 나라면 이러이러한 설명도 덧붙여줄 거야' 하면서요. 문제 한 번 풀고 해설지로 바로 넘어가는 세간의 방식에서는 해설의 권위가 굉장히 높습니다. 그러니 문제를 푼 나라는 주체는 사라지고 그 해설을 받아들이고만 싶어집니다. 반면 4회독 문풀을 하고 나면 나만의 균형감이 생기면서 해설지와 동등한 위치에 올라서게 됩니다.

EBS 교재 연계 분석

수능 기출 분석을 한답시고 문제만 풀면 안 됩니다. 정답 확인과 해설지 분석만큼 중요한 작업이 또 있습니다. EBS 연계 교재를 분석해야 합니다. 평가원에서 EBS 교재와 연계해 출제한다고 했으니 실제로 어떻게 구현됐는지 알아야 하지 않겠습니까? EBS 교재 연계율이 최소 50퍼센트인데 당연히 빼먹어선 안 되겠죠. 당해 《수능특강》과 《수능완성》을 펴놓고 연계된 지문을 찾아(EBSi 사이트 '모의고사' 탭의 '연계내역 분석'에서 구체적인 내용을 확인할 수 있습니다) 어떻게 연계됐는지 내 눈으로 직접 확인하고 분석합니다. 어떤 제재, 어떤 작품이 연계됐고 EBS 교재에서 어떻게 변형됐는지 하나하나 매칭해보는 겁니다. 그래야 내가 수능 보는 해에 EBS 연계 교재를 공부할 때 어떤 방식으로 접근할지 스스로 방향성을 설정할 수 있습니다.

오답 분석 및 정리

4차 풀이에 다다르면 내가 완전히 몰랐던 문법 개념 같은 걸 제외하고는 오답이 딱히 나오지 않지만 그래도 틀린 문제가 분명 있을 겁니다. 지금껏 계속 틀린 문제 또는 맞혔지만 다시 한번 들여다봐야 할 문제 등 정리가 필요한 내용을 추려 최종적으로 오답노트를 만듭니다. 4개 시험지에 걸친 발자취를 한데 응축해 나만의 데이터베이스에 차곡차곡 남깁니다.

5차 최종 문풀

기출 분석의 마지막 단계입니다. 이틀 또는 사흘 뒤나 일주일 뒤, 더 길게는 한 달 뒤 제한 시간을 정확히 두고 풀어봅니다. 이로써 기나긴 기출 분석의 정점을 찍습니다.

마지막 5차 풀이 때 받는 점수는 처음 이 기출 문제를 풀었을 때는 상상도 하지 못한 점수일 겁니다. 이 점수가 진정한 내 점수이자 잠재력입니다. 원래 이렇게 해낼 수 있는 능력이 있었는데 단지 문제 풀이에 적합한 태도가 미숙해 그동안 제대로 발현하지 못했을 뿐입니다. 각자의 가능성을 믿어도 됩니다. 5차 풀이까지 인고의 시간을 견디면서 내가 충분히 할 수 있다는 사실을 내 눈으로 직접 목격했으니까요.

마침내 기출 하나를 완수했습니다. 빠르면 열흘에 기출 하나씩 끝내는 셈이고 당해 6모, 9모, 수능을 공부하는 데는 한 달 안팎이 걸릴 겁니다. 방학과 같은 학업 스케줄을 잘 활용하되 5회독 공부법으로 최소 3개년 기출은 완전하게 정복하길 권합니다.

기출을 온전히 내 것으로 만들기 위해서는 이렇게 많은 단계를 층층이 밟아와야 하는데 다 건너뛰고 문제 한 번 풀고 정답 맞추는 학생의 모습을 보면 안타깝습니다. 수십억 원의 가치를 지닌 기출이라는 열매를 시중의 다른 문제와 별반 다를 것 없는 열매로 취급하면 기출을 한 입 베어 물었을 때의 달콤함만 남을 뿐입니다. 그 달콤한 유혹에 빠지지 않고 기출이라는 열매를 공부의 땅에 잘 심어 보세요. 훗날 나무마다 열매가 풍성히 달리는 드넓은 과수원을 만들 수 있습니다. 손쉽게 열매를 따 먹으려 하지 말고 나만의 과수원을 경영하길 바랍니다.

엄쌤 상담소

고1, 2 모의고사 등급이 백분위 몇 퍼센트 정도면 고3 때 '안전빵'으로 1등급이 나올 수 있나요?

> **엄쌤의 한마디**
>
> 고1, 2 모의고사 등급은 실전이 아니라서 의미가 없습니다!

부모님들과 제가 대화를 나누는 단톡방을 한번 보겠습니다.

학부모 A   선생님! 고1, 2 백분위가 어느 정도 돼야 안심할 수 있을까요?

엄쌤   (대답하려고 준비 중)

고3 학부모 B   안심이란 없습니다. 고2 때 98, 99%를 찍었는데도 고3 때는 흔들리더라고요.

고3 학부모 C   국수 전국 백분위가 99% 정도 되면 고3 돼서 N수생이 6월, 9월에 들어와도 등급 방어 정도는 가능하다고 선배맘들이 그랬는데 이제 그 말씀들이 이해가 갑니다.

고3 부모님은 거의 입시 전문가라고 봐도 무방합니다. 아이가 고1, 2 때 설명회와 유튜브로 쌓은 정보력을 고3이 돼 실제로 경험하고 체화했기 때문입니다. 그렇다 보니 학부모 단톡방에서는 가끔 제가 하는 말보다 선배 학부모가 해주는 말이 더 믿음이 가기도 합니다. 제가 보기에도 제 말보다 더 타당하고 설득력 있거든요.

그런데 이런 주옥같은 조언도 고1, 2 부모님 귀에는 잘 들어오지 않습니다. '우리 아이는 조금 다르지 않을까?' 하는 생각이 들기 때문입니다. 이렇게 생각하면 안 된다는 걸 알면서도 내 자식이니까 자꾸 팔이 안으로 굽습니다. 그러면서 다음과 같은 질문이 후속으로 나옵니다.

"네, 말씀 감사합니다. 그래도 모의고사를 꾸준히 잘 준비한다는 가정 아래 몇 퍼센트 정도면 안전하게 1등급이 나올까요?"

이런 질문에는 선배맘이나 입시 전문가가 보기에 몇 가지 문제가 있습니다. 첫째, 모의고사 공부는 '꾸준히' 할 수 없습니다. 둘째, '잘' 준비하는 건 케바케인데 남들도 잘 준비하기 때문에 제로섬게임입니다. 셋째, 입시에서 모든 '가정'은 의미 없습니다. 내가 낳은 자식이지만 학년이 올라갈수록 어떻게 변할지 예상이 불가능해서 그렇습니다.

저학년 부모님은 가정을 많이 합니다. '…한다는 가정 아래', '…한다 치고', '…라고 할 때'처럼 불확실한 미래에 조건을 붙임으로써 그 가능성을 확인하고 싶어 하죠. 그리고 '안정, 안심, 고정'이라는 결론으로 나아가고 싶어 합니다. 안정적인 1등급. 안심할 수 있는 1등급. 고정 1등급!

그러나 고3이 치르는 평가원 모의고사와 수능은 본인의 실력을 넘어선 주관적·상대적 요인에 의해 등급이 결정됩니다. 먼저 고1, 2 모의고사 때 느낀 긴장감과 고3 실전 때 겪는 긴장감은 차원이 다릅니다. 가령 아이는 고3 6모가 가장 중요하다는 얘기를 지난 2년 반 동안 들어왔습니다. 특히 상위권일수록 수없이 들으니 6모에 대한 부담감은 여타 다른 시험에 비해 엄청 높을 수밖에 없습니다. 그렇다 보니 지금까지의 실력은 아무 소용 없어집니다. 글씨가 읽혀야 문제를 풀든 말든 할 텐데 손이 벌벌 떨리고 심장이 터질 것 같거든요.

게다가 고1, 2 모의고사 그리고 고3 3월 모의고사까지는 N수생이 단 한 명도 포함되지 않습니다. 현역끼리 붙어 백분위가 99~100퍼센트 뜬다 한들 6모부터 N수생이 들어오면 그전까지 점수는 무용지물입니다.

[수능 응시자 현황]

(단위: 명)

학년도	재학생	졸업생	검정고시 등	합계
2024	326,646 (64.7%)	159,742 (31.7%)	18,200 (3.6%)	504,588
2025	340,777 (65.2%)	161,784 (31.0%)	20,109 (3.8%)	522,670
증감	14,131	2,042	1,909	18,082

2025학년도 수능을 기준으로 전체 지원자 52만 명 중 고작 약 2만 명만 1등급을 받을 수 있었습니다. 그런데 N수생 숫자는 그 8배인 16만 명에 달합니다. 더욱이 의대 증원 소식으로 유입된 N수생은 실력 없는 허수가 아니라 작년에도 최소 의대를 노리던 상위권 재목일 겁니다.

N수생은 모의고사 실전 훈련을 수없이 반복했기 때문에 현역보다 압도적으로 유리합니다. 그러니 6모, 9모, 수능의 실전 등급을 결정하는 건 현역 본인의 실력이 아니라 N수생입니다. 저뿐만 아니라 입시 현장을 거쳐간 수많은 선배맘이 고3 이전의 모의고사 성적은 다 가짜라고 말하는 이유가 바로 이겁니다.

"도대체 어떻게 하라는 거냐! 안전한 점수는 없는 거냐!"라며 제게 호통을 치실 텐데요, 네, 맞습니다. 안정적인 점수, 안전빵 같은 건 없습니다. 부모님이 안전한 점수를 묻는 이유는 이제 그 과목 점수가 어느 정도 안정화되면 다른 공부로 넘어가기 위해서일 겁니다. 나름대로 합리적인 계획과 전략을 착착 세워보려 하시겠죠. 그러나 현역은 공부량이 적어서 시소게임을 합니다. 하나가 안심된다고 다른 과목으로 넘어가면 반드시 기존 것에서 틈이 생기기 마련입니다.

대입을 치르는 동안 한 번도 안 넘어질 순 없습니다. 얼마나 세게 넘어질지도 알 수 없으며 얼마큼 빨리 다시 일어나는지도 개인차가 심합니다. 선행을 아무리 많이 했다고 해도, 고1, 2 때 고3 모의고사가 아주 잘 나왔다 해도 큰 의미가 없음을 꼭 명심해 주세요. 대입에서 가장 필요한 마음가짐은 안심이 아니라 '방심하지 않는 태도'입니다.

6장

내신 1등급을 완성하는
전략적 태도

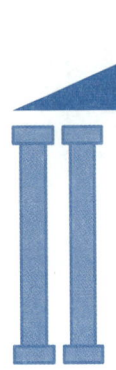

수능과 내신의 스위치를 켜고 꺼라

매년 고1 첫 중간고사가 끝나면 부모님의 한탄이 한 트럭씩 쏟아집니다.

학부모 A 국어는 철석같이 믿은 과목인데… 애는 지금 울고 있고 저도 참 속상하네요.

학부모 B 내신을 망쳤다고 너무 좌절한 나머지 아이의 공부 의지가 완전히 꺾였어요.

학부모 C 고1 학부모는 처음인데 중학교 때와는 너무 다르네요. 어떻게 도와줘야 할지 모르겠어요.

중학교 때는 점수를 곧잘 받아 오던 아이가 생전 처음 받아보는 낮은 등급에 실망하고 눈물 흘리는 모습에 부모 마음도 복잡해집니다. '이미 내신을 망쳐버렸으니 정시러의 길로 올인해야 하나?', '차라리 다음 기말고사 때까지, 아니 여름방학 내내 내신 공부에만 매달려야 하나?' 이러지도 저러지도 못한 채 시간만 흘려보내기 쉽습니다.

1등급에게 올인은 없다

중학교 내신과 고등학교 내신은 학업 난이도, 등급 퍼센트, 동급생 수준 면에서 확연히 달라지기 때문에 처음엔 당황스럽고 속상한 게 당연합니다. 이때 극단적인 방향으로 처방을 내리려고 하면 고3 때까지 더 먼 길을 헤매는, 내신도 수능도 모두 놓치는 최악의 엔딩을 맞이할 수도 있습니다. 그러니 내신과 수능을 모두 챙기는 게 맞습니다. 대신 내신 공부를 해야 할 때와 수능 공부를 해야 할 때를 제대로 구분해 효율적으로 공부할 줄 알아야 합니다.

사실 내신은 곧 정시와도 같습니다. 아이들은 '정시러'라는 명목으로 내신 기간에 조금 놀고 쉬는 경향이 있지만 실제로 통계 데이터를 보면 내신 기간을 제대로 보낸 학생이 정시 성적도 더 많이 오릅니다. 내신 때 하는 공부도 결국 수능 공부의 일환이고 나아가 주어진 상황에 최선을 다하려는 마음가짐과 공부 태도가 주요했기 때문이죠.

그런데 정시러 대부분은 내신러와 비교해 십중팔구 공부량이 현격히 줄어듭니다. 내신 공부하는 아이는 내신 기간에 못생겨져서 오는데 자칭 정시러는 뽀송해져서 옵니다. 그럼 정시 준비고 나발이고 성적은 떨어진 겁니다. 이러면 복구가 절대 안 됩니다. "난 정시니까" 이 말이 가장 무서운 거거든요. 고1 때부터 수능과 내신이라는 두 마리 토끼가 머릿속에 다 들어와 있어야 합니다. 만약 정시에 올인할 학생이라면, 내신 기간에는 내신 대비를 정말 열심히 하는 친구 한 명을 롤모델 삼아 그 친구가 공부하는 시간에 공부하고 잠자는 시간에 잠을 자면서 수능 공부에 몰입하는 전략을 취해야 합니다. 그래야 겨우 정시러의 체면을 차릴 수 있습니다.

고1 첫 중간고사를 잘 꿰는 법

먼저 겨울방학은 무조건 수능 공부에 올인할 때입니다. 중3에서 고1 넘어갈 때, 고1에서 고2 넘어갈 때는 일타강사 인강이든 현강이든 주변 학원이든 좋으니 수능이라는 게 뭘까 궁금해하며 전 과목 수능 공부를 반드시 하고 있어야 합니다.

가끔 일부 학원에서는 겨울방학 때조차 내신을 미리 대비하겠다고 직전 연도 학교 기출로 공부시키기도 하는데 말도 안 되는 일입니다. 방학 때는 무조건 수능 포커싱이에요. 눈 떠도 수능, 눈 감아도 수능이라고 머릿속에 박아야 합니다. 내신 성적이 아무리 좋아도 최저를 못 맞추면 대학을 못 갑니다. 더군다나 앞으로 개편될 교육과정에서는 수능도 여전히 중요한 입시 전형이기 때문에 현 교육 정책상 수능 공부를 놓아선 안 됩니다.

이렇게 2월 말까지 겨울방학을 보내고 3월에 개학하면 내신 대비로 전환하는 학원이 부지기수입니다. "3월 ○일부터 내신 대비로 갈게요." 라고 공지가 오죠. 그런데 3월에 학원 커리큘럼을 따라 아무 생각 없이 내신 대비에 들어가면 안 됩니다.

3월 초부터 내신 공부를 시작해 한 달이 지나 4월이 되면 한 달 또 내신 기간입니다. 그러면 아이는 겨울방학 두 달 동안 배운 내용을 내신 공부하는 두 달 동안 다 잊어버립니다. 겨울방학 때 문법을 공부했는데 여름방학 때 문법 특강을 또 듣습니다. 무슨 의미일까요? 다 까먹었다는 뜻입니다. 죽어라 공부해도 3등급을 벗어나지 못하는 아이는 겨울방학 동안 의지를 불태우며 들은 수능 강의를 내신 공부하면서 다 까먹습니다. 학습의 연속성이 안 생기는 거죠. 겨울방학 동안에 시간도 돈도 아낌없이 투자했는데 그 결과를 내신 앞에서 다 날려먹고 다시 새롭게 빌드업한다는 것 자체가 너무 어이없는 상황입니다. 핵심은 <u>수능 공부와 수능 공부 사이</u>를 최대한 가깝게 해주는 겁니다. 이 거리가 멀면 멀수록 수능에 대한 감은 다 떨어지고 맙니다.

그러니 꼭 기억해야 합니다. 3월 셋째 주까지는 무조건, 여전히 수능 포커싱입니다. 이 점을 잊으면 안 됩니다. "3월 셋째 주까지면 내신이 너무 코앞 아닌가요?" 아니요, 이때까지는 아직 시험 범위도 제대로 안 나왔습니다. 그런데 내신 학원들은 3월 초부터 강의를 개설해 어설프게 수능 대비를 진행합니다.

그러나 언제나 예외는 있는 법. 이 부분은 정말 꿀팁입니다. 이 기간에 내신 대비를 먼저 해야 하는 경우가 있습니다. 바로 다음 학기 중간고사로 국어에서 문법 출제가 확정됐을 때입니다. 다음 중간고사 혹은 기말고사에 뭘 보는지 학사 일정을 확인하는 건 최상위권의 기본 덕목입니다. 작년도 기출 문제를 확보하고 시험 범위를 확인해 어떤 방향으로 어떤 단원까지 공부해야 할지 먼저 정하는 겁니다. 만약 문법이 1학기 중간고사에 출제되고 대략 1단원까지가 시험 범위로 나왔다면 겨울방학을 이용해 이 부분을 먼저 선행하면 좋겠죠. 수능 공부에 중심을 두지만 미리 준비할 수 있는 영역, 범위가 비교적 명확한 영역은 내신 대비를 위해 사전에 공부해두면 큰 도움이 됩니다.

마지막으로 첨언을 하자면 자, 따라해 보세요. 내내수수! 그렇습니다. 내신 강사와 수능 강사는 급 차이가 많이 납니다. 무슨 말이냐면, 서로가 서로에게 급이 다릅니다. 저는 내신 강사로 시작하긴 했지만 지금은 내신을 가르칠 수 없습니다. 이제는 급이 안 되거든요. 대신 그분들도 수능에 급이 안 되겠죠. 각자 전문 영역에 파고들어 집중할 시간도 부족합니다. 저도 수능만 하기 바쁘고 그분들도 내신만 하기 바쁩니다. 더군다나 내신 잘 가르치는 강사는 학교를 막 5개씩 맡습니다. 내신 준비하고 교재 만들기 바쁜데 어떻게 수능 강의를 수능 강사만큼 철저히 가르칠 수 있겠습니까? 내신은 내신 강사에게, 수능은 수능 강사에게 맡기자. 내내수수. 이것을 절대 원칙으로 삼아야 합니다.

중간고사와 기말고사 사이에 필요한 공부

이후 4월 한 달 동안 내신 공부하고 중간고사를 마치고 나면 5월 첫째 주부터는 다시 수능 공부에 들어갑니다. 이때부터 5월 말까지 딱 4주간은 겨울방학부터 3월까지 공부해보고 부족하다고 느낀 부분을 채우는 게 가장 좋습니다. 비문학 독해를 못하는 것 같으면 비문학 독해 특강 학원을 알아보면 되고 문학이 약한데 다음 기말고사 범위도 문학이라면 문학 인강을 찾아 들으면 됩니다.

5월은 부족한 부분을 메꾸는 달로 굉장히 중요한 시기입니다. 그런데 관성대로 학원을 이어 다니다 보면 이 황금 같은 시기 학습에 구멍이 뚫리기 쉽습니다. 고1 중간고사 이후 내신 강사가 가장 많이 시키는 게 모의고사 훈련인데 수능 강사인 제 입장에서 모의고사의 본질과 풀이 방법론도 정확히 알지 못한 채 모의고사를 푸는 건 아무 의미 없는 행위입니다. 수능 강사가 갑자기 내신 대비 수업에 들어가는 것과 다를 바 없는 일이죠. 그 시간에 현강이든 인강이든 잘 가르친다고 소문난 수능 국어 강사 수업을 찾아 듣는 게 훨씬 더 효과적이라고 봅니다.

학원 생리상 5월 첫째 주부터 강의를 열 수밖에 없는 것도 맞습니다.

내신 학원 중에는 중간에 학원을 그만두면 학교 시험이 끝날 때까지 다시 못 들어오게 하는 곳도 있고요. 누구의 잘못이라기보다 어쩔 수 없는 선택인 셈이죠. 입시 현장이 다 그렇게 흘러가고 있으니까요. 그런데 이토록 혼란한 와중에도 눈 똑바로 뜨고 공부하겠다는, 세상에 휘둘리지 않고 내 길을 가겠다고 하는 친구가 성공하는 길로 나아갑니다.

가령 내신 1~2등급 나오는 친구를 보면 시험 한 달 전에 학원을 등록해 놓고도 처음 2주 동안은 내신 공부와 수능 공부를 병행합니다. 필요한 날에만 학원을 가기도 하고요. 그러다 마지막 2주 동안 문제를 받아 풀면서 내신 공부에 몰입합니다. 시기에 맞춰 집중하니 내신 성적도 잘 나오고 그저 흐르는 대로 공부하는 아이보다 1년에 두 달 더 수능 공부를 하는 셈이라 결국 모의고사나 수능 점수도 더 잘 나오는 겁니다. 이처럼 내신 공부와 수능 공부는 서로 시너지를 냅니다.

이후부터는 앞서 말한 패턴의 반복입니다. 5월 한 달간 수능 공부를 했다면 6월 말부터 7월 초에 있을 기말고사를 위해 6월 한 달 동안은 기말고사를 준비하면 됩니다. 기말고사가 끝나고 나면 여름방학 동안에는 다시 수능 공부에 돌입합니다. 내신 공부하면서도 수능을, 수능 공부하면서도 다음 내신을 끊임없이 인식하고 있어야 합니다. 고1 때 정시를 버리고 내신만 하면 혹은 반대로 내신을 버리고 정시만 하면 내가 갈 대학은 없겠죠.

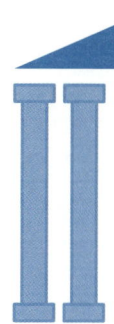

내신 1등급에 필요한 무기를 갖춰라

학생에게 시험은 전쟁과도 같습니다. 전쟁에서 승리하려면 무기가 있어야 하듯 시험에서도 나만의 무기가 될 자료(정보)가 필요합니다. 그리고 무기를 준비했다면 이를 온전히 내 것으로 만들어 실수 없이 써먹어야 하죠. 지금부터 내신 1등급을 위한 무기를 살펴봅시다.

나만의 무기가 될 정보 수집하기

내신 시험을 준비할 때 없어서는 안 될 자료이자 1등급으로 올라서는 데 꼭 필요한 무기는 무엇일까요? 핵폭탄처럼 거창한 걸 준비할 필요는 없습니다. 아래의 기본적인 3가지만 있으면 됩니다.

1) 시험 범위
2) 필기 노트
3) 작년 시험지

가장 먼저 해야 할 일은 시험 범위를 확정하는 겁니다. 수업 진도나 상황에 따라 시험 범위가 바뀌는 경우는 흔하고 학교 선생님이 시험 범위를 늦게 알려주는 경우도 있습니다. 무엇보다 시험 범위가 교과서 1쪽부터 100쪽까지라고 해도 그중 일부가 빠지거나 전체를 건너뛰는 부분이 생기기도 합니다. 그런데 졸거나 집중하지 못해 그 사실을 놓치면 본인만 정보력이 떨어지겠죠. 가뜩이나 시간도 부족한데 필요 없는 부분까지 공부하는 일은 없어야 합니다.

유효한 정보를 얻기 위해선 학교 선생님을 끈덕지게 괴롭히는 게 좋습니다. 선생님이 귀찮아하실 정도로 <u>이 내용이 시험에 나오는지 안 나오는지, 어느 부분을 암기해야 하는지, 서술형은 어느 부분에 주목하면 좋은지</u> 등 양질의 정보를 계속 수집하는 겁니다. 그래야 이를 바탕으로 시험 정보를 분석하는 작업을 이어갈 수 있습니다. 다른 친구들과 합동 작전을 펼치는 것도 좋습니다.

다음 준비물은 필기 노트입니다. 내신 시험은 여러 선생님이 모여 문제를 출제합니다. 선생님끼리 파트를 나누든, 한 분이 문제를 내고 회의를 거쳐 검수하든 방식은 학교마다 다를지라도 한 과목의 모든 선생님이 출제에 관여하기 마련입니다. 그러니 자기 반을 담당하는 국어 선생님의 필기뿐 아니라 다른 국어 선생님 수업의 필기까지 모아야 한다는 게 제 지론입니다. 이렇게 모으고 정리한 자료만 공부하면 완벽하다는 믿음을 만들기 위해서입니다.

마지막으로 작년 시험지 수집은 필수입니다. 우리 학교만의 출제 스타일을 분석해야 이번 학기 내신 공부를 어떻게 할지 길이 보입니다. 학교 선생님들도 기출 시험지를 참고하면서 문제 스타일을 익힙니다. 절대 선생님 개인 취향대로 문제를 낼 순 없거든요. 국어 선생님들이 같은 해 갑자기 전부 바뀔 리 없잖아요? 선배 선생님이 있을 테니 후배 선생님은 기존 흐름을 따라가면서 올해 문제를 낼 수밖에 없습니다. 작년 선배들을 수소문하거나 학교에 직접 요청하거나 족보 사이트나 학부모 커뮤니티를 이용하는 등 어떤 방법으로든 기출 시험지를 구해야 합니다.

이렇게 꼭 필요한 자료가 있는 상태에서 내신 시험을 준비해야, 한마디로 정보 싸움에서 앞서야 내신 1등급을 얻을 기본 자격이 주어집니다. 본격적인 시험공부에 앞서 적절한 세팅을 하는 작업은 공부 효율을 크게 높여줍니다. 입시를 넘어 대학교 공부, 취업 준비에도 결과에 큰 영향을 미치는 게 바로 자료 수집 역량입니다.

하나 더, 모은 자료를 그때그때 정리하고 제대로 관리하는 것 또한 자료 수집 역량입니다. 간혹 수업 때 "선생님, 교재 안 갖고 왔어요"라고 말하는 학생이 있습니다. 사실 이런 실수를 반복하는 학생의 성적이 좋기란 어렵겠죠. 아무리 좋은 교재가 있다 해도 내가 뭘 하는지도 모르는 상태에서 하는 공부는 무의미합니다. 내 가방에 뭐가 들었는지도 모른 채 복습조차 하지 않았다는 뜻이잖아요. 자료는 함부로 다루면 안 됩니다. 내가 얻은 귀중한 자료나 정보를 내게 가장 적합한 체계에 맞춰 정리하는 능력도 정말 중요합니다.

수집한 정보를 내 것으로 만들기

나만의 무기가 될 정보를 수집했다면 그다음 할 일은 그 정보를 온전히 내 것으로 소화하는 겁니다. 각 정보별로 필요한 사항은 다음과 같습니다.

1) 시험 범위: 지문 숙지

2) 필기 노트: 변별력 요소 체크

3) 작년 시험지: 선지 등 출제 원리 파악

먼저 시험 범위 내용을 숙지해야 합니다. 그중에서도 지문을 얼마나 완벽하게 숙지했느냐에 따라 등급이 크게 갈립니다. 여기서 말하는 '완벽하게'란 시험지 지문을 읽지 않고도 문제를 풀 수 있을 만큼 지문을 공부해놓는 것입니다. 지문을 읽는 순간 시간이 부족해집니다. 시험 시간은 50분밖에 안 주는데 시험지가 8~10쪽이거든요. 중등에서 고등 내신으로 갈수록 시험 때 지문 읽을 시간은 더더욱 없어집니다. 불안한 마음에 지문을 한 번이라도 더 읽으면 선지를 볼 시간이 부족해져 평소엔 하지 않던 실수까지 범하기 쉽습니다.

그런 다음에는 필기 노트를 활용해 변별력 요소까지 완벽하게 체크해야 합니다. 요즘 내신 문제는 점점 더 까다로워지고 있습니다. 과거에는 전체 주제라든가 큰 맥락 안에서 파악해도 충분했다면 요즘에는 어떻게 해서든 변별력이 생기도록 문제를 만드니 더 꼼꼼하게 공부한 학생, 더 세세하게 분석한 학생이 더 높은 점수를 받을 수밖에 없습니다. 1~2등급 친구는 정말 사소한 디테일까지 다 챙기거든요.

반면 3등급의 벽에 막힌 친구를 보면 공부량은 많아도 '섬세하게' 공부하지 않는다는 특징이 있습니다. 가령 교과서나 참고서에는 본문 말고 작은 글씨도 있잖아요. 이런 친구는 본문은 열심히 보는 반면 작은 글씨가 적힌 날개 부분은 그냥 훑고 지나갑니다. 분명 시험 범위인데도 자의적으로 취사선택해 공부하는 겁니다. 근거 없는 선택과 집중을 하니 1등급에서 멀어지는 게 당연합니다.

내신 문제는 본문에서 80퍼센트, 그 외에서 20퍼센트 정도 나올 테고 본문은 모든 학생이 열심히 공부하는 부분일 테니 시험의 변별력은 어디서 생길까요? 맞습니다, 본문 주변 날개와 쪽글에서 가려집니다.

최상위권은 본문과 기타 부분에 최소 5:5, 더 나아가 4:6이나 3:7까지 집중력을 배분합니다. 당연히 본문은 본문대로 확실하게 공부하고 날개까지 그에 못지않게 신경 쓰는 거죠. 공부할 부분을 임의로 고르지 말고 시험 범위 안에서 최대한 많은 정보를 내 것으로 소화하세요.

마지막으로 작년 시험지에서 선지를 비롯한 출제 원리를 완벽하게 파악하고 있어야 합니다. 내신 공부는 막무가내로 암기하고 문제를 반복해 푸는 게 아닙니다. 예를 들어볼까요? 학교 선생님이 나눠준 프린트에는 문학작품이 있고 해설과 문제도 딸려 있습니다. 보통 학생은 문학작품을 쭉 읽고 문제를 풉니다. 학교 프린트니까 한 세 번 정도 풉니다. 모든 문제에 동그라미가 다 처지면 '선생님이 주시는 문제는 이제 다 맞힐 수 있겠어!' 하고 생각합니다. 네, 아주 큰 오산입니다. 아무런 분석도 하지 않았는걸요. 학교 선생님이 주신 자료에서 똑같은 문제가 출제되지도 않을 테고요.

단순히 프린트 문제를 세 번 풀었다고 끝내는 게 아니라 수능과 마찬가지로 왜 정답 선지는 정답이고 나머지 오답 선지는 정답이 아닌지 한 땀 한 땀 분석하면서 공부해야 합니다. 또 시험 범위 내 자료에서 정답으로 나온 문제가 실제 시험에서는 오답으로 나오고 나머지 선지는 살짝살짝 바뀌어 나오는 식의 출제 원리를 바탕으로 지문과 선지를 분석해야 해요.

내신 시험에서 학교 선생님이 학생을 괴롭히기 좋은 부분은 지문보다 선지입니다. 조사 하나, 부사 하나 아주 작은 부분에서 바뀌어 나오기 때문에 공부할 때부터 선지를 주어-목적어-서술어 의미 단위로 나눠 분석하는 게 좋습니다. 가령 '태욱이'를 문장 주어로 쓰려면 주격조사가, 목적어로 쓰려면 목적격조사가 붙어야 합니다. 뿐만 아니라 태욱이'는'과 태욱이'가'처럼 어떤 조사가 붙느냐에 따라서도 의미가 달라지죠. 앞서 말했듯 한국어는 조사를 기준으로 문장을 잘게 자르면 의미가 명확히 드러나는 게 특징입니다. 이를 잘 활용해 선지를 분석적으로 끊어 읽을 줄 알아야 등급이 탄탄하게 잘 나옵니다.

한 치의 실수도 용납하지 않는 태도

자료 수집도 곧잘 하고 시험 전날까지 자료를 완전히 내 것으로 만들었다고 해서 성적표에 내신 1등급이 찍히진 않습니다. 가장 중요한 날은 시험 당일입니다. 사소한 실수 하나만으로도 등급이 갈릴 수 있기에 아래와 같이 한 치의 실수도 용납하지 않는 태도로 임해야 합니다.

1) 세밀하게 살핀다
2) 한 번 더 의심한다

많은 아이가 시험 때 긴장도 되고 시간도 촉박하니 마음이 급해 선지 맨 앞이나 끝자락에만 대충 표시하고 넘어가려 합니다. 하지만 실제 시험이니까 오히려 그러면 안 된다는 점을 항상 염두에 둬야 합니다. 내신 시험은 결국 지문 싸움이 아니라 선지 싸움입니다. 선지 끊어 읽기를 확실하게 하고 맞고 틀린 부분마다 동그라미와 엑스를 정확히 표시하는 자세를 유지해야 합니다.

연장선에서 서술형 문제를 보면 문제에 조건이 주어져 있습니다. 종결어미를 찍어라, 느낌표를 사용해서 끝내라, 반드시 5음절을 사용해라, 몇 문장으로 써라 등인데 시험 운용이 미숙한 학생은 이 조건을 무시한 채 외운 대로만 달달 쓰려고 합니다. 답안지를 빼곡하게 잘 채웠지만 안타깝게도 등급이 미끄러지고 말죠. 문제를 구성하는 부수적 요소까지 놓치지 않고 세심하게 들여다보는 것 또한 시험 당일의 중요한 분석 역량입니다.

다음으로 한 번 더 의심하는 태도입니다. 3등급 태도를 지닌 학생은 시험 볼 때 굉장히 호쾌합니다. 문제를 풀다가 아는 게 나왔다 싶으면 시원시원하게 정답을 고르죠. 심지어 어떤 학생은 "선생님, 저 20분 만에 다 풀었어요!"라고 자랑하듯이 말하기도 하는데 이 얼마나 바보 같은 짓입니까? 아무리 자신 있고 시간이 남아도 항상 겸손하게 보고 또 보고, 다시 보고, 마지막 1분까지 남김없이 쓰고 OMR 카드까지 재점검해야죠. 실수에 너그러워지면 안 됩니다.

1등급 태도를 지닌 학생은 절대 그러지 않습니다. 정답 같아도 한 번 더 의심합니다. '선생님이 반드시 꼬아서 냈을 거야', '내가 이렇게 문제를 쉽게 풀 리가 없어' 하며 끈질기게 의심하는 태도가 몸에 밴 아이만

이 1등급으로 나아갈 수 있습니다.

실수도 습관입니다. 실수하지 않는 태도는 며칠 연습한다고 만들어지지 않습니다. 한 치의 실수도 용납하지 않는 1등급 태도에는 철저한 정보 수집과 완벽한 정보 숙지가 뒷받침돼야 합니다. 이 셋은 서로 긴밀하게 얽혀 있습니다. 이 중 어느 하나도 놓치지 않아야 내신 1등급의 문을 열 수 있습니다.

내신 성적을 끌어올리기 위한 학원 활용법

내신 기간만 되면 학부모 단톡방에 어김없이 올라오는 단골 질문이 있습니다.

"선배맘들, 내신 자료는 어디서 구할 수 있나요?"

학교 가랴 학원 가랴 바쁜 아이를 대신해 어떻게든 양질의 내신 자료를 얻으려고 엄마는 오늘도 분주합니다. 그러나 시간을 들여 자료를 직접 찾고 모으기란 쉽지 않습니다. 예를 들어 검색창에 정철의 〈사미인곡〉을 치고 하루 종일 뒤져보면 이 블로그 저 블로그에 뭐가 많긴 한데 결국 쓸 만한 문제는 20개도 못 건지는 거죠. 그마저도 다운받으려니 비밀번호가 걸려 있고요. 허탈합니다. 내신 자료를 구할 수 있는 각종 전문 사이트와 카페도 있지만 비용을 들여 구독해야 하거나 자료에 해설지가 없는 등 내용이 불완전한 경우도 꽤 있습니다.

1등급이 학원에 가는 진짜 이유

양질의 자료를 효율적으로 얻고자 할 때 내신 학원은 좋은 선택이 될 수 있습니다. 수업 때문에 보낸다는 부모님도 더러 있는데 반은 맞고 반은 틀린 말입니다. 상위권 학생에게 내신 학원이 필요한 이유는 좋은 강사의 강의뿐 아니라 '자료 획득'에 있거든요. 시험 범위 단권화 자료와 기출 자료, 즉 오랜 기간 우리 학교 내신을 지도한 학원 선생님만이 가질 수 있는 방대한 자료를 얻으러 가는 겁니다. 학원에 가면 〈사미인곡〉 문제 100개를 그냥 주니까요. 학원 강사들은 몇 년간 많은 학생을 상대하며 쌓아놓은 기출 자료가 있습니다. 또 강사들이 이용하는 문제 은행 커뮤니티도 있어서 이용료만 내면 거의 무제한으로 문제를 뽑을 수 있습니다.

이렇게 아이가 학원에서 받아 오는 각종 프린트와 두툼한 문제량을 보며 엄마는 심리적 안정감을 얻습니다. 자신보다 훨씬 뛰어난 내신 전문가가 구해준 풍부한 자료를 아이가 읽고 풀기만 하면 된다는 생각이 들 테니까요. 그러나 내신 학원에 맡기면 아이의 공부 시간과 내신 등급이 보장될 거라는 믿음은 착각이자 환상에 불과합니다. 내신 학원은 자료 수집 역량을 보완해주는 도구일 뿐이지, 내신 공부를 완성해주는 곳이 결코 아닙니다.

믿음을 만드는 핵심, 노트 단권화의 힘

내신 공부에서 자료 수집 역량과 함께 가장 중요한 역량 하나는 바로 '단권화' 역량입니다. 즉, 학교 시험 범위 전체 내용을 어떻게 책 한 권으로 엮어서 공부하는지가 핵심입니다. 노트 단권화를 잘하기 위해서 내신 학원과 같은 도구를 이용하는 겁니다. 내신 공부를 하기 위해 학원을 다니는 게 아니라요.

그러니 아이를 내신 학원에 보낼 때는 가장 먼저 "단권화는 어떻게 해주십니까?"라고 물어야 합니다. 보통 학원에서는 선생님이 알아서 하시니 걱정 말라고 하는데 이런 말보단 구체적인 내용과 대책 혹은 방법을 들어야 합니다. 단권화 방법도 없이 "제가 이 학교만 10년 해서 다 알아요"와 같은 추상적인 답을 하는 학원은 거르는 게 좋습니다. 좋은 학원은 문제를 잔뜩 주고 풀어 오라는 곳이 아니라 학생이 제대로 단권화할 수 있도록 도와주는 곳입니다(과외도 마찬가지로 선생님에게 아이와 함께 단권화를 해달라고 요구하세요).

저는 강사 커리어를 내신 강사로 시작했습니다. 수강생 두 명 놓고 시작했는데 그해가 가기 전 100명이 된 비결은 간단합니다. 말씀드렸듯 단권화를 잘해줬기 때문이죠. 두 학생은 같은 학교를 다녔지만 담당 국어 선생님이 달랐습니다. 그래서 둘에게 이렇게 부탁했습니다.

"국어 시간에 학교 선생님이 하시는 모든 말씀을 필기해 올래? 필기 내용을 예쁘게 정리해서 선생님에게 주면 너희 필기 노트 두 권을 취합해서 한 권으로 정리해줄게!"

두 학생은 고1, 2 때 국어 내신이 6등급을 왔다 갔다 했습니다. 그런데 고3 중간고사 때는 둘 다 1등급이 나왔죠. 제가 한 일은 단권화 자료를 뭐 하나 누락된 것 없이 완벽하게 만들어준 걸 빼면 수업 때 학생이 잘 모르는 개념을 알려주거나 자습서나 평가문제집에서 어려운 문제를 함께 푼 것 정도밖에 없었습니다. 그만큼 단권화는 내신 공부에서 기본 중의 기본이며 핵심이라는 얘기입니다.

또 하나, 내신 공부의 기본은 '신뢰와 믿음'입니다. 내가 내신 기간에 공부한 자료 안에서 문제가 100퍼센트 출제될 거라는 믿음, 이것 하나만 달달 외우면 무조건 만점 받을 수 있다는 믿음을 스스로 만들어낼 수 있어야 합니다. 이 믿음은 단권화를 하지 않고는 생길 수 없습니다. 반드시 이 안에서만 출제될 거라고 장담할 수 있는 한 권을 만드는 작업이 언제나 내신 공부의 1순위가 돼야 합니다.

그런데 많은 학생이 수동적으로 교과서 한 번 보고 참고서 한 번 풀고 학원 다니면 되는 줄 압니다. 이 프린트 저 교재 여러 가지를 막 늘어놓고 하다 보니 배운 내용이 정리가 안 돼 결국 빈틈이 생겨버리죠. 그러면 빼먹고 안 외우는 것, 본인 맘대로 선택해서 버리는 것이 생기는데 바로 거기서 문제가 나오면 틀릴 게 뻔하니 결과적으로 열심히 암기하고 지겹도록 회독을 돌릴 의지는 점점 흐릿해지고 맙니다. 반대로 '내가 정리한 이것만 완벽하게 외우면 100점이야!' 하는 믿음을 스스로 만든 아이는 누가 시키지 않아도 시험 날까지 밤새도록 읽고 또 읽습니다. 이것이 단권화의 힘입니다.

노트 단권화를 잘하는 3가지 비법

그럼 어떻게 해야 단권화를 잘할 수 있을까요?

가장 중요한 첫째, 완벽한 학교 필기가 있어야 합니다. 학교에서 국어 수업하는 50분 동안 선생님이 하는 모든 말씀을 다 받아 적으려고 노력해야 합니다. 100퍼센트 다 받아 적지 않으면 내신을 잘 볼 자격 자체가 없는 것이라 생각하세요. 국어라는 게 똑같은 표현이라도 학교 선생님이 말하는 것과 학원 선생님이 말하는 것은 많이 다릅니다. 그러니 학교 수업 시간에 나오는 모든 얘기를, 선생님의 농담까지도 전부 필기해서 정리해야 합니다.

좀 더 완벽하게 준비하고 싶다면 국어 선생님이 다른 친구와 둘이 팀을 이루는 겁니다. 그리고 서로의 필기를 주기적으로 하나로 합치면 됩니다. 단권화는 대단히 복잡하거나 어려운 작업이 아니에요. 1반 1등 필기와 5반 1등 필기와 10반 1등 필기가 지금 내 눈앞에 있는 걸 단권화라고 부르는 겁니다. 다른 반 친구를 사귀기 힘들거나 다른 반 필기까지 구하기 힘들 때 내신 학원에 갈 이유가 생깁니다. 서로 다른 선생님의 필기를 내 눈앞에 모으는 게 중요한 거지, 학원을 다니는 그 자체가 중요한 게 아님을 다시 한번 강조하고 싶습니다.

둘째, 참고서를 효과적으로 활용할 줄 알아야 합니다. 학원에 다닌다는 이유로 자습서나 평가문제집 같은 참고서를 구매하지 않는 학생도 더러 있는데 자습서나 평가문제집은 학교 선생님의 기본적인 수업 자료이기 때문에 이게 없으면 내신에서 답이 없습니다. 무조건 구매하고 제대로 써먹을 수 있어야 합니다.

학교 필기를 교과서에 1차로 모아 정리한 뒤 백지나 노트에 옮겨 적으면서 복습하는 방법으로 공부할 때 자습서 내용까지 함께 버무려 단권화하면 단권화의 질이 더욱 높아집니다. 혹은 자습서 자체에 단권화를 하는 것도 효율적인 방법이 될 수 있습니다. 교과서는 약간 허술한 감이 있는데 자습서에는 자세한 부분까지 다 적혀 있으니까요. 단, 학교 선생님이 알려주신 내용과 자습서 내용을 혼동할 수 있으니 주의할 필요는 있습니다.

또 하나의 꿀팁으로 참고서를 공부하다 보면 학교 선생님의 설명과 미묘하게 다른 내용이 나오기 마련입니다. 이때 무조건 선생님을 찾아가 질문해야 해요. 그러면 선생님이 "이 부분까지는 굳이 볼 필요 없어"라든가 "이거 아니고 내가 설명한 게 맞아"와 같은 식으로 정확히 짚어 줄 겁니다. 이 내용까지 단권화하면 여기서 문제가 100퍼센트 출제되리라는 믿음에 몇 발짝 더 가까워질 수 있습니다. 열심히 하는 학생으로 눈도장을 찍는 건 덤이고요.

셋째, 그날그날 필기를 깨끗하게 정리해야 합니다. 내신은 전 과목을 대비해야 하기 때문에 국어 한 과목에 투자 가능한 시간이 생각보다 넉넉하지 않습니다. 각각의 시험 범위도 적지 않으니 과목당 순공 시간은 엄청 부족할 수밖에 없죠. 그러니 오늘 학교 수업에서 배운 내용은 그날그날 미루지 않고 정리해야 합니다. 나만의 방식으로 매일매일 단권화를 위한 정리를 하고 있어야 해요.

수업 시간 50분 동안에는 수업이 정신없이 지나가서 필기가 괴발개발일 겁니다. 그 괴발개발인 내용을 오늘 집에 와서 교과서(한 권 더 사 놓고), 백지(소설같이 긴 지문은 프린트해서), 자습서 어디에든 다시 한번 깨끗하게 정리를 끝냈다면? 이렇게 부지런하고 성실한 태도를 지녀야 1등급을 받습니다. 스스로 정리해서 축적한 단권화 자료가 없으면 내신 1등급은 절대 나올 수 없습니다.

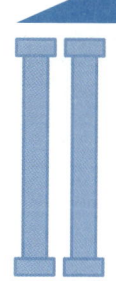

무조건 내신 1등급 받는 필승 공부법

분명 열심히 공부하는 것 같은데 고등 내신 3등급의 벽을 뚫지 못하는 아이들에게는 놀라운 공통점이 하나 있습니다. 문제를 필요 이상으로 많이 푼다는 점입니다. 그것도 내신 공부를 시작할 때부터요. 먼저 문제 풀이 하다가 중간중간 서술형 대비도 살짝 해보다가 뭔가 막히거나 기억이 안 나면 개념과 이론으로 가서 스윽 읽다가 막바지에 다시 문제 풀이.

한마디로 선후 관계가 잘못된 겁니다. 결론부터 말씀드리자면 이론을 충분히 암기하고 나서 시험까지 2주쯤 남겨놓은 시점에 비로소 문제를 풀어재끼는 게 맞습니다.

1등급과 3등급의 결정적 차이

내신 최상위권은 '선 이론-후 문제 풀이' 순서를 철저하게 지킵니다. 1등급 아이가 어느 날 문제를 풀고 있다면 그 아이는 이미 이론을 충분히 익힌 상태인 겁니다.

최상위권은 문제를 확인용으로 씁니다.

상위권은 문제를 학습용으로 씁니다.

중위권은 문제를 학원용으로 씁니다.

내 실력을 점검하는 게 확인용, 즉 아는 것을 한 번 더 확인하기 위함입니다. 모르는 내용을 문제를 통해 배운다는 건 학습용, 말 그대로 모르는 걸 공부하기 위함입니다. 학원에서 진도나 수업 나갈 때만 문제를 푸는 건 학원용, 그저 숙제를 하기 위함이죠. 문제를 푸는 양 자체는 오히려 중위권 학생이 가장 많을지도 모릅니다. 다만 양치기 질에서 차이가 나는 거죠.

선 문제 풀이를 하지 않는 이유

시험 한 달 전부터, 아니 그보다 더 이른 시점부터 문제를 막 쥐여주는 학원들이 있습니다. 그러나 최상위권 아이는 다음의 이유로 웬만해서는 선 문제 풀이를 하지 않습니다.

첫째, 본문 중심의 문제가 많기 때문에 불필요한 공부가 늘어납니다. 학원 선생님이 주는 문제는 거의 대부분 교과서 본문과 관련된 문제일 겁니다. 문제은행에서 뽑았을 테니까요. 내신 사이트에서 직접 구한 문제도 마찬가지일 가능성이 높습니다. 그러니 백날 문제를 풀어봐야 이미 풀 수 있는 문제를 계속 풀고 있는 셈입니다. 효율성이 크게 떨어지죠.

내신 대비는 그렇게 공부할 시간이 없습니다. 내가 한 번 풀어서 확실하게 알면 그 문제는 다시 풀 필요가 없습니다. 그러니 학원에서 문제를 엄청나게 줘도 그중에서 겹치는 문제는 지우고 3분의 1 정도만 잘 골라 푸는 편이 낫습니다. 본문은 많이 풀어봐야 별 소용이 없습니다. 변별력을 위한 문제는 본문이 아니라 날개와 쪽글에서 나오니까요.

둘째, 너무 일찍부터 문제를 풀면 공부 의지가 쉽게 꺾입니다. 이론도 제대로 모르는 상태에서 문제만 들입다 풀기 시작하면 당연히 많이 틀리겠죠? 가뜩이나 문제만 풀어서 지루하고 재미없는데 오답까지 계속 나오면 공부에 적대감만 쌓입니다. 나아가 정작 시험을 1~2주 남겨 놓은 중요한 시점에는 '번아웃'이 와서 공부에 제대로 집중하지도 못합니다. 공부도 하기 싫고 자존감도 쭉쭉 떨어지는 거죠.

셋째, 문제 풀이를 먼저 하면 오답에 신경 쓰느라 단권화 작업이 제대로 안 됩니다. 거의 모든 소단원에서 오답이 체계 없이 쏟아지기 때문에 어느 부분의 이론 공부가 부족한지 세부적으로 파악하기가 너무 어렵습니다. 왜 틀렸는지에만 신경이 쏠리는 바람에 이론을 탄탄히 공부하기 위한 단권화 정리에는 소홀해질 수밖에 없죠. 내신은 모의고사와 달리 오답을 최소화하는 게 중요합니다. 국어 한 과목에 투자할 수 있는 시간은 너무 적어요. 그러니 쓸데없이 문제를 많이 풀면 절대 안 됩니다.

그럼 도대체 문제도 안 풀고 어떻게 내신 공부하라는 거냐. 문제를 푸는 시점은 이론 공부가 충분히 다 됐을 때입니다. 어떤 문제를 풀더라도 내가 90퍼센트 이상은 맞힐 수 있다는 생각이 들 때부터 문제를 풀기 시작해야 합니다. 내신 시험문제는 '이해'해서 풀려고 하면 안 되기 때문입니다. 내신은 이해하는 시험이 아니에요. 아무리 EBS 교재나 외부 지문에서 나오고 수능형으로 출제된다 한들 내신 시험은 '암기 베이스'라는 걸 알아야 합니다. 내신 대비에서 가장 중요한 기본은 암기입니다.

실패 없는 교과서, 핵심 노트 10회독 암기법

암기도 그냥 하는 게 아닙니다. 여기서 내신 공부의 중요한 포인트가 등장합니다. 바로 '회독'입니다. 내신은 반복 또 반복해서 읽으며 암기하는 거지, 며칠 바짝 암기하는 게 아닙니다. 그래서 내신 대비는 못해도 10회독입니다. 한 달 동안 10회독을 채워 암기해야만 내신을 정복할 수 있습니다.

그런데 아이들은 10회독이라고 하면 한 달 전부터 2주 전까지는 1~3회독을 하고, 2주 전부터 시험 하루 전까지는 4~7회독을 끝내고, 시험 전날에 8~10회독을 하겠다고 계획합니다. 듣기에는 굉장히 안정감 있어 보이나 한 달 전에는 학교에서 아직 진도도 제대로 다 안 나갔습니다. 반복해서 달달 외울 거리 자체가 없는걸요.

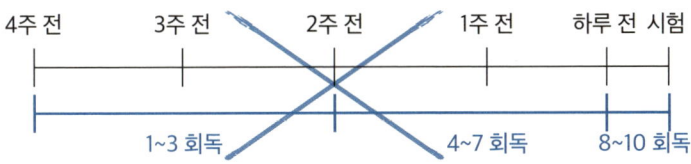

시험 한 달 전부터는 교과서 정독, 단권화 자료 정독부터 들어가야 합니다. 학교에서 진도 나갈 때마다 그때그때 깨끗이 정리한 필기와 스스로 만든 단권화 자료가 쌓이고 있을 겁니다. 그럼 시험 한 달 전부터 교과서와 단권화한 자료를 읽으면 되는데, 그냥 읽는 게 아니라 무조건 '정독'해야 합니다. 정독이란 아주 천천히 또박또박, 단 한 글자도 빼먹지 않고 읽는 것입니다. 절대 한 글자도 빼먹으면 안 됩니다. 천천히, 정확하게, 완벽하게 읽어야 합니다. 이 단계는 시험 범위를 다 나갈 때까지 쭉 이어지는 작업이라고 보면 됩니다.

시험까지 2주 정도 남은 무렵부터는 3~5회독을 진행하는, 즉 한 달 전부터 정독한 내용을 재차 살펴보는 단계입니다. 이때는 그 내용을 백지에 싹 다 옮겨 적되, 완벽하게 이해하고 암기했다 싶은 내용은 하나씩 지워나갑니다. 때려죽여도 이 표현법은 틀리지 않을 자신이 있다고 하면 지우는 건데 그걸 알 수 있는 방법이 바로 문제 풀이입니다. 내가 완벽하게 알고 있는지 '확인'하기 위해 문제를 풀어보는 거예요.

90퍼센트는 맞히고 10퍼센트 정도 오답이 나왔을 때 단권화 자료 여백이나 새로운 노트에 기록해 '오답 단권화'를 합니다. 어떤 개념이 헷갈렸는지, 선지에서는 어떻게 표현돼 틀렸는지 등을 남겨두면 빈틈이 점점 줄어듭니다. 이후 단권화 자료를 반복해 보면서 해당 내용을 확실하게 습득했다 하면 이 부분은 지우거나 단권화 자료를 압축할 때 옮겨 적지 않으면 됩니다. 이렇게 회독해야 할 내용을 점점 줄여나갑니다.

선 이론-후 문제 풀이로 공부하면 이론 암기가 탄탄한 상태라 동그라미를 치면서 쾌감이 붙습니다. 양치기를 해도 지겨울 틈이 없습니다. 다 맞으니까 재밌고 짜릿하거든요! 그러다 하나 틀리는 문제가 나오면 그 오답을 집중적으로 파고들 수 있습니다. 최상위권에게 문제 풀이가 확인용인 이유입니다.

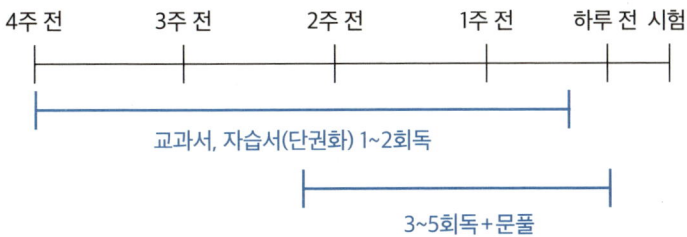

이제 남은 마지막 다섯 바퀴, 6회독부터 10회독은 시험 하루 전부터 돌립니다. 지금까지의 회독을 거치고 나면 시험 하루 전날에는 단권화한 내용이 기껏해야 A4 용지 한두 장 분량밖에 안 남습니다. 반복해서 읽다 보면 지겨워서 우왝 소리가 나오는데 그래도 읽고 또 읽어야 합니다. 자기 직전까지 8회독 끝내고 다음 날 눈뜨자마자 9회독, 시험 보기 전에 마지막 10회독을 하는 게 가장 좋습니다. 그러면 내신 시험은 절대 배반하지 않을 겁니다.

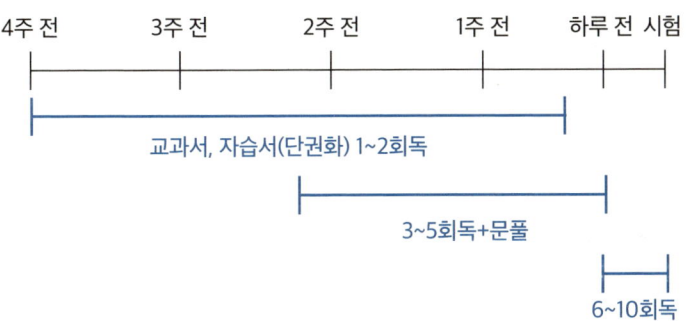

토 나올 때까지 반복해서 읽고 암기하는 과정은 학생 입장에서 정말 지겹고 힘든 일입니다. 그렇지만 고1 때 4번, 고2 때 4번, 고3 때 2번으

로 딱 10번만, 3년 중 10개월만 인생을 걸고 공부하면 내신은 분명 남는 장사입니다. 들인 시간과 노력 대비 가장 큰 성과를 얻을 수 있기 때문입니다. 내신이야말로 인풋 대비 아웃풋이 확실한, 부지런함과 성실함의 결정체입니다.

그렇게 한 달간 죽도록 노력해 아이가 생각보다 좋은 점수를 받아 오면 부모님은 온 마음을 다해 칭찬해 주시고 안아주시고 맛있는 것도 많이 해주세요. 그 힘든 순간을 이겨낸 자신의 모습과 자신이 사랑하는 사람의 인정에 아이의 자존감은 쭉 솟구쳐 오를 겁니다. 내신은 아이의 자존감 형성에 무엇보다 중요함을 잊지 말아주셨으면 합니다. 이 자존감은 앞으로 남은 입시 기간뿐 아니라 이후 더 길게 이어질 인생의 중요한 순간에도 아주 중요한 요소로 작용해 아이의 성장을 이끌 겁니다.

수능형 내신까지 철저히 대비하라

필승 공부법으로 한 달 동안 개념을 10회독 반복 암기했어도 어려운 문제가 있습니다. 바로 '수능형' 내신입니다. 표현 그대로 수능형이지만 결국 이 시험은 내신이라는 점에 착안해 착실히 대비해야 합니다. 그러기 위해서 수능형 내신 문제가 어떤 방식으로 만들어지는지 그 출제 원리와 그에 따른 공부법을 말씀드리고자 합니다. 이와 관련한 내용은 자세하고 방대하기 때문에 독서, 문학, 문법 영역으로 나눠 설명하겠습니다.

독서 영역 출제 원리

출제 원리 1 정답을 오답으로 바꾸고 오답을 정답으로 바꾼다

독서는 지문 자체가 굉장히 전문적입니다. 경제, 과학, 철학 같은 지문을 객관적으로 완벽하게 만들기란 쉽지 않죠. 학교 선생님들에게 그런 능력이 충분할지라도 내신 문제는 전교생이 다 똑같은 정답을 찍게 만들어 논란의 여지가 없게 내야 하잖아요. 그런데 내신 시험지를 만드는 기간은 기껏해야 일주일, 열흘 정도밖에 안 될 만큼 짧기 때문에 모의고사나 EBS 수능 교재의 지문 자체를 건들기는 사실상 어렵습니다.

따라서 지문 자체는 그대로 출제하되 문제의 선지를 살짝 바꿔 출제하는 경우가 대부분입니다. 이때 가장 기본적인 출제 원리는 기존 문제의 정답을 오답으로 바꾸고 오답을 정답으로 바꾸는 방식입니다. 5개 선지 중 4개는 틀린 선지이고 1개는 맞는 선지이니 내신에서는 원래 정답은 오답이 되고 원래 오답은 정답이 되는 경우가 많을 수밖에 없습니다.

출제 원리 2 선지의 주체와 객체 혹은 A와 B의 위치를 바꾼다

모의고사나 EBS 수능 교재에서 변형 문제를 낼 때 선지 단어의 위치를 바꾸거나 다른 단어로 대체하는 식의 교체형 출제는 아주 빈번하게 이뤄집니다. 실제 예시로 함께 살펴보죠.

《EBS 수능특강》 문제

02. ㉠에 대한 이해로 적절하지 않은 것은?

① 생산자는 투입 시점의 가격을 기준으로 산출 시의 가격을 책정한다고 가정한다.

내신 시험문제

19. ㉠에 대한 이해로 적절하지 않은 것은?

② 생산자는 산출 시점의 가격을 기준으로 투입 가격을 책정한다고 가정한다.

출처: 2017년 《EBS 수능특강: 국어영역 독서》 107쪽

《EBS 수능특강》 문제의 선지 "생산자는 A를 기준으로 B를 책정한다고 가정한다"에서 A의 위치와 B의 위치만 바뀌어 내신 시험에 출제됐음을 한눈에 알 수 있습니다. 같은 문제의 다른 선지도 마찬가지 원리로 출제됐습니다. 한번 확인해 보시죠.

《EBS 수능특강》 문제

02. ㉠에 대한 이해로 적절하지 않은 것은?

⑤ 공급의 가격 탄력성이 수요의 가격 탄력성보다 작아야 가격이 수급 균형점으로 수렴된다.

내신 시험문제

19. ㉠에 대한 이해로 적절하지 않은 것은?

④ 수요의 가격 탄력성이 공급의 가격 탄력성보다 커야 가격이 수급 균형점으로 수렴한다.

선지 구조를 'A는 B보다 C해야 D하다'로 파악할 수 있는데 D에 해당하는 "가격이 수급 균형점으로 수렴"한다는 내용은 하나도 바뀌지 않았습니다. 대신 A와 B의 위치, 즉 선지의 주체와 객체의 위치가 반대로 바뀌었죠.

그런데 이 《EBS 수능특강》 선지와 내신 시험에 출제된 선지는 주체와 객체의 위치가 바뀌었어도 의미는 동일하다는 점, 눈치채셨나요? 왜냐하면 C에 해당하는 표현도 바뀌었기 때문입니다. 'A가 B보다 작다'와 'B가 A보다 크다'는 부등호 방향은 반대지만 '작다'와 '크다'라는 '이항 대립어' 관계의 단어가 쓰임으로써 의미는 달라지지 않았습니다.

첫 번째 예시에서도 이항 대립어가 등장합니다. '투입'과 '산출'입니다. 들어가는 게 있으면 나오는 게 있어야겠죠. 그럼 질문입니다. 왜 학교 선생님은 '투입 시 가격'과 '산출 시 가격'의 순서를 바꿔 내기로 마음먹으셨을까요? '투입'과 '산출'이 이항 대립어이기 때문입니다. 이처럼 <u>선지 일부분만 바꾸는 독서 출제 원리를 생각할 때 이항 대립어에 주목하는 공부 방식은 아주 효과적입니다.</u> 모의고사나 EBS 교재로 내신 공부를 하면서 선지 표현마다 이항 대립어를 떠올리는 동시에 그 둘이 바뀌어 출제될 거란 점을 항상 염두에 두는 태도가 중요합니다.

따라서 선지의 한 단어 한 단어가 눈에 꽂히도록 읽으면서 공부해야 합니다. 지문 쭉 읽고 정답 딱 찍고 다 풀었다 넘어가지 말고 문제마다 정답 선지 1개와 오답 선지 4개 모두를 분석해 해당 선지가 어떤 지점에서 맞고 틀리는지 확인해야 합니다. 선지를 일일이 외우라는 말이 아입니다. 지문과 선지가 어떻게 연결돼 있는지 꼼꼼히 확인하라는 얘기입니다.

뿐만 아니라 '공급의 가격 탄력성'과 같은 지문의 기본 개념은 확실히 숙지해야 합니다. 앞선 예시에서 공급의 가격 탄력성과 공급 곡선의 기울기가 같은 개념이란 걸 알지 못하면 선지의 주체와 객체가 뒤바뀌었다고 착각하는 등 출제 원리를 제대로 적용하지도 못한 채 소중한 한 문제를 날리게 됩니다.

출제 원리 3 해설지에서 변형 문제가 출제된다

올해 모의고사나 《EBS 수능특강》에는 신규 지문과 문제가 실려 있습니다. 다른 내신 기출과 달리 참고할 자료가 많지 않죠. 그래서 학교 선생님들이 문제를 만드는 가장 쉬운 패턴이 바로 공식 '해설지'를 적극 활용하는 겁니다.

해설지의 정답 풀이와 오답 풀이를 보면 각 선지마다 왜 정답이고 오답인지 자세히 설명돼 있습니다. 다음 예시에서 정답 풀이에 나온 표현이 그대로 내신 문제 선지로 출제됐음을 알 수 있죠. 이렇게 직접적으로 쓰이는 경우도 있지만 대부분은 앞선 두 출제 원리를 적용하거나 단어 바꾸기(패러프레이즈)를 하거나 빈칸을 뻥뻥 뚫는 등 다양한 방식으로 변형돼 출제됩니다.

《EBS 수능특강》 해설지
02 핵심 정보 파악   답 ④

| 정답 풀이 |
그래프상의 수요 곡선과 공급 곡선은 변동하지 않고 고정돼 있으며, 거미집 모형에서 가격은 두 곡선이 만나는 지점이 아니라 공급량에 대응하는 수요 곡선상의 점을 기준으로 가격이 형성됨을 알 수 있다.

내신 시험문제
19. ㉠에 대한 이해로 적절하지 않은 것은?
① 공급량에 대응하는 수요 곡선상의 점을 기준으로 가격이 형성된다.

출처: 2017년 《EBS 수능특강: 국어영역 독서》 해설 35쪽

나아가 EBS 교재 해설지는 해제, 주제, 문단별 요약 등으로 지문까지 상세히 설명합니다. 이렇게 해설지에 힌트가 많기 때문에 시험지뿐 아니라 해설지까지 같이 놓고 평행적으로 공부하면 성적이 잘 나올 수밖에 없습니다. 해설지를 파고들다 보면 핵심이 다 보여서 주관식 문제 대비도 굉장히 쉬워집니다. 내신 시험문제가 쏟아지는 텃밭이 바로 여기예요. 다음 해설지 예시에서 몇 문제나 만들어낼 수 있는지 한번 볼까요?

■ 빈곤의 기준과 조세 제도를 활용한 부의 재분배 정책
(해제) 이 글은 빈곤의 개념을 설명하고 빈곤의 기준이 되는 빈곤선을 판단하는 여러 방법을 설명한 후, 조세 세도를 활용하여 사람들 간의 경제적 격

> 차를 줄이려는 정책을 제시하고 있다. 빈곤선을 판단하기 위한 방법으로는 빈곤을 절대적 관점에서 평가하는 시도인 라운트리 방식과 라이덴 방식이 있고, 상대적 관점을 바탕으로 빈곤을 판단하는 방식이 있다. 빈곤을 판단하는 이유는 사람들 간의 경제적 격차를 줄이기 위함인데, 정부는 이를 위해 누진세 제도나 부의 소득세 제도와 같은 조세 제도를 활용하고 있다.
>
> **주제** 빈곤을 판단하는 방법과 조세 제도를 활용하여 경제적 격차를 줄이기 위한 정책
>
> **구성**
> - 1문단: 빈곤과 빈곤선의 개념
> - 2문단: 빈곤을 판단하는 방법
> - 3문단: 경제적 격차를 줄이기 위한 방법 ① - 누진세 제도
> - 4문단: 경제적 격차를 줄이기 위한 방법 ② - 부의 소득세 제도
> - 5문단: 조세 제도를 활용하는 방법의 한계

출처: 2023년 《EBS 수능특강: 국어영역 독서》 해설 9쪽

파란색 박스 안 주제는 주관식 서술형으로 내기 좋고 해제의 파란색 네모 칸은 주관식 빈칸 단답형으로 내거나 선지로 만들기 딱입니다. 예를 들어 학교 선생님이라면 '절대적 관점'을 이용해 오답 선지를 만들고 싶을 겁니다. '상대적'이라는 이항 대립어가 있기 때문입니다. 앞선 출제 원리와 자연스레 연결되죠. "라운트리 방식과 라이덴 방식은 상대적 관점에서 빈곤을 평가한다." 얼핏 보면 그럴듯하지만 오답인 좋은 선지가 해설지에서 금방 생성됩니다.

제가 구성의 파란색 네모 칸을 바탕으로 객관식 문제를 직접 만들어 볼 테니 한번 풀어보세요.

> **1. 다음은 학생이 윗글을 읽고 평가한 내용이다. 그 내용으로 적절하지 <u>않은</u> 것은?**
> ① 1문단에서는 빈곤과 빈곤선의 개념을 알려주고 있어.
> ② 2문단에서는 빈곤을 판단하는 방법을 다루고 있어.
> ③ 3문단에서는 부의 소득세라는 측면에서 경제적 격차를 줄이기 위한 노력을 설명하고 있어.
> ④ 5문단에서는 조세 제도를 활용하는 방법과 한계를 들고 있어.
> ⑤ 이 글은 빈곤을 판단하는 방법과 조세 제도 활용에 대해서 설명하고 있어.

정답은 몇 번일까요? ③번입니다. 3문단은 부의 소득세 제도가 아니라 누진세 제도를 다루고 있으니까요. 해설지만 제대로 봐도 어렵지 않게 맞힐 수 있습니다. 반면 그렇지 않은 아이는 머릿속에서 누진세와 소득세를 큰 덩어리로만 인지할 뿐 각 문단과 연결해 개념을 세부적으로 이해하지 못하겠죠. 이처럼 해설지 공부를 대충 하고 넘어가면 실제 내신 문제 앞에서 '어, 이거 답 같은데?' 하며 갈팡질팡하게 됩니다.

학교 선생님들이 출제하는 수능형 내신 문제의 90퍼센트는 해설지 변형이라고 생각해도 됩니다. 그러니 해설지의 문제 해설과 문제를 교차 학습하는 공부는 필수입니다. 해설지의 정답 풀이와 오답 풀이를 지문의 문장 및 선지와 1:1로 대응시키면서 한 줄 한 줄 이해해야 합니다.

나중에 해설지에 빈칸을 뚫어놓거나 일부를 바꿔놓아도 정확하게 알 수 있을 만큼 해설지에 진심이어야 합니다.

문학 영역 출제 원리

출제 원리 1 왜 이 작품들이 함께 나왔는지 묻는 공통점·차이점 문제가 출제된다

예를 들면 《EBS 수능특강》 15쪽에 있는 작품과 132쪽에 있는 작품이 함께 묶여 내신 시험에 출제됩니다. 당연히 두 작품 사이에 연결 고리가 있기 때문이겠죠. 내용이나 주제 측면에서 아주 유사하거나 두 작품 모두 역설법이 쓰였다는 등 표현법 측면에서 공통점이 있을 수 있습니다. 혹은 작품 간에 유의미한 차이점이 있을 수도 있고요. 학교 선생님은 이런 지점을 의도적으로 찾아 학교 스타일에 맞춰 문제를 구성합니다.

그런데 보통 학생들은 이런 출제 의도는 생각하지 않고 눈앞에 주어진 시험지 위 글자에만 집중해 읽으려 합니다. (가), (나), (다) 작품이 있으면 일단 작품을 쭉 읽고요, 읽고 나서 문제를 확인하겠죠. 그랬더니 다음과 같이 문제가 나왔다고 해봅시다.

3. (가)~(다)에 대한 설명으로 적절한 것은? (3.1점)
① (가)는 (나), (다)와 달리 자신의 삶에 대한 후회가 나타나 있다.
② (나), (다)는 (가)와 달리 자신에 대한 자부심이 드러나 있다.
③ (가)~(다)는 특정 대상에 대한 마음이 창작의 동기가 되고 있다.
④ (가)~(다)는 사물을 이용하여 새로운 삶의 의미를 비유하고 있다.
⑤ (가)~(다)는 자연물을 통해 대상을 본받으려는 태도를 표현하고 있다.

제가 만든 게 아니라 실제로 출제된 문제입니다. 공통점과 차이점을 묻는 문제죠. 이제 이 학생은 어떻게 행동할까요? 맞습니다. ①번 선지를 풀기 위해 지문으로 돌아가 '삶에 대한 후회'가 있었는지 (가)부터 (다)까지 다시 읽으며 찾습니다. 5개 선지마다 돌아가서 읽고 돌아가서 읽는 과정을 반복하겠네요. 가뜩이나 시간이 부족한 내신 시험에서 이렇게 시간을 낭비하면 낭패입니다. 그래서 제가 늘 수업 시간에 하는 말이 있습니다.

"생각이 머무는 자리를 늘 염두에 둬라. 생각이 먼저 나와야 한다."

공통점과 차이점을 묻는 문제가 출제될 거라는 원리를 알고 있으니 왜 이 작품들이 함께 나왔는지 먼저 생각하고 지문을 독해하면 필요한 정보를 추출하는 데 훨씬 더 유리합니다. 내가 미리 뽑아둔 정보를 갖고 곧바로 문제에 접근할 수 있으니 시간도 굉장히 단축될 거고요. 애초에 문제부터 보고 지문 독해에 들어가면 더 좋겠죠.

나아가 시험 범위를 공부할 때부터 여러 작품 간 공통점과 차이점을 스스로 생각해보는 것도 큰 도움이 됩니다. 오늘 15쪽에 있는 작품을 공부하고 시간이 지나 132쪽 작품을 공부할 때 앞 페이지들을 한 번 훑으며 함께 출제될 작품이 있을지 따져보는 겁니다. 행여 공통점과 차이점을 묻는 문제가 시험에 나오지 않더라도 여러 작품을 다양한 측면에서 묶어보는 공부는 매우 유익합니다. 각 작품을 입체적이고 통합적으로 분석할 수 있으니까요.

출제 원리 2 외부 지문은 반드시 본문 지문과 연관성이 있다

첫 번째 출제 원리와 일맥상통하는 두 번째 원리는 학생들이 가장 어려워하는 외부 지문을 푸는 핵심 명제와 같습니다. 학교에서 배우지 않은 새로운 작품이 등장한 의도를 한번 생각해 보자는 거죠. 학교 선생님이 무작위로 작품을 골라 출제했을 리는 없으니까요. 반드시 시험 범위 내 작품과 연관성이 있기 때문에 나온 겁니다.

윤선도의 〈만흥〉이 나온다면 〈보기〉 문제 외부 지문으로 윤선도의 〈견회요〉가 출제될 수 있습니다. 이때 두 작품의 연관성은 작가가 같다는 거죠. 동일한 작가라는 건 시대 배경과 작품 스타일이 비슷함을 의미할 테니 이를 염두에 둔다면 외부 지문도 낯설게 느껴지지 않습니다. 이미 〈만흥〉을 공부하면서 그런 내용을 충분히 익혔을 테니까요. 윤선도의 작품 세계를 더 깊이 알아보고자 〈견회요〉 등의 다른 작품까지 미리 공부해 뒀다면 더할 나위 없겠죠.

특정 소재가 겹칠 수도 있습니다. 예를 들면 (가)의 현대소설에 '창문'이 주된 상징적 소재로 쓰였는데 외부 지문인 (나)의 현대시에도 '창문'이 등장하는 겁니다. 그러면 (가)에는 ㉠ 창문, (나)에는 ㉡ 창문이라고 표기돼 있을 확률이 100퍼센트입니다. 외부 지문을 끌어온 이유가 이 둘의 의미를 비교하는 걸 테니까요.

기존 작품과 새로운 작품 간에는 작가, 소재, 표현법, 주제 등 최소 하나 이상의 면에서 연관성이 있을 수밖에 없습니다. 그러니 내가 모르는 외부 지문이 나왔다고 들입다 읽는 게 아니라 왜 이 작품이 나왔는지 내신 출제 원리에 비춰 먼저 생각해보는 태도가 머릿속에 자리 잡혀 있어야 합니다. 선 생각 후 적용. 뭐든지 생각이 먼저 나와야 해요.

사실 너무 당연한 얘기고 실천하기에 아주 어려운 일도 아닙니다. 그럼에도 내신 공부가 너무 지겹고 빨리 시험이 끝났으면 좋겠고 하는 마음에 딱 한 발 더 발전할 노력을 기울이기가 쉽지 않은 겁니다. '수학, 과학처럼 명확한 공식이나 법칙이 있는 것도 아닌데 국어는 그냥 풀면 되겠지' 하는 얕은 태도에 머무르면 성적도 똑같이 머물러 있습니다. 국어 내신에도 누구나 공감할 수 있는 출제 원리가 있습니다. 체계적이고 분석적인 공부를 해야 내신에서 원하는 결과를 손에 쥘 수 있습니다.

출제 원리 3 각 시어나 단어의 함축적 의미를 묻는 문제가 출제된다

수능에서는 특정 단어가 무슨 의미를 지녔는지 직접적으로 물어보진 않습니다. 그보다 그 의미를 바탕으로 작품의 전체 맥락을 이해하고 있는지 물어보죠. 그런데 내신은 아무래도 학교 선생님이 수업한 내용에서만 문제가 나와야 하는 동시에 변별력까지 지녀야 하니 지엽적인 부분에서 많이 출제될 수밖에 없습니다. 그중 특정 단어나 표현이 함축하고 있는 의미를 각각 물어보는 문제가 1순위입니다. 다음 문제도 실제로 출제된 문제입니다.

---

4. (가)~(다)의 시어를 적절하게 이해한 것은? (2.9점)

① (가)의 '잔월효성殘月曉星'은 '님'과 같이 화자의 진실을 증명하는 소재라고 볼 수 있다.
② (가)의 '벼기더시니 뉘러시니잇가'는 '님'에 대한 원망을 드러내고 있다고 볼 수 있다.
③ (가)의 '님하 도람 드르샤 괴오쇼셔'는 '님'에 대한 변함없는 일편단심을 강조한다고 볼 수 있다.
④ (나)의 '눈'은 (다)의 '춘광春光'과 같이 대상에 대한 부정적 속성을 지닌 소재라고 볼 수 있다.
⑤ (나)의 '세한고절歲寒孤節'은 (다)의 '청고흔'과 같이 화자가 중요하게 생각하는 정신적 가치를 의미한다고 볼 수 있다.

(가) 작품에서 '잔월효성'은 어떤 의미를 지니는 소재인지, (나) 작품에서 '세한고절'은 어떤 의미를 함축하고 있는지 콕 집어 물어보고 있습니다. 수능 공부에서는 전체적인 흐름과 뉘앙스 파악이 중요하다면 내신 공부에서는 전체적인 흐름 파악은 기본이고 그에 더해 특정 단어가 맥락상 어떤 의미를 지니는지까지 디테일하게 알고 있어야 합니다. 여기서 제가 항상 강조하는 지점은 다음과 같습니다.

<u>"문학은 생각하는 대로 읽는 게 아니라 읽히는 대로 생각하라."</u>

간단한 예를 들어볼게요. '검은 하늘' 하면 어떤 이미지가 떠오르나요? 어두우니까 부정적인 이미지가 가장 먼저 떠오르겠죠. 그런데 검은 하늘 한편에는 눈이 부실 만큼 밝은 별 하나가 반짝거리고 반대편에는 아름다운 은하수가 펼쳐져 있습니다. 그 하늘을 사랑하는 사람과 나란히 앉아 바라봅니다. 이때 '검은 하늘'은 부정적인 감정을 전하나요? 아니죠, 황홀함이라는 매우 긍정적인 감정과 맞닿아 있습니다.

이렇듯 문학을 해석할 때는 특정 표현과 연관된 주변 문맥이 긍정적이냐 부정적이냐, 플러스냐 마이너스냐를 아울러 해석하는 게 기본자세입니다. 이 예시의 경우 '검은 하늘'은 '밝은 별', '은하수', '사랑하는 사람'과 조응해 환상적인 분위기를 만들어 낸다는 내용이어야 정답입니다. 내가 알고 있는 상식, 통념이나 선입견을 기준으로 시험문제에 접근하면 안 됩니다. 일반적인 생각과 어긋나는 부분이 바로 학교 선생님에게는 출제하기 딱 좋은 지점이거든요. 따라서 원래 생각이 아니라 맥락에서 읽히는 대로, 내 주관은 배제한 채 객관적으로 이해하려는 태도가 필요합니다.

출제 원리 4 **본문의 별표(*) 표시 단어, 굵은 글씨, 한자어가 문제로 출제된다**

네 번째 출제 원리는 세 번째 원리에서 이어집니다. 그럼 어떤 단어, 어떤 표현이 내신 문제로 출제될까요? 고전시가 작품인 윤선도의 〈만흥〉을 예시로 확인해 보겠습니다.

> **《EBS 수능특강》 문제**
> 누고셔 삼공三公도곤 낫다 ᄒ더니 만승萬乘이 이만ᄒ랴
> **이제로 헤어든 소부巢父 허유許由ㅣ 냑돗더라***
> 아마도 님쳔 한흥林泉閑興*을 비길 곳이 업세라　　〈제4수〉
>
> * 냑돗더라: 약았더라.
> * 님쳔 한흥: 자연에서 한가롭게 살아가는 즐거움.
>
> **내신 시험문제**
> 누고셔 ⓒ 삼공三公도곤 낫다 ᄒ더니 ⓓ 만승萬乘이 이만ᄒ랴
> 이제로 헤어든 ⓔ 소부巢父 허유許由ㅣ 냑돗더라
> 아마도 **님쳔 한흥**林泉閑興을 비길 곳이 업세라　　〈제4수〉

출처: 2020년《EBS 수능특강: 국어영역 문학》49쪽

　가장 눈에 띄는 건 한자가 병기된 단어는 모두 문제로 출제됐단 점이네요. EBS 교재에서 굵은 글씨로 표시돼 문제화된 부분도, 별표로 어휘 풀이가 달린 단어도 마찬가지로 학교 선생님이 놓치지 않고 출제 포인트로 잡았습니다. 이처럼 생소하거나 낯선 단어, 추가 설명이 필요한 어려운 표현이 문제로 출제됩니다. 학생들은 보고 싶지도, 외우고 싶지도 않을 부분이겠지만 그렇기 때문에 시험에 내기 안성맞춤이지 않겠어요?

　내신 문학을 공부할 때는 전체적인 흐름만 파악하면 안 되고 무조건 한 단어 한 단어 정확하게 해석할 수 있도록 공부해야 한다는 점이 네

번째 원리에서 도출됩니다. 윤선도의 〈만흥〉을 자연 속에 묻혀 사는 즐거움을 말하는 작품이라고만 대충 훑고 넘어가면 내신 시험 당일 '삼공'과 '만승'이 뭐냐고 세밀하게 파고드는 문제에 영혼이 털립니다. 문학에서는 단어의 함축적 의미를 묻는 이른바 내신형 문제가 많이 나오니 정말 꼼꼼히 공부해야 해요.

네 번째 출제 원리는 사실 내신 고득점 원리와도 닿아 있습니다. 학교 선생님이 가르쳐주는 대로 한 줄 한 줄 정확하게 해석하고 정리하는 습관을 들이다 보면 시험 범위 자료에 있는 작은 글씨까지도 내시경 검사하듯 면밀히 들여다보는 방향으로 나아가게 됩니다. 내신 시험은 바로 이런 지점에서 결정적인 한 방이 갈리기 때문에 지금의 출제 원리를 늘 염두에 두고 내신 공부에 임하면 고득점에 한 발짝 가까워질 수 있습니다.

단, 문학 영역의 경우 약간의 예외가 있습니다. 수능형 문학은 전반적인 개념만 알면 사고력과 추론력을 바탕으로 문제를 풀 수 있게끔 출제되는 경향이 있습니다. 반면 내신형 문학은 어떤 특정 시어, 단어나 표현법 그 자체를 세세하게 물어봅니다. 예컨대 5개 선지에 역설법과 가장 많이 헷갈려 하는 반어법을 섞어 구성한 뒤 역설법이 쓰이지 않은 선지를 찾으라고 하는 식이죠.

내신은 본디 학생 개개인의 창의력과 상상력을 증진하려는 목적이 아니라 학교에서 가르친 지식을 잘 익혔는지 확인하려는 목적을 띠고 있습니다. 수업 시간에 성실히 임했는지, 학교 교육과정을 충실히 따라왔는지 주기적으로 평가하는 제도인 거죠. 그렇기 때문에 아무리 수능형으로 문제를 낸다 해도 내신이라는 시스템에서는 어쩔 수 없이 아주 세부적인 사항까지 물어볼 수밖에 없습니다.

결국 문학 내신에 대비하려면 내용 측면과 형식 측면을 모두 학습해야 합니다. 다른 개념과의 차이점을 정확히 설명할 수 있을 만큼 개념을 이해하고 그 개념의 예시까지 2~3개 외우고 있을 정도로요. 그런 면에서 앞서 강조한 문학 개념어 공부가 아주 큰 도움이 됩니다. 역설법, 반어법과 같은 각종 표현법, 공감각적 이미지, 음성 상징어 등 문학 개념어를 일찍이 폭넓게 숙지해두는 게 좋습니다.

더불어 EBS 해설지와 사용 설명서를 함께 펼쳐놓고 문학작품을 분석하는 것도 굉장히 유용한 공부법입니다. 학교 선생님도 출제에 활용하는, 내용 측면과 형식 측면 모두 잘 정리된 자료니까요.

문법 영역 출제 원리

출제 원리 1 **개념을 엄밀히 구분할 줄 알아야 풀 수 있는 문제가 출제된다**

학교 선생님은 내신 시험문제를 낼 때 '학생들이 수업 시간에 배운 것을 확실하게 복습했겠지?' 하는 생각으로 시험 범위 내용을 이미 충분히 알 거라 가정합니다. 관련 개념을 설명하는 지문을 주는 식으로 수능과 유사하게 문제 형식을 맞춘다 한들 애초에 문제 풀이에 필요한 문법 개념을 알지 못하면 제시간에 풀 수 없도록 시험이 설계돼 있죠.

그렇기 때문에 내신 문법에 대비하려면 개념을 철저히 공부해둬야 하는데, 2장 84쪽 〈국어 공부 성장기〉에서 말했듯이 문법은 일상에서 경험하는 언어적 감각과 시험에서 요구하는 개념적 지식의 괴리가 커 학습하기가 매우 까다롭습니다. 따라서 문법과 같은 개념 중심 공부를 할 때는 경험 차원의 이해를 원론적인 차원의 이해로 전환할 줄 아는 게 중요합니다. 단순히 문제만 많이 푼다고 성적이 잘 나오진 않거든요. 간단한 예시를 들어보겠습니다.

이분/그분/저분은 누구신가요?

한국 사람은 평소에 '그'와 '저'를 명확하게 구별해 쓰지 않죠. 그러다 보니 보통 나와 가까이 있으면 '이분', 나와 멀리 있으면 '그분' 혹은 '저분'이라고 표현합니다. 일상 대화에서는 이렇게 대충 말해도 서로 다 알아듣기 마련이고요. '이분', '그분', '저분'이 인칭대명사에 속하는 단어임을 인지하며 쓰는 사람은 아무도 없을 겁니다. 실제로 대명사 파트를 공부할 때 이미 익숙하게 잘 알고 있다고 여기며 가볍게 넘어가는 학생도 많습니다.

하지만 학교 내신 같은 시험 문법은 이렇게 경험적이고 감각적인 차원에서 출제되지 않습니다. 일상생활에서는 모두가 '그분'과 '저분'을 엄밀하게 구분해 쓰지 않지만 시험 문법에서는 이들을 아주 엄격하게 다릅니다. 지칭하고자 하는 사람을 기준으로 화자와 청자가 어느 위치에 있느냐에 따라 이 셋을 구별할 줄 알아야 하는 거죠.

이분=화자와 가까이에 있는 사람
그분=청자와 가까이에 있는 사람
저분=화자와 청자 모두에게 멀리 있는 사람

이처럼 문법 이론상 '이분', '그분', '저분'은 명확하게 구분돼 있습니다. 그리고 시험에는 그 개념 차이를 알아야만 풀 수 있는 문제가 의도적으로 출제됩니다. 학생들이 대충 감으로만 접근하면 문제를 틀리도록 오답과 함정을 배치하는 겁니다. 이를 치사하다거나 이상하다고 생각할 이유는 없습니다. 학교 선생님은 변별력을 만들기 위해 학생들 모두 헷갈리거나 틀릴 만한 부분에서 문제를 내는 게 당연하니까요.

출제 원리 2 문법 형성 원리를 정확히 알아야 풀 수 있는 문제가 출제된다

문법 개념을 단순 암기하는 것만으로는 부족합니다. 다른 사람에게 정확하게 전달 가능할 만큼 문법 형성 원리를 완벽하게 이해하고 있어야 합니다. 예컨대 문법을 잘 모르는 옆자리 친구가 '국물'이 [궁물]이라고 발음되는 이유를 물어봤을 때 친구가 그 자리에서 관련 문제를 풀수 있을 만큼 '비음화', '자음동화' 같은 개념을 충분히 설명할 수 있을 정도로 지식을 단련해야 내신 문법을 정복할 수 있습니다.

출제 원리 3 시험 범위 내 자료 예문이 100퍼센트 활용된다

교과서, 학교 선생님이 수업 시간마다 나눠주는 프린트 그리고 EBS 교재에 각 문법 개념이 적용된 예문이 있습니다. 이것들은 100퍼센트 암기해놔야 합니다. 가령 《EBS 수능특강》 문제의 예시가 실제 내신 시험에서는 본문으로 나오는 경우도 많습니다. 지문에 있든 문제에 있든 시험 범위 자료에 등장하는 예문은 철저히 내 것으로 만들어야 합니다.

출제 원리 4 배경지식이나 상식으로 풀 수 있는 문제는 없다

첫 번째와 두 번째 출제 원리에서 설명했듯이 내신 시험에서 배경지식이나 상식으로 풀 수 있는 문법 문제는 참 적습니다. 내신 문법은 훨씬 더 이론적이며 개념적인 내용에 기반을 두고 출제되므로 제대로 공부하면 시간을 단축하기 쉽고 제대로 공부하지 않으면 시간을 많이 할애할 수밖에 없습니다. 그러니 내 지식 수준에 따라 시험 당일 문법을 먼저 풀지 나중에 풀지, 어떤 파트를 얼마만큼 빨리 넘겨야 할지 판단이 뚜렷하게 서 있어야 시간 관리에 실패하지 않을 수 있습니다.

7장

서술형, 논술형, 수행평가를 위한
1등급 글쓰기 전략

국어 역량의 완성은 쓰기

글쓰기를 대하는 올바른 태도

얼마 전 중학생 학부모 채팅방에 이런 글이 올라왔습니다.

학부모 A 어머, 선생님 어떡해요…. 우리 아이 첫 중간고사에서 서·논술형 문제 배점이 25점이었어요(눈물).

학부모 B 저희는 중간고사 전체가 서·논술형이에요…. 예전엔 그냥 시험 범위를 다 외우면 됐는데 이건 어떻게 준비해야 하나요?

2022년 개정 교육과정 시작과 함께 글 읽기와 글쓰기는 학업 성취도를 평가하는 핵심 요소가 됐습니다. 2025년부터 본격적으로 서술형, 논술형 시험이 확대 시행되고 수행평가 중심의 성적 산출이 전체 교육과정에 반영되면서 독서 역량과 더불어 내 생각을 체계적으로 표현할 수 있는 능력, 글쓰기 역량이 그 어느 때보다 중요해졌죠.

서·논술형 글쓰기는 주어진 문제에 대한 답을 쓰는 글쓰기입니다. 서술형 글쓰기는 한 문장 이상의 짧은 글쓰기로 길이는 짧지만 그 안에 표현하고자 하는 핵심 내용이 정확하게 담겨야 합니다. 이에 반해 논술형 글쓰기는 주로 수행평가와 일반 과제에서 쉽게 만날 수 있는데 한 문단 이상의 글을 적어야 해서 서술형 글쓰기보다 그 세부 과정과 조건이 까다롭습니다. 발문[문제] 이해 → 주제 및 글감 선정 → 근거 자료 수집과 정리 → 문단 및 논리 구성 → 글 작성 및 수정 등 글쓰기 과정부터 결과까지가 모두 평가 요소입니다. 이때 문제와 출제자의 요구를 정확하게 파악하기 위해서는 '독서 및 문해력'이 중요합니다. 다시 말해 맹목적인 독서가 아니라 뚜렷한 목적의식과 목표를 갖고 수행하는 독서와 독해 역량이 필요한 거죠.

이 과정을 학생들은 참 번거롭다고 느낄 수 있습니다. '굳이 이렇게까지 해야 해?' 하는 생각이 강하게 들겠죠. 그러나 이런 마음과 태도로는 좋은 점수를 받기 어렵습니다. 이제 글쓰기에 대한 부정적인 인식을 내려놓고 적극적이고 긍정적인 자세로 글쓰기에 임해야 할 때입니다. 글을 얼마나 논리적이고 체계적으로 잘 쓰는지도 중요하지만 학생 스스로 글쓰기를 번거롭고 귀찮은 일이라 여기지 않고 교육과정의 변화된 흐름을 인정하고 받아들이는 자세가 무엇보다도 필요합니다.

글 읽기와 글쓰기는 학생의 심리 상태와 마음가짐이 고스란히 드러나는 특별한 영역입니다. 다른 과목이 정해진 답을 찾아가는 과정이라면 글쓰기는 자기 내면을 표현하는 창작 활동이죠. 쓰는 사람의 기분과 감정이 자연스럽게 글에 반영돼 어휘 선택, 문장 구성, 글씨체는 물론 전체적인 글의 분위기까지 좌우합니다.

예를 들어 즐거운 마음으로 책을 읽고 이와 관련해 쓴 글에는 풍부한 어휘와 생동감 있는 표현이 담겨 있을 겁니다. 또 차분히 글감을 읽고 주요 논제를 파악한 후 깊이 생각하며 쓴 글에서는 논리적이고 통찰력 있는 표현이 엿보이겠죠. 반면 출제자가 제공한 문제도 제대로 파악하지 않고 억지로 쓴 글에는 단조로운 문장과 피상적인 표현이 반복될 테고 졸면서 비몽사몽 쓴 글에서는 산만한 구성과 맥락 없는 전개가 나타나겠죠. 대충 읽고 대충 쓴 글에서 역시 성의 없는 단어 선택과 불완전한 문장구조를 통해 글쓴이의 태도가 그대로 드러납니다.

글쓰기에는 작성자의 진정성이 필수입니다. 형식적으로 글을 채우기만 하면 평가자는 그 불성실한 태도를 쉽게 알아차릴 게 뻔하며 이는 낮은 평가로 이어질 수밖에 없습니다. 더 중요하게는 그 과정에서 글쓰기의 본질적 가치인 자기표현과 소통의 진정성이 빛을 잃을 테고요. 글쓰기에 임할 때는 글에 적대감을 갖기보다는 우호적으로 내 생각을 진솔하게 표현하려는 노력이 필요합니다.

독서와 글쓰기의 상호작용

진정한 의미의 독서는 내가 읽은 내용이 몸 밖으로 나오는 것까지를 포함합니다. 다시 말해 독서 후 내가 읽은 바를 고민하고 이를 다시 글쓰기나 생각 말하기로 표현하는 과정이 필요하죠.

독서와 글쓰기의 관계는 마치 '호흡'과도 같습니다. 들이쉬는 숨이 독서라면 내쉬는 숨은 글쓰기입니다. 진정한 독서는 단순히 책을 읽고 그 내용을 머릿속에 저장하는 데서 끝나지 않습니다. 책 내용이 내 경험과 만나 새로운 의미로 재탄생하고 이것이 다시 나만의 언어로 표현될 때 비로소 완성됩니다.

읽은 내용은 여러 가지 방식을 통해 내 것으로 만들 수 있습니다. 독서 일기를 쓰거나 블로그에 서평을 남기는 게 가장 기본적인 방법입니다. SNS에 인상 깊은 구절을 공유하거나 책 내용을 바탕으로 나만의 창작물을 만들어내는 것도 좋은 방법입니다. 친구들과의 독서 토론을 통해 다양한 관점을 접하면서 내 생각을 더욱 깊이 있게 발전시킬 수도 있습니다.

이때 중요한 점은 가벼운 감상이나 요약 수준을 넘어서야 한다는 겁니다. 책에서 얻은 통찰을 내 삶과 연결 지어 생각해보고 이를 실천적 변화로 이끄는 게 핵심입니다. 예를 들어 리처드 도킨스의 《이기적 유전자》를 읽었다면 단순히 지식을 습득하고 끝내는 게 아니라 내 일상생활에서 이 책과 관련된 부분을 소재로 간단한 일기를 써보거나 저자의 견해에 관한 내 생각을 논리적으로 정리해보는 등의 연습이 필요합니다.

독서에서 얻은 교훈을 삶에 적용하고 이를 글로 표현하는 건 개인의 성장에도 큰 도움이 됩니다. 이 과정을 통해 학생은 생각의 깊이, 삶의 태도, 실제 행동 변화를 스스로 이끌어내 조금 더 나은 사람으로, 인정받는 사람으로 거듭날 수 있습니다.

독서라고 해서 꼭 읽는 대상이 책일 필요는 없습니다. 교과서 텍스트일 수도 있고 내게 쓴 글일 수도 있습니다. 다른 사람이 세상에 던진 무수한 메시지일 수도 있죠. 이렇듯 다방면의 독서를 통해 넓어진 시야는 더 풍부한 글쓰기의 토대가 되고 글쓰기를 통한 깊이 있는 사고는 다시 더 깊이 있는 독서를 가능하게 합니다. 독서와 글쓰기의 이런 선순환 속에서 학생은 자연스럽게 더 성숙한 사고방식과 균형 잡힌 세계관을 갖춥니다. 1장에서도 한 번 언급했듯이 저는 이를 일컬어 '존재론적 순환'이라고 표현합니다.

이것이 바로 독서와 글쓰기가 단순한 학습 도구가 아닌 삶의 방식이 돼야 하는 이유입니다. 다시 말해 독서로 얻은 지혜를 나만의 언어로 재해석하고 표현하는 과정은 바로 나를 더 나은 사람으로 만들어가는 여정과 같습니다. 독서와 글쓰기의 선순환은 개인을 지적으로 성장시킬 뿐 아니라 정서적 성숙과 인격적 발전까지 아우르는 총체적 성장을 가능하게 합니다.

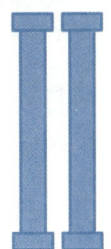

1등급 글쓰기의 시작:
내적 대화와 외적 대화 활용하기

글쓰기는 대화다

글쓰기의 본질을 이해하는 데 가장 중요한 관점은 바로 '대화'입니다. 글쓰기는 단순한 정보 전달이나 과제 수행이 아닌, 글을 쓰는 사람과 읽는 사람 사이의 깊이 있는 대화입니다.

우리는 왜 대화를 할까요? 대화가 타인을 이해하는 수단이기 때문입니다. 만약 다른 사람과 대화할 수 없다면 눈앞에 있는 사람의 행동이나 감정을 쉽게 이해할 수 없을 겁니다. 그러나 그 사람과 조금만 대화를 나눠보면 앞서 이해되지 않던 부분이 점차 이해되기 시작합니다. 대화는 누군가의 마음을 들여다보고 이해할 수 있는 가장 좋은 도구니까요.

이를 학교에서의 글쓰기 평가에 적용해보면 수행평가나 서·논술형 시험도 본질적으로는 선생님이 학생을 이해하기 위한 대화 수단과 같습니다. 글쓰기를 통해 학생이 자기 생각과 지식의 깊이를 올바르게 전달할 수 있다면 선생님은 그 학생을 더 잘 이해하게 될 겁니다. 글이 학생과 선생님 사이의 의미 있는 소통 창구가 되는 거죠.

수행평가나 서·논술형 시험에서 선생님이 진정으로 보고 싶은 건 단순한 지식의 나열이 아닙니다. 그보다는 학생이 해당 주제를 얼마나 깊이 있게 고민했는지, 어떤 관점에서 문제를 바라보는지 그리고 그것을 얼마나 진정성 있게 표현하려고 노력했는지 평가하고자 합니다. 이는 선생님과 학생이 한 주제를 두고 깊이 있는 대화를 나누는 것과 같습니다.

따라서 글을 쓸 때 '시험문제를 푼다'는 생각보다는 '선생님과 대화를 나눈다'는 마음가짐을 지니는 게 중요합니다. 내 생각과 감정을 솔직하게 표현하되 상대방이 이해하기 쉽도록 논리적으로 구성하고 예의 바른 태도로 써 내려가는 게 핵심이죠. 대화를 나눌 때 또박또박한 발음이나 상황과 상대에 맞는 적절한 어휘 선택이 중요한 것처럼 글쓰기를 할 때도 글씨체와 표현법이 정말 중요합니다. 이런 진정성 있는 대화는 자연스럽게 선생님의 공감과 이해를 이끌어내며 결과적으로 좋은 평가로 이어집니다.

나의 마음 표현하기(내적 대화 하기): 나와 나

글쓰기를 통한 대화는 세 주체가 상호작용하는 복합적 과정입니다. 첫째는 글을 쓰는 학생, 둘째는 글을 읽는 선생님 그리고 셋째는 그 사이를 이어주는 글 자체입니다. 이 세 요소가 조화롭게 어우러질 때 진정한 소통이 이뤄집니다.

글쓰기의 가장 근본적인 출발점은 바로 '나의 마음을 표현하는 것'입니다. 즉, 내가 내게 말을 거는 최초의 대화인 셈이죠. 윤동주 시인의 시 <쉽게 씌어진 시>가 떠오릅니다. 이 시에는 이런 표현이 있죠.

나는 나에게 작은 손을 내밀어
눈물과 위안으로 잡는 최초의 악수

나 자신에게 스스로 작은 손을 내미는 게 대화와 소통의 시작인 셈입니다. 많은 학생이 서·논술형 시험을 준비하면서 형식과 기교에만 집중하다가 이 본질을 놓쳐버립니다. 하지만 진정으로 감동을 주는 글, 높은 평가를 받는 글의 밑바탕에는 항상 글쓴이의 진실된 마음이 있습니다. 내 마음을 글로 표현하는 과정은 마치 거울을 보는 것과 같습니다. 우리가 거울 앞에서 꾸밈없는 내 모습을 마주하듯 글쓰기에서도 먼저 내 솔직한 생각과 감정을 마주해야 합니다.

진정성 있는 글쓰기의 첫 단계는 '독자가 없는 글쓰기'입니다. 평가나 비판에 대한 두려움 없는, 오직 나를 위한 글쓰기를 의미합니다.

"아니, 지금 서·논술 대비 팁을 얻으려고 이 책을 읽고 있는데 독자가 없다니요, 선생님! 무슨 말씀을 하시는 거예요?"라고 놀랄 수 있지만 아이가 처음부터 모든 걸 잘할 수는 없습니다. 기지 않고 걷는 아이는 없는 것처럼요. 마치 일기를 쓰듯이 내 생각과 감정을 자유롭게 펼쳐나가는 겁니다. 이때는 문법이나 맞춤법, 문장의 완성도를 걱정할 필요가 없습니다. 때로는 단어를 나열하기만 해도 충분합니다. 중요한 건 내 내면에 집중하고 이를 있는 그대로 표현하려 노력하는 과정입니다. 글쓰기에 익숙하지 않은 학생이라면 지금 학년과 상관없이 여기서부터 출발하는 게 좋습니다. 가끔 SNS에 끼적이는 글도 이때는 도움이 됩니다.

이런 자유로운 글쓰기 연습은 학생들에게 특별한 기회가 됩니다. 평소 말로 표현하기 어렵던 감정, 깊이 생각해보지 않은 문제를 글로 풀어내면서 나를 더 깊이 이해하게 되거든요. 또 이 과정에서 나만의 독특한 시각과 표현 방식을 발견해 이후 정형화된 글쓰기나 시험을 위한 글쓰기에서도 그 개성을 자연스럽게 드러낼 수 있습니다.

한마디로 마음 표현하기 연습은 글쓰기 실력 향상을 넘어 자기 이해와 성장으로 도약할 수 있도록 돕습니다. 처음에는 서툴고 어색하지만 꾸준한 연습으로 점차 내 생각과 감정을 더 선명하고 풍부하게 표현할 수 있죠. 이것이 모든 글쓰기의 단단한 기초입니다.

나의 최초의 독자 되기:
반성적·비판적 사고 키우기

 글쓰기에서 가장 중요한 독자는 바로 '나 자신'입니다. 따라서 글쓰기 연습의 두 번째 단계는 스스로 내가 쓴 글의 최초의 독자가 돼 마치 타인의 글을 읽듯이 객관적인 시선으로 내 글을 바라보는 것입니다.
 이는 단순히 글을 다시 읽는 게 아닌, 내 내면을 들여다보는 소중한 반성과 성찰의 시간이요, 나와 또 다른 내가 내적 대화를 나누는 시간입니다.
 내가 쓴 글을 다시 읽을 때면 놀라운 발견을 하게 됩니다. '아, 내가 이런 생각을 하고 있었구나', '이런 감정을 품고 있었구나', '이런 방식으로 세상을 바라보고 있었구나' 하는 깨달음을 얻는 거죠. 독서할 때는 몰랐던 것을 글로 옮겨 적으며 깨달을 때가 있습니다. 또 글을 쓸 때는 미처 알지 못했던 내 모습을 그 글을 다시 읽으며 새삼 깨닫는 경우도 많습니다. 이런 발견의 순간이 모여 자기 이해의 깊이를 더해가는 겁니다.
 글을 다시 읽는 방식은 각자 가장 편안하고 자연스러운 방법을 선택하면 됩니다. 어떤 사람은 조용한 카페에서 글을 읽어보는 걸 선호할 수도 있고 또 어떤 사람은 자기 방에서 소리 내 읽어보는 게 더 효과적일 수도 있습니다. 소리 내어 읽기는 특히 문장의 리듬감과 자연스러움을 확인하는 데 도움이 됩니다. 글이 어색하게 들리는 부분이 있다면 수정이 필요하다는 신호겠죠. 소리 내서 읽을 때 호흡하기 편하면 실제로 눈으로 읽을 때도 편하거든요!

이런 자기 독자 되기 과정을 통해 자연스럽게 비판적 사고가 성장합니다. '이 부분은 좀 더 명확하게 표현할 수 있지 않을까?', '여기서 내가 정말 하고 싶은 말은 뭘까?', '이 감정을 더 정확하게 표현할 수 있는 단어는 없을까?' 하는 질문을 스스로 던지면서 글을 다듬어 갑니다. 단순한 교정이 아닌 내 생각과 감정을 더 정확하게 이해하고 표현하려 노력하는 과정입니다. 더불어 이는 성찰적 글 읽기와 글쓰기를 한 단계 발전시키는 디딤돌이 됩니다. 내 글에서 발견한 장단점은 다음 글을 쓸 때 자연스럽게 반영돼 더 나은 글쓰기로 이어지죠.

아래 실제 학교생활에서 글을 쓸 때 활용할 수 있는 내적 대화의 방향을 정리해 뒀습니다. 서·논술형 답안 작성과 수행평가 글쓰기를 구별하지 않는 사람이 있는데 수행평가에는 꼭 논술형 답안만 있는 게 아니라서 이들을 완전히 똑같은 선상에서 다루기는 무리로 보입니다. 에세이형, 설명문형, 논술형 등 글의 방향은 다양하니까요.

> **서술형 답안 작성에서의 내적 대화 활용**
> · 주어진 문제를 정확히 이해했는지 자문하기
> · 관련 개념과 원리를 제대로 알고 있는지 점검하기
> · 문장구조를 어떻게 구성할지 스스로와 대화하기

> **논술형 답안 작성에서의 내적 대화 활용**
>
> · 주제에 대한 내 진정한 견해 탐색하기
> · 내 주장이 논리적으로 타당한지 검증하기
> · 반론은 없는지, 허점은 없는지 스스로 검토하기
>
> **수행평가 글쓰기에서의 내적 대화 활용**
>
> 1) 준비 단계
> · "이 주제에 대한 내 경험은 무엇인가?"
> · "이 주제가 내게 주는 의미는 무엇인가?"
> · "나는 이것을 통해 무엇을 배웠는가?"
> · "내 생각과 감정을 솔직하게 표현하고 있는가?"
>
> 2) 글쓰기 단계
> · 내 경험을 진솔하게 성찰하기
> · 주제에 대한 나만의 통찰 끌어내기
> · 배움의 과정을 구체적으로 돌아보기
> · 글의 진정성 점검하기

타인을 위한 글쓰기(외적 대화 하기): 나와 독자(선생님)

글쓰기의 최종 목적은 타인과의 소통입니다. 내 내면을 탐색하고 성찰하는 과정을 거친 후에는 그 생각과 감정을 다른 사람과 나누는 단계로 나아가야 합니다. 저는 이를 '외적 대화'라고 표현합니다. 외적 대화에는 크게 2가지가 있는데 하나는 '글, 글감'과의 대화이고 또 다른 하나는 나 이외의 독자 혹은 평가자와 나누는 대화입니다. 먼저 독자 및 평가자와 나누는 대화에 관해 얘기해보죠. 이때 글쓰기는 다시 두 방향으로 나뉩니다.

먼저 주관적 평가가 중심이 되는 글쓰기가 있습니다. 이는 내 개성과 존재감 그리고 독특한 시각을 드러내는 게 중요한 글입니다. 예를 들어 오랜만에 만난 친구에게 보내는 편지에는 그동안의 내 일상과 감정을 진솔하게 전달하는 게 중요합니다. 블로그에 여행 경험을 공유할 때도 여정을 단순히 나열하는 게 아니라 여정에서 느낀 감동과 깨달음을 진정성 있게 표현해야 독자의 마음을 움직일 수 있습니다. 문학적 글쓰기나 에세이도 주관적 글쓰기의 좋은 예시입니다. 이런 글에서는 형식적 완벽함보다는 진정성 있는 감정 표현과 독창적 시각이 더 큰 가치를 지닙니다.

반면 객관적 평가를 받아야 하는 글쓰기에는 다른 접근이 필요합니다. 이때는 개인 감정을 앞세우기보다 논리적 구조와 객관적 근거를 바탕으로 글을 전개해야 합니다. 예를 들어 학술 리포트를 작성할 때는 주제에 대한 명확한 이해, 적절한 자료 인용, 논리적 분석 그리고 결론의 타당성 등이 중요한 평가 요소가 됩니다. 마찬가지로 공식적인 보고서, 학교 과제나 시험 답안 같은 글에서는 정해진 평가 기준을 충실히 따르는 게 필수입니다. 결국 채점을 하는 선생님이 학생이 쓴 글을 어떻게 평가해 주는지가 매우 중요하기 때문이죠.

2가지 유형의 글쓰기에서 공통적으로 중요한 지점은 '독자와 평가자에 대한 존중'입니다. 아무리 주관적인 글이라도 독자가 이해하기 어려울 정도로 산만하거나 불명확해선 안 되며 객관적인 글이라 하더라도 너무 건조하거나 기계적이어선 안 됩니다. 독자 수준과 관심사를 고려해 적절한 어휘를 선택하고 이해하기 쉬운 문장구조를 사용하며 필요한 경우 부연 설명을 덧붙이는 세심함이 필요합니다.

결국 타인을 위한 글쓰기의 핵심은 '균형'입니다. 내 생각과 감정을 진정성 있게 표현하되 그것이 독자에게 효과적으로 전달되도록 적절한 형식과 구조를 갖추는 것입니다. 또 글의 내용이 너무 진지해서도 안 되고 너무 가벼워서도 안 됩니다. 전반적으로 탄탄한 논리가 필요한 논술형 글에서는 가끔 재밌는 이야깃거리와 재치 있는 농담이 글을 매력적으로 만듭니다. 이른바 '티키타카'가 되는 거죠. 이런 균형 잡힌 글쓰기야말로 진정으로 의미 있는 소통을 할 수 있게 하며 글쓴이와 독자 모두에게 뜻깊은 경험을 선사할 수 있습니다.

서술형 답안 작성에서의 외적 대화 활용

· 교과서나 참고 자료 설명과 내 이해 비교하기
· 문제가 요구하는 바와 내 답안 연결 짓기

- 평가자 관점에서 답안 검토하기
- 평가자에게 흥미와 매력을 느낄 만한 재미 선사하기
- 답안 작성 조건에 맞게 문장 완성하기

논술형 답안 작성에서의 외적 대화 활용

- 다양한 관점과 자료를 탐색하고 비교하기
- 예상 반론에 대한 대응 논리 준비하기
- 독자를 고려한 설득력 있는 표현 선택하기

수행평가 글쓰기에서의 외적 대화 활용

1) 준비 단계
   - 수행평가 주제와 관련된 자료 찾아보기
   - 평가 기준표 꼼꼼히 검토하기
   - 다른 사람의 관점과 경험 참고하기
   - 교과 내용과 내 경험 연결 짓기

2) 글쓰기 단계
   - 평가 기준의 요구 사항 반영하기
   - 독자(선생님) 관점에서 글 점검하기
   - 객관적 근거와 주관적 경험 균형 맞추기
   - 교과 학습 내용과 연계하기

타인을 위한 글쓰기(외적 대화 하기): 나와 '글'

글쓰기는 '글'을 하나의 살아 있는 대화 상대로 여기는 데서 시작됩니다. 단순히 종이 위에 정보를 나열하는 게 아니라 마치 소중한 친구와 얘기를 나누듯 글과 깊이 있는 대화를 나누는 겁니다. 글이 내 의인화된 친구인 셈이죠. 그렇다고 실제로 목소리를 내서 대화하면 안 됩니다. 미친 사람인 줄 알아요. 그저 우리에게 필요한 건 내가 쓴 문장에 애정을 갖고 좀 더 진솔한 대화를 나누는 것뿐입니다.

예를 들어 우리가 친한 친구와 대화를 나눌 때는 상대방의 반응을 살피고 그에 맞춰 얘기 속도와 깊이를 조절하겠죠. 마찬가지로 글을 쓸 때도 앞 문장과 뒤 문장의 호흡이 이전 문장과 자연스럽게 이어지는지, 전달하고자 하는 감정이 적절하게 표현되고 있는지 끊임없이 살펴봐야 합니다. 때로는 격정적으로, 때로는 잔잔하게 마치 실제 대화를 나누듯 글의 흐름을 조절해 나가는 겁니다.

이렇게 글을 하나의 인격체로 대할 때 글쓰기는 더욱 풍부하고 생동감 있게 변합니다. 단순히 정보를 전달하는 글이라 하더라도 그 속에 글쓴이의 진심과 감정이 담깁니다. 학술적인 리포트를 쓸 때도, 일상적인 편지를 쓸 때도, 글과의 진정성 있는 대화를 통해 더욱 깊이 있는 표현이 가능해집니다.

더불어 이런 '대화적 글쓰기'는 우리 사고를 확장해 줍니다. 글과 대화를 나누는 과정에서 처음에는 미처 생각하지 못한 새로운 관점이 떠오르기도 하고 막연히 품고 있던 생각이 더욱 선명하게 정리되기도 합니다. 마치 대화를 통해 서로의 생각이 발전하고 깊어지는 것과 같은 과정입니다.

글쓰기는 나의 내면과 나누는 끊임없는 대화이자 타인과의 진정한 소통을 위한 시작입니다. 이런 관점으로 글을 대한다면 내 생각과 감정을 더욱 진실한 목소리로 표현할 수 있습니다.

요컨대 서·논술형 글쓰기에서 가장 중요한 건 내적 대화와 외적 대화의 끊임없는 상호작용입니다. 내적 대화를 통해서는 생각을 깊이 성찰하고 정교화하며 외적 대화를 통해서는 생각의 폭을 넓히고 다양한 관점을 얻습니다. 마치 숨을 들이쉬고 내쉬는 것처럼 내적 대화로 나를 들여다보고 외적 대화로 세상과 소통하는 이 순환이 계속될 때 비로소 좋은 글이 완성됩니다. 좋은 글은 나와 선생님 그리고 나와 글감이 서로 주고받는 역동적인 대화의 장에서 태어나고 자랄 테니까요.

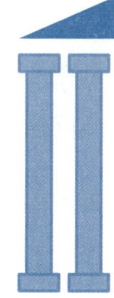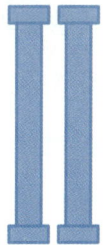

1등급 글쓰기의 완성:
평가 기준을 충족하라

 많은 학생과 부모님이 글쓰기 평가에는 정해진 '정답'이 없다고 생각합니다. 틀렸습니다. 물론 수학에서처럼 '2+2=4'라는 절대적인 답은 없죠. 하지만 글쓰기에는 특정 개념을 서술할 때 빼놓을 수 없는 핵심 키워드가 있고 시험 당일 제공되는 다양한 조건과 '채점 혹은 평가 기준'이 있습니다. 이 요소를 얼마나 잘 충족했는지가 평가의 핵심입니다. 이는 글쓰기를 더욱 객관적이고 신뢰도 높은 역량 측정 수단으로 활용하는 데 도움을 줍니다. 따라서 특정 개념을 묻는다면 그 개념과 관련된 정의와 예시에 암기 수준으로까지 접근해야 하고 조건에 맞게 주어-목적어-서술어를 제대로 써서 글의 완결성도 갖춰야 합니다.

예를 들어 '환경 보호의 필요성'이라는 주제로 글을 써야 할 때 뭇 학생들은 개인 경험을 바탕으로 자유롭게 쓰면 된다고 생각하지만 그렇지 않습니다. 오히려 교과서에서 배운 환경 보호에 관한 개념을 '인용'하고 선생님께서 평소 자주 사용하시던 어휘와 표현을 사용해 작성하는 게 좋습니다. 중요한 점은 내가 선택한 접근 방식으로 얼마나 일관성 있게 논지를 전개하느냐, 출제자가 제시한 조건에 맞게 또 평가 기준에 맞게 얼마나 적절하게 내용을 구성하느냐입니다.

선생님은 학생이 어떤 생각을 하고 어떤 태도를 지니며 학업 성취도가 얼마나 되는지 알고 싶어 합니다. 따라서 글쓰기 평가 기준은 보통 내용의 충실성, 구성의 체계성, 표현의 정확성, 창의성 등으로 구성됩니다. 선생님마다 또 교과서마다 구체적인 평가 기준은 다르겠지만 이 기준에서 크게 벗어나지 않습니다. 각 요소는 독립적이면서도 서로 유기적으로 연결돼 있습니다. 아무리 아이디어가 참신하다 해도 이를 논리적으로 구성하지 못하면 좋은 평가를 받기 어렵습니다. 반대로 형식이 완벽해도 내용이 진부하다면 이 역시 높은 점수를 기대하기 어렵습니다.

이런 다면적 평가 기준은 학생들에게 더 다양한 가능성을 제시합니다. 내 강점을 최대한 살리면서도 부족한 부분을 보완할 기회를 주기 때문입니다. 결국 글쓰기 평가에서 높은 점수를 받기 위해서는 주어진 평가 기준을 정확히 이해하고 이를 내 글쓰기 스타일과 조화롭게 결합하는 능력이 필요합니다. 이는 단순한 암기나 문제 풀이와는 다른 차원의 역량을 요구하며 이 과정을 통해 학생들은 더욱 풍부한 사고력과 표현력을 기를 수 있습니다.

아래 평가 기준을 잘 숙지해 선생님이 감동받을 만한 글을 써봅시다.

평가 기준 1 내용의 적절성

- ◎ **주제 이해도**: 주제를 명확히 이해하고 있는지 평가합니다. 서·논술형 글쓰기에서는 질문 내용인 '발문'을 정확히 이해하고 해석하는 게 가장 중요합니다. 또 교과서에서 배운 내용과 그 주제를 일치시키려는 노력이 필수입니다
- ◎ **근거의 명확성**: 주장을 뒷받침하는 근거가 분명하고 논리적이어야 합니다. 예를 들어 "학교에서의 독서 시간이 부족하다"라는 주장을 제시할 경우 신뢰도 있는 연구 기관이나 타당성 높은 통계 또는 연구 결과를 통해 이를 뒷받침해야 합니다.
- ◎ **정보의 정확성**: 좋은 근거는 좋은 정보 수집에서 나옵니다. 좋은 정보란 정제된 정보를 말합니다. 가공되지 않은 정보는 정보로서 가치가 없습니다. 내 주장에 적합하도록 정보를 깎고 다듬는 시간이 필요합니다. 또 글에 포함된 정보는 사실에 기반을 둔 신뢰할 수 있는 정보여야 합니다. 가령 역사적 사건을 다룰 때는 정확한 연대와 사실을 제시해야 하므로 두 번, 세 번 검토해야 합니다.

평가 기준 2 글의 구성 및 구조

◎ **논리의 일관성:** 글의 전개가 논리적으로 일관되게 이뤄져야 합니다. 서론에서 제시한 주제가 본론과 결론에서도 다뤄져야 한다는 뜻입니다. 좋은 글은 첫 문단부터 마지막 문단까지 하고 싶은 말이 일정합니다. 모든 문단의 키워드가 서로 같을 필요는 없지만 글 전반에서 느껴지는 논지와 분위기는 비슷해야 합니다. 기억해 주세요. "모든 문장은 주제를 향한다. 모든 문장은 주제의 보조 문장이다."

◎ **서론, 본론, 결론의 구분:** 글의 구조가 명확해야 하며 각 부분이 잘 연결돼야 합니다. 서론에서는 주제를 소개하고 본론에서는 주장을 펼치고 결론에서는 요약하거나 제언을 하는 게 일반적입니다. 하지만 개인 역량에 따라 그 구조를 바꾸거나 순서를 바꿀 수도 있습니다. 오히려 이럴 때 좋은 점수를 받기도 합니다.

◎ **문단별 명확성:** 각 문단의 주제가 특정돼야 하며 독자가 쉽게 이해할 수 있도록 문단을 구성해야 합니다. 문단이 달라진다는 건 전달하고 싶은 메시지가 달라졌음을 의미합니다. 그렇다면 한 문단 내에도 주장과 근거, 부연 설명과 예시가 각각 있는 게 좋습니다.

평가 기준 3 　표현 및 문체

- **문장의 간결성과 명료성:** 문장이 지나치게 길거나 복잡하면 독자가 이해하기 어렵습니다. 간결한 문장은 독자의 주의를 끌고 메시지를 명확히 전달합니다. 결국 중요한 건 학교 선생님께서 내 글을 얼마나 편하게 읽으셨느냐입니다.
- **적절한 어휘 사용:** 주제에 맞는 어휘를 사용해 글의 전문성을 높여야 합니다. 적절한 어휘 사용은 해당 주제에 대한 이해도를 드러내기에 가장 좋은 방법입니다. 자료 조사를 충실히 하고 주제를 깊이 탐구해본 학생은 해당 분야에 자주 사용하는 전문용어를 글의 중요 부분에 잘 활용할 수 있을 겁니다.
- **독자 배려:** 독자의 이해를 돕는 문장과 표현을 사용해야 하며 불필요한 전문용어는 피하는 게 좋습니다. 앞선 항목에서 적절한 어휘를 사용하라고 했지만 이 말이 어려운 전문용어를 무분별하게 남발하라는 뜻은 아닙니다. 전문용어는 꼭 쓰여야 할 맥락을 잘 판단해 절제해 사용하고 그 외에는 독자가 이해하기 쉬운 표현으로 문장을 구성해야 합니다.

평가 기준 4 논리성과 설득력

◎ **주장의 근거와 결론 구분**: 주장을 펼칠 때 근거와 결론을 명확히 구분해야 합니다. 주장이 뒷받침되지 않으면 신뢰를 잃게 됩니다. 주장과 근거를 문단으로 구분하거나 논리기호를 통해 구별할 수 있습니다.

◎ **반대 의견 반박**: 내 주장에 반대되는 의견을 이해하고 이를 반박하는 논리를 제시해야 합니다. 좋은 글이란 예상되는 반박과 이에 대한 재반론까지 포함한 글입니다. 이럴 때 선생님은 학생이 이 주제를 깊이 고민했다고 받아들입니다.

◎ **설득을 위한 충분한 근거**: 상대방을 설득하기 위해서는 다양한 근거를 제시해야 하며 감정적 호소보다는 논리적 설명이 중요합니다. 요즘엔 AI 활용이나 정보검색이 쉬워 많은 정보를 얻을 수 있습니다. 오늘날 중요한 점은 써야 할 주제에 맞게 그 수많은 정보를 정리하고 적절히 재가공해낼 수 있느냐입니다. 인터넷에 떠도는 흔한 내용을 그대로 베껴다가 쓰는 일은 없어야겠죠.

평가 기준 5 형식과 문법

◎ **글씨의 바름 정도**: 글씨가 깔끔하고 읽기 쉬워야 합니다. 바른 글씨

는 평가자에게 긍정적인 인상을 줍니다. 나만 알아볼 수 있는 글씨로는 좋은 점수를 받을 수 없습니다.

◎ **문법과 맞춤법의 정확한 사용**: 문법적 오류나 철자 실수가 없어야 하며 문장부호를 올바르게 사용해야 합니다. 글쓰기 문법이나 맞춤법은 한번 제대로 배워두면 평생 남을 교양이 됩니다.

◎ **정형적·비정형적 문장구조의 조화**: 평가를 위한 글은 사실 정형적 문장입니다. 글쓰기 원칙과 규칙에 충실히 따르는 게 좋다는 의미입니다. 하지만 이런 글에는 학생의 개성이 잘 묻어나지 않습니다. 따라서 글쓰기에 어느 정도 자신감이 붙었다면 큰 틀에서는 일반적 글쓰기 규칙을 준수하되 세부 내용이나 특정 단락에서는 나만의 개성을 발휘해 자유롭게 쓰는 것도 좋은 점수를 받을 수 있는 비법입니다. 매번 똑같은 형태의 글만 쓰면 글이 단조롭고 지루해집니다. 이때 톡톡 튀는 나만의 어조와 표현법을 사용하면 문장이 훨씬 더 매력적으로 바뀝니다.

평가 기준 6 내용의 독창성과 창의성

◎ **독창적 생각**: 주제와 관련된 나만의 독창적 생각을 표현해야 합니다. 독창적 생각을 찾는 방법은 나 자신과 얼마만큼 '내적 대화'를 했는지, 주제나 글감과 얼마나 '외적 대화'를 했는지가 좌우합니다.

◎ **창의적 표현과 비유 사용:** 창의적 표현이나 비유를 통해 선생님의 흥미를 끌 수 있습니다. 비유와 예시가 필요한 순간에는 상투적이거나 남들도 쉽게 떠올릴 수 있는 밈은 지양합니다.

◎ **솔직한 자기 생각과 감정 표현:** 내 감정이나 생각을 솔직하게 표현함으로써 글에 진정성을 더할 수 있습니다. 논술형 글에는 특히 감정이 어느 정도는 표현되는 게 좋습니다. 너무 딱딱하기만 글은 매력이 없거든요.

평가 기준 7 자기반성 및 성찰

◎ **자기비판적 사고:** 글쓰기를 하면서 내 생각과 감정을 비판적으로 검토해야 합니다. 예를 들어 '내가 주장하는 바가 과연 충분한 근거가 있는가?' 하는 질문을 던지는 것도 중요합니다. 내 글을 돌아보는 과정은 깊이 있는 글쓰기를 가능하게 합니다. 요즘에는 논술 학원에서 선생님이 첨삭을 해주시는 경우가 많은데, 이는 썩 좋은 공부 방법은 아닙니다. 내 글을 돌아보고 손수 고쳐나가는 자기 첨삭이야말로 진정한 성장을 가능케 하니까요.

◎ **자기 발전과 변화 경험 기술:** 글쓰기 과정에서 느낀 발전이나 변화가 있다면 이를 기술해야 합니다. 예를 들어 "이 글을 쓰면서 환경 문

제에 대한 이해가 깊어져 쓰레기를 길에 버리지 않고 주머니에 쌓아두게 됐다"라는 식의 재치 있는 표현도 할 수 있습니다. 이런 자기 성찰은 글의 깊이를 더하고 독자가 글쓴이의 성장 과정을 이해하는 데 도움을 줍니다.

맺음말

잘했다, 잘하고 있다, 잘할 것이다

한번은 수업 시간에 이런 질문을 한 적이 있습니다.

"너희는 스스로 공부를 잘한다고 생각하니, 못한다고 생각하니?"

동시에 수백 명씩 듣는 온라인 수업이라 아이들의 개성만큼 성적도 다양한 학생들이 많았죠. 그런데 아이들의 대답은 한결같았습니다.

"못한다고 생각해요…."

아무리 대한민국이 겸손을 미덕으로 여기는 나라라 해도 모든 학생이 그렇게 말하는 게 참 마음 아팠습니다. '모난 돌이 정 맞는다', '나대지 마라'라는 말이 마음에 깊이 새겨져 스스로를 과하게 낮추는 걸까요? 아이들이 이렇게 대답하는 이유는 아마도 주변에 자기보다 훨씬 더 부지런하고 열심히 하는 친구가 있기 때문일 겁니다. 혹은 부모님이 세운 기준이 너무 높은 나머지 자신은 늘 그 기준에 못 미친다고 생각하기 때문일 수도 있고요. 어느 쪽이든 아이들의 마음속에는 '잘함'보다 '못함'의 관점으로 자신을 평가하는 잣대와 스스로를 게으르다고 여기는 무거운 짐이 들어 있다고 느껴졌습니다.

이런 아이들에게 해주고 싶은 말이 있습니다.

"너를 너무 다그치지 마. 조금 천천히 가도 괜찮아, 지금도 충분히 잘하고 있어."

내가 나를 아끼고 사랑하는 태도는 공부 자신감과 성적으로 이어집니다

현재 아이가 처한 환경과 상황에서는 지금 하고 있는 공부가 최선일 겁니다. 스스로 게으르다 느낄지언정 그 게으름까지도 지금은 최선일 수 있어요. 봄이 되어야 꽃이 피듯 시간이 지나며 조금씩 부지런해지는 것이지, 하루아침에 마음만 먹는다고 게으름이 사라지진 않으니까요.

결국 스스로를 다그치는 태도가 아닌, 문제를 정확히 파악하고 해결하는 태도로 다가가야 합니다. 문제를 틀렸을 때 가장 먼저 해야 할 일은 이 문제가 '나와 관련된 문제인가' 아니면 '나와 관련되지 않은 문제인가'를 구별하는 일입니다.

이때 나와 관련된 문제는 현재까지의 지식 수준에서 해석의 관점을 바꾸고, 문제 풀이 순서를 바꾸고, 전략을 다시 짠다면 맞힐 수 있는 문제를 말합니다. 이에 반해 나와 관련되지 않은 문제는 내가 나를 아무리 쥐어짜 봐야 특정 지식이 없어서 결국 틀리게 되는 문제를 말합니다. 그러니 이때는 자신을 다그치기보단 이론 암기와 지식 습득으로 시선을 돌려야겠죠.

성적이라는 결과에 연연하다 보면 나와 관련되지 않은 문제에 빠지게 됩니다. 현재 내가 바꿀 수 없는 교육 환경, 미처 다 기르지 못한 끈기, 지금은 이기지 못하는 다른 친구들… 이런 것에 집착해봐야 스스로 괴로움만 불리는 겁니다. 저도 한때는 주말에 공부를 해야 하는데 5시간째 침대에 누워 있는 제 자신을 보고 한심하다 느끼고 스스로 욕한 적이 많았습니다. 마음으로는 나보다 공부를 잘하는 친구에게 자격지심을 느끼면서도 정작 행동에 옮기지 않아 더 괴로웠죠. 하지만 그조차 '나'인 걸 어떡합니까? 이 모든 것이 나의 일부라고 받아들여야죠. 이렇게 스스로 인정하고 나니 새로운 것들이 보이기 시작했습니다.

이때부터 저는 '나와 관련된 문제'를 주체적으로 개선하고 바꾸고자 했습니다. 5시간 동안 누워 있고 하루 3시간밖에 공부를 못 하면 그 3시간을 기똥차게 잘 보내면 되는 거죠. 이왕 공부할 거 제대로 하겠다는 마음으로, 핸드폰도 꺼두고, 화장실도 미리 가고, 완전히 집중해서 한다는 생각으로 임했습니다. 주어진 환경 내에서 시간을 효율적으로 활용하려는 노력만이 제가 살길이라고 생각했거든요. 소위 말해 학습 태도가 좋아진 겁니다. 이렇게 3시간씩 좋은 태도로 공부하니 성적이 조금 더 올라와서 그때부터는 욕심이 더 나더라고요. 꾸준히 좋은 학습 태도를 연마한 결과, 이렇게 아이들을 가르치고 책도 쓰게 됐습니다.

저는 요즘 제자들에게 이렇게 이야기해줍니다.

"공부를 못한다는 감정을 버리자, 애들아. 자신이 한 공부에 충분히 기쁨을 느껴도 돼. 80점이면 잘한 것이 80%인데, 왜 부족한 20%에만 시선이 머무르니? 너희가 이미 이룩한 것들, 이미 알게 된 것들을 바라보렴. 그것이 앞으로 나아갈 힘이 될 거야."

공부라는 단어 'study'의 어원은 'stúdĕo'로 열중, 열망이란 뜻입니다. 공부란 결핍을 느끼고 괴로워하는 것이 아닙니다. 공부의 참된 기쁨은 알아가는 과정, 성장하는 순간에 있습니다. 100점 만점에 80점을 받았다면 부족한 20점이 아니라 이미 자신의 것이 된 80점에 의미를 두세요. 그 80점은 당신의 노력과 성장의 증거입니다.

못함에서 잘함으로 시선을 옮기는 일은 단번에 되지 않습니다. 단 오늘 하루, 여러분이 해낸 작은 성취의 기쁨을 느껴보세요. 그까짓 문제, 틀려도 괜찮습니다. 그 문제를 발판 삼아 어제보다 오늘 한 걸음 더 내딛을 수 있다면 그걸로 충분합니다.

그러니 우리 딱 세 문장만 기억합시다.

"잘했다, 잘하고 있다, 잘할 것이다."

감사의 말

당신이 가진 가능성은 당신이 생각하는 것보다 훨씬 더 크고 무한합니다. 포기하지 않고 천천히 걸어간다면, 반드시 원하는 곳에 도착할 수 있을 것입니다. 당신의 태도를 진심으로 응원합니다.

이 책은 지난 2년간 학부모 및 학생들이 보내준 질문에 대한 대답에서 시작됐습니다. 그 간절한 마음과 정성에 보답하고자 초판에 닉네임과 학생들 이름을 싣습니다. 감사합니다.

고등 학부모 단톡방
^^/중2/대구
♣힘내요요/고3/중계
0043원하는곳으로/대치
0612/고3/울산
1등급/고1/경북
1등급/고2/경기
26에는꼭합격하자!!/N수/부산
2년/고1/경기
2세월/중3/서울
가으리/고1/경기
가을/고1/서울
가자/고3,중1/충남
가지만/N수/경기
감사/고3/서울
개똥맘/고1/서울
개츠비/고1/경기
건강하자/고3/경기
결국해낸다11111/고3/충북
경경/고1/중계
경례하는프로도/고1/서울
고1엄마/고1/울산
고고씽~/고2,고3/경기
고등맘/고1/강원
고슴도치/고1/경기
고진감래/고3,중1/서울
골드/고2/강동
구름/고1/경기
구름위로/고1,중1/경기
국어100/고1/경기
국어1등급/고1/서울
국어1등급가자/고2/전북

국어미안/고2/서울
국어성적점프/고1/서울
국어올백ㅋㅋ/고1/서울
국어올인/고1/서울
국어제발/고1/용인
국어하는소년/중3/경기
굶어/고1/양산
귀욤/고1/서울
귀욤/고2/부천
귤나무/고2/남양주
귤트리/고2,초4/경기
그래/고3,중2/서울
그랜/고1/서울
그루터기/고3/인천
그린/고1,중1/경기
그린/고2/경기
긍정/고2,중2/서울
긍정/고3/경기
긍정의힘/대1/부산
김규림맘/중1/대구
까비/대1/분당
꽃길/고1/경기
꿈/고1,중1/경기
꿈/고1/서울
끝내이루리라/고3/분당
끼리/고1/경기
나나/고2/서울
나나/중1/대구
나팔소년/고1/경기
나팡/고1/부산
날아라/고3,고1/서울
날아보기/중3/서울

날아올라/고2/부산
남학생맘/고2/부산
너울/고2/서울
너의꿈을응원해/고3/남양주
너의힘을믿어/고1/경기
네네/중2/서울
네오/고1/경기
네오/고3
노팅힐/고1/경기
눈꽃/고2/서울
눈마새/고1/경기
늘좋은생각/고1/대전
늘푸르게/고3/경기
닐리리/중3/노원
다시/중3/서울
다옴/고2/서울
단미/고2
달콤/고2/송도
달콤맘/고1/마산
당근/고1/서울
당당한걸/고3,고1,초6/대구
대2고2맘/대2,고2/경기
대단한무엇/고1,중2/경기
대학가자/고1,고2/서울
더불어/중2/경기
덜덜덜/고1/경기
덱지/고2/울산
도도로/고1/경남
도비/중3/서울
독학/고2/경기
돈다발좋아하는무지/고2/경기
동굴이/고3/서울

동글동글/고1/경기
될분/N수/대구
두부/고2/경기
두후니/고2/서울
둘찌/고1/경기
듀브/대3/경기
드림컴츄르/고2,중2/경기
드림하이/고2/서울
등급문단속꼭꼭/고2/경기
딥그린/고1/서울
딸기우유/고1/서울
뚜두/고2/경기
뚤이/고1/경기
똥콩별/고1,중1/경기
뛰뛰/고2/서울
띔복/고1/서울
띵스/고1/전남
라떼/고1/대구
라떼/고2/경북
라라스윗/고1/서울
라이언/고1/경기
라이언/고1/경남
라이언/고1/서울
라이언/고2/서울
라이언/중2,초6/광주
라이언/중3/서울
라이언윤/고1
라임/중2,초6/서울
러빔/고2/광주
레몬에이드/고2,고1/경기
레오/고3/경기
레이나/고1/부산

루나/고1,중2/서울	바로네/고2/남양주	새우깡/고1/경기	아하/고1/부산
루시/고1/서울	박빈/고2/서울	생각하는라이언/고1/경기	안드레아/고1/경북
루이어미/중3/송파	반짝반짝/고2/경남	생각하는라이언/고2/서울	안졸려/고2/경기
루카스/고1/경기	밝은미래강그들/고1,중2/경기	샤틴/고1/충남	알바트로스/중3,초6/남양주
룰루/고2/세종	배움/고2/경기	서포트올/중3/경북	애니를사랑하는/고1
리/고1/서울	버터/고2/경기	성복/고1/서울	애듀맘/중1,초2/수지
리듬/고1/서울	벚꽃/고2/서울	성실무적/고1/경남	애플망고/고3,고1/청라
린맘/고3/서울	벚꽃동화/고1/경기	세현/고3/서울	앨리스/N수/경기
릴리아/고2/부산	벚꽃비/고2/경기	셋맘/고3/부산	야호/고1/경기
마니/고1/서울	벚꽃엔딩/고2/경기	소망/고1/서울	어드미션/고3/충남
마라톤/고2/울산	베튀쏜/고2/서울	소망의열매/고3/서울	어리버리/고1/서울
마리/고2/창원	벤틀리/고1,중1	소소/고1/경기	어피치/고2/서울
막내이모/중1,초5/광주	별빛/고1/서울	소심네요/고2/경기	어피치/대1/경기
만두/고1,고2/서울	봄/고2/부산	솔과섬/N수,고1/경기	얼루프/고1/서울
말하는대로/고1/인천	봄날/고2/경기	수능만점받고유퀴즈로/고3/부산	엄마는외계인/고2/대구
망보밥/고2/경기	봄날/중3/서울	수업/고1/서울	엄마의기도/고3,중3/경기
맵시/고1/대구	봄날/N수/서울	수젠/고2/노원	엄지척/고3,중3/부산
머리빗는네오/고1/서울	봄바람/고2/경기	수학의신/고3/분당	엄지척/고1/서울
머리빗는네오/고2/경기	봄봄/고3,고1/경기	수험생/고2/서울	엄지척/고2/부산
머리빗는네오/중3/서울	봄봄/고1/서울	숲/중3/서울	엄지척/고2/서울
먹보/고2/서울	봄봄/고2/대구	숲속이/고2/서울	엄지척제이지/고3/경기
멋쟁이/고1/경남	봄봄/중3/경기	스마일/고1/전남	엉엉/고1/서울
멋쟁이프로/고1/경기	봄봄봄/중2/경기	스위리/고1/서울	엔니쭈/고2,중2/세종
멋지게해내선/고2/서울	봄/고1/세종	스카이/고1/서울	여기/고1/숭계
멋진독수리/고3/서울	분당초딩맘/고2/경기	스토리맘/고2/서울	여니22/고1/경기
멋진딸채현수능대박/고2/대구	불금/고2/경남	시무룩한튜브/고3/서울	여름날/중3/경기
메이/고1/서울	불나게일하는/고1/경기	시안sky/고2/서울	역전을노려보자/고3/경기
모닝/고1/서울	뷰티풀마인드/고2/경기	신난어피치/고1/서울	연남매맘/고1,중1/경기
모소대나무/고3/경남	브라키오심/고3,고1	신난어피치/고3/아산	연이/고3/세종
무나/고1/서울	브론토사우르스/중2	신디/중1/서울	열공/고2/영주
무지/고1/경기	블로썸/고2/경기	심남매/고3,고1,중2/경기	열정/고2,고3/서울
무지/고2/서울	비비드리/고1/충북	심신수양/고1/경기	열정과믿음/고2,고3,고1/전남
무지개빛/고1/서울	비상구/고1/서울	싱아쏭/고1,중2/서울	열정맘/고3/경기
문샤인/고1/서울	빛나라/고1,중1/서울	써니/고1/서울	영/고2/부산
물컹이/고1/서울	빛나린/고1/서울	써니/고3,고1/서울	영영/고1/서울
뭐든되겠지/고1/서울	빠른달팽이/고1	써니사랑/고1/전남	예비/고1/전주
미니쁘니/고2/경기	뽀야/고1/서울	썬투맘/고2/전북	옐로우/고2/경기
미르/고2/서울	뿌꾸가자/고2,중1/전남	쏘치/고2/서울	오날/고2,중1/서울
미음/고1/경기	뿜뿜/고1/서울	씬나는나/고1/경기	오남매/고1/경기
민투맘/고1/서울	쁘리티맘/중2	아남매/고2,초4	오늘할일/고2,중1/서울
밀크티/고1/서울	사니사니/고2,중2/전북	아르헨/고1/경기	오반/고1,중1/동탄
밀크jk/고2/서울	사랑/고1/경기	아메/중3/경기	오월/고1,중2/울산
밍밍/고2/서울	사랑/고2/경기	아몬드/고1/서울	오작교/고1/중계
바닐라/고1/서울	사베트튤립/고2/서울	아씨/고1/경기도	오후/고1,중2/경기
바라는대로/고2,중1/서울	상승곡선/고2/대전	아자자/강원	온/고2/경기
바람쏘는어피치/N수/경기	새싹/초5/판교	아침이슬/N수,고1/서울	온맘/고2/경기

완숙/고2/서울
외출/고1/강원
용이/고1/경기
우주상항/고2/경기
우후우맘/중3/충남
윈터/고1/서울
유니유/고2/대전
유니콘/고2
유니크한/고1/경기
유진쓰/고1/부산
윤진/고3/세종
윤하쓰/고1
응원하는/고3/서울
응원한다/고2/서울
이루다/고3/부산
이루자/고1/서울
이오르/고3/세종
이정윤짱먹어♡/중3/서울
인내여신/고1/서울
인생/중2/서울
인생공부/대4,고1/부산
인팁/고2
자성화/고3/경기
작은별/고2/경기
작은습관/고1/서울
잘될아들♡/중1/대전
잠만보/고2/서울
잠재력/대1/서울
장윤서/고2/서울
재다맘/고1/목동
재서맘/고1/인천
저팔계/고1/경기
정솔/고1,중2/인천
제발/고2/서울
제비꽃/고2/경기
제이/고3,고1/서울
제이/고1/서울
제이지/고1/서울
제인/고3/경기
젤라또/고1/인천
젤리/초6/경기
조은/고2/경기
졸린라이언/고3/서울
좋아요/고3/인천
좋은날/N수,고1/경기
주니/고1/경기

주주/고3/경기
주한우진힘내/중1/대구
줄리아/고2/서울
중2맘/중2
쥬리닝안경네오/고1/서울
즐거운네오/고3/서울
즐거운네오/고2/서울
즐거운시간/중2/경기
즐겁게/고3/대전
지니/고1/서울
지민맘/고2/서울
지수/고2/서울
지혜/고1/전남
짱쥐짱/고3/서울
짱짱/고1/경기
짱짱쑹/고2,고1/강원
쩡아짱/고3,중2/경남
쭈맘/중3/경기
쭌맘/고2/경기
찐~/고2/서울
차니차니/고1/경기
차렛/고3/경기
천사맘/고1/경기
천하무적/고1/경기
초롱초롱/고3/경기
초보/고2/서울
초지일관/고2/경기
최강야구/고1/경기
최강의의꿈을향해/고3/부산
최병아리_퓨리즘/중2/천안
최선/고1/서울
최예림/고1/전남
축복/고1/광주
축복이/고3/경기
출발/고2
출발/고3/경기
충남/고2,중2
츄리닝/고2/노원
ㅋㅋ/고2/경기
칸트/고1/경북
커피/고1/서울
커피믹스2잔/고1/경기
케이/고3,중2/경남
코난/고2
코비/고1/경북
코코/고2/인천

쿠로미/고3/남양주
크레더블/대1/경기
클로버/고1/서울
키키/고1/서울
키티생각/고1/경기
탄산수/고1/서울
태양별/중2/서울
탱글/고1/경남
텅텅/고1/송도
퇴근하는프로도/중3/서울
투게더/고2/인천
튜브/고1/서울
튼튼맘/서울
파스타러버/중1/경기
파이팅/고2/경기
파이팅/고3
페페엄마/고2/남양주
포드랑/고2/목동
포토박스/고1/인천
푸른하늘/고3/분당
푸치파치/고2/서울
프란/대/중3/경기
프로도/고2/경기
프로도/중3/서울
피넛/고3,고1/용인
피오나맘/고2/서울
피치/고1/경기
핑키/고1/남양주
하나님을섬기는/고3/대구
하늘/고1/서울
하늘/중3/경기
하늘날다/N수/대구
하랑/고1/분당
하루/고1/경기
하이비스/고1/서울
하이준맘/고3,고1/경기
하임/고1/경기
하하/고1/서울
학부모/고1,고3/세종
한결같은응원이필요해/고1
할수있어/고1/중계
핫팅/중2/경기
해냄/대1,중3/경기
해님/고2/서울
해달처럼/고1/창원
해보자/고1/서울

햇반/고3,고1/충북
햇살/고3/경북
행복/고1/서울
허니리니/경기
헤라/고3
헤르미/고1/경기
헤야/고1/서울
혈님/고2/서울
홈런/고1,중2/상계
홍주오빠/고1/경기
화분/고3/서울
화이팅/고1,초5/서울
화이팅~/고3/세종
화창한어느날/고1/부산
후라우/중1/창원
후라이의꿈/고2/부산
후이린/고2,중3/서울
휘파람/고1
희망/고2/노원
희수/고3,고1/서울
히가시노/고3/경기
힘내/고3/경기
힘내자/고1/서울
힘내자/고1/충남
Alice/고1/경기
Bhit/고1/서울
ET정/중1,초5/충남
hyoon/고1,중3/경기
J_Yuni화이팅/고3/경기
JA응원해!!/중3/서울
jin/고1
jin/고2/경남
KKM/고2/대전
KU27학번합격기원/고2/서울
MBM/고1,초6/경기
min/고3/경기
minnie/고2/노원
mj/고1/서울
NADA/고1
nicol/고3/인천
Shine/고1,중2/부산
shiny/고2/대전
Sins/고1/서울
sky럼/고3/서울
tjsdud/고1/충북

중등 학부모 단톡방

♡공부는마음/중3/부산
♡알바트로스/고1,중1/경기
♡폴입배/중3/경기
1등급/중2/경기
개구쟁이원/중3/서울
개츠비/중2
갬성/중3/인천
곤고딩/중3/경북
골트리/고1,초3/경기
구름빵/중2/서울
구름정솔/고1,중2/인천
국국/중2/경기
국어너란/중1/경기
국어와/중2/경기
굿데이/중2/경기
권투하는무지/중1,초5/경기
귀룽/중3/중계
귀요미정시우/중2/서울
그래/중3/경기
그러라고그래/고1/서울
금손/고2,중2/대전
기쁨/중3/중계
기쁨이/중2/서울
김규림/중1
김소윤/중2/무안
김스/중3/도봉
까미/중2/경기
꼬맹씨/중1/분당
꾸준히/중1/대전
꿈꾸는/중1/서울
꿈을향해한발짝씩/중3/경기
꿈이있는시간/중2,초6/경기
끝이오나/중1/경기
나나나/중2/경기
나이아가라/중3/경기
나핑/중1/부산
난나야/중2/경기
남나미/중3/고양
남매엄마/중2/경기
낭냥/중2/경기
네오/중3/인천
노랑/중2/경기
노을/중1/강남
노을/중3/서울
누구보다빛날지후/중2/대구

늘David을응원해/중1/서울
능력/중3/서울
다이나국어1등급가자/중2/경기
단단한나무/초5/경기
단단해져라/중3,중1/경기
단미/중1
달꽃/중1/서울
뎅이/중2/분당
도로롱/중1/경기
도전/중2/서울
동굴이/중2/서울
동동/중2/인천
될놈/고1,중2/노원
두딸맘/중3/서울
두워니/중3/경북
디링/중1/경기
딸기/중3/서울
딸둘키우기/중3/서울
땡스/고2,중2/경기
또엄지척/중2/중계
똑똑한고양이/중2/세종
똔똔/중2/경기
똘똘이/중2/서울
뜸냥/중2
라떼/중3/경북
라미지니여니/대2,대1,중2
라이언/중2/서울
라이언/중3/서울
라이언/중3/충북
러브/중2/서울
럭키숌/고1/경북
럽진/중2/경기
레몬/중3/서울
레인/중3,중1/포항
레인/중1/부산
레인보우/중2/서울
루피/중1/세종
리/중1/서울
리아/중3/서울
마린/중3/서울
마술손가락/평내
망고/중2/서울
맹모/중1/서울
머나/중1/충북
머큐리/중1/경북
멋쟁이/중1/경남

멋쟁이프로도/중3/서울
모네/중2/경남
모찌/중2/고양
몽쉘/고1,중2/서울
무조건된다/중3/서울
무지개/중2/경북
문샤인/중2/서울
뭉치/중1/서울
미니/중3/울산
미라/중3/서울
미라클연/중3/경기
민사랑/중1/서울
민형제/중1,초5/광주
밍기뉴/중1/대구
박빈/중2/서울
반짝반짝/중2/경남
반짝반짝/중3/충남
반짝반짝/중4/서울
밤톨주원/초5/서울
백건우/중2/경기
백업없고내만믿고간다/고1
베베사랑해/중2/일산
벤자민/중2/서울
별이/중2,중2/경기
보라/중1/경기
복복이/중2/경기
봄/중1/서울
봄꽃/중3/서울
봄나들이/중3,초6/분당
봄봄/중2/하계
부릅/초6/서울
브금술사/대2/서울
블러썸/중1/경기
블루/중4/서울
비든구름/중1/경기
빅픽쳐/중3/서울
뽕뽕/중4/경기
뽕뽕라이언/중3/경기
뿌루/중1/서울
뿌리타맘/중3/인천
살럿/중1/서울
삼남매맘/중1,초4,초1
삼세판/중3/대구
새싹/중2/대구
생각하는라이언/초5/서울
서린/중1/대구

서연고짱/중3/서울
선사인/중1/경기
성실한문어/중1/경기
세상을빛낼심예진헛팅/고1/경북
소소/중1/경기
소심한네오/중1/수지
소심한네오/중2,중2,초1/대구
손흔드는라이언/고1/서울
솔선/중3/서울
수/중2/분당
수리수리/중2/인천
스마일/초2/경기
스마일/초4/서울
스토리/고1,초5/서울
승승/고1,중1/송도
신디/중1/서울
실버/중1/부산
싸콩/중1/울산
쎄니/고1,중2/서울
쎄니/초6/중계
쏘엔/중3/서울
쑥인프로도/중2/서울
씨네/중2/서울
아니/고3,중2/서울
아보카도/중2/경기
아우구스투스/중1
아이스크림/고1/경기
아카시아/중3,초5/송도
아하/중2/부산
알로알로/초1/부산
애플/중3/중계
엔/중3/서울
앨리스/중3/인천
어핏/중2/부산
엄마쓰/중3/서울
엄지척/중1/경기
엄지척/중1/서울
엄지척/중2/서울
엄지척제이지/중2/경기
엄지척프로도/중3/서울
에밀리/초6/분당
엘레나/중1/서울
엘레노/중1/강남
역전/고3,중2/하계
열공/대1,중3/경기
열공무지/중1/서울

열심히/중1/경기	코코/중2/서울	학생	김대근	김재윤	문지유
열정/중3/서울	콩이/중2/대전	강경진	김도연	김재은	문찬서
영영/중1/서울	크라상/중2/서울	강나윤	김도원	김정연	문태인
예동도맘/중2/아산	크로바/중2/경기	강다윤	김도윤	김정원	문하은
예서맘/중2/서울	클옵/중2/경기	강다인	김동현	김정현	민지유
오렌지나무/중2/경기	태하/중2/고양	강동우	김두경	김조율	민지홍
오후/중3,중1	투윤/중3,중1/대구	강세은	김두연	김종우	박건우
와니니/중2/광주	튜브/대3/경기	강수현	김민결	김주아	박규민
완숙/고1,초6/서울	튜브/중1/서울	강예진	김민서	김주용	박규현
요미이뻐/중1/경기	튜브/중3/서울	강윤구	김민석	김주원	박다윤
요이모/중3/남양주	튜튜/중1/전남	강윤서	김민식	김주한	박동아
울산초6엄마/초6	파이팅/중2/서울	강은우	김민재	김준혁	박민준
워니의꿈을향해/고1,초1/부산	파이팅/중3,중1/서울	강태웅	김민정	김지안	박소윤
월계/중2/노원	프로도/중1/수원	강현승	김민준	김지욱	박소은
유리/중3/경기	피넛/중3/용인	고강민	김민채	김지운	박소정
유스티나/중1/분당	필송/중1/경기	고승우	김민현	김지율	박솔빈
유찡/중1/경기	핑크향기/서울	고연우	김보미	김지태	박승민
윤도맘/중2/서울	ㅎㅎ/중3/경기	고영서	김보민	김지효	박승호
윤림/중2,중3/경북	하늘/중1/서울	곽다인	김보영	김지후	박시언
윤윤맘/중2/서울	하하맘/중2/경기	구가온	김산엽	김태민	박시후
으쌰/중3/서울	핫팅/중1/서울	권도형	김상준	김태용	박영서
이루리/중3/경기	해피/중2/서울	권리윤	김서영	김태하	박예림
이미/초3/경기	햇빛쨍쨍/중3/서울	권민재	김서원	김태형	박은소
인내/중3,중2/서울	햇살/중1/경기	권범서	김서윤	김하윤	박주원
일단해보자/중2/부산	행복/중3/서울	권소연	김서준	김하진	박주윤
잘할수있다!!/중2/경기	현정/중3/서울	권순찬	김서희	김현우	박주현
장서연/중2/서울	호호/중1/서울	권예설	김선유	김형준	박준성
제이지/중1/서울	화이팅/중1/중계	권윤지	김성운	김효솔	박지민
제일중요한건내자신/중3	화이팅/중2/서울	김가민	김세은	나예서	박지우
종달새/중3,중1/남양주	힘내/중1/서울	김가은	김소민	남궁유정	박창민
좋아요/중2/송도	Albert/중2/경남	김가인	김소영	남기령	박태양
주주/중3/경기	baituzi/중2/용인	김강규	김소윤	남윤나	박하정
중3엄마/중3/서울	beatriz/중2/서울	김강운	김소희	남윤아	박해환
지나/중2,초6/광주	carrat소녀/고3/서울	김건우	김승아	노경남	박혁준
지니/중3/서울	CE/초5,초2/서울	김경민	김승은	노서윤	박현옥
지니/중3/중계	hoho/고1/서울	김규리	김시연	노은재	박혜신
쯤/중2/서울	jamie/중1/서울	김규연	김시우	노하은	방서윤
체리티/중2,중1/경기	joy/중1/대전	김규은	김영일	노현승	방지환
초롱초롱/고1/경기	my/중3/중계	김기태	김영진	노희재	백건우
초이/고1,중2/서울	Riley해피/중1/서울	김나겸	김예림	류시현	변서윤
초초롱/중1/서울	rusidi79/2/부산	김나경	김예성	류하은	서래안
춘식/중2/서울	sh또바기/초5	김나현	김유경	마채환	서민석
치코리타/중3/세종	wons/중2/천안	김나혜	김유현	모상현	서연우
친절/대2,고3,고1/경기		김남운	김율언	문소연	서영서
카카오/중3/서울		김다은	김인우	문예찬	서현진
케이트/중1/경기		김다현	김인호	문정현	성희수

감사의 말

손민서	유선유	이예지	임채은	조수빈	황유준
손우성	유승원	이우인	장다연	조수아	황자운
손유건	유승훈	이우진	장민서	조승우	황정연
손윤진	유시현	이유솔	장서연	조예원	
손정원	유채원	이유수	장석원	조원석	
손제인	유하윤	이유정	장수아	조의범	
송아현	유현석	이윤서	장연우	조현기	
송예린	유현지	이은율	장윤서	주윤하	
송준혁	윤경미	이재곤	장윤희	지현주	
신수빈	윤동규	이재영	장준혁	진하율	
신수아	윤범훈	이재욱	장지빈	차예준	
신정화	윤별	이정민	장진원	차제호	
신지수	윤성호	이정원	장차숙	채지원	
신태경	윤승리	이정윤	장하진	최경준	
신현준	윤영찬	이정한	전수림	최동혁	
심예진	윤예린	이주연	전예림	최서영	
안가희	윤정후	이주현	전유은	최수이	
안서우	윤지원	이주형	전주한	최아리	
안지수	윤채빈	이준서	전지환	최아진	
안지환	윤하진	이준혁	정가윤	최예진	
안현우	이강민	이준형	정강현	최원강	
안형준	이강혁	이지애	정다교	최유주	
안혜진	이경민	이지우	정다원	최율원	
양석희	이경주	이지유	성난아	최촌녕	
양윤아	이광주	이지호	정상훈	최준영	
양혜원	이규정	이지후	정서우	최준우	
엄예서	이다연	이채림	정서윤	최준혁	
엄지율	이대현	이채영	정세연	최지율	
염정현	이도연	이채원	정승원	최한결	
염정훈	이동훈	이채윤	정승원	최한성	
예승윤	이민영	이채현	정시영	최혜림	
오선웅	이서연	이태우	정시우	하다애	
오성연	이서진	이하건	정시현	하한준	
오세린	이소정	이하빈	정아윤	한수아	
오영인	이솔민	이하연	정아인	한윤서	
오은성	이수민	이한별	정연재	한윤재	
오은찬	이승민	이현승	정우현	한지성	
오정민	이승연	이효주	정은찬	한채아	
오정환	이승우	임가은	정이안	한하영	
오채원	이시현	임동욱	정하음	허준휘	
오채윤	이신원	임예선	정현진	호은우	
왕소영	이어진	임율희	정혜윤	홍서연	
왕준영	이예빈	임은솔	정희선	홍예서	
원송현	이예성	임재우	정희재	홍주원	
유다녕	이예원	임준석	조동현	홍준서	
유다윤	이예은	임진리	조성윤	홍태규	

363

내신 시험 직후 해야 할 오답 체크리스트

1. 자기 객관화
- [ ] 시험 후 일주일 이내로 아래의 리스트 수행하기
- [ ] 시험 당시를 회상하며 그날의 기분과 감정, 컨디션 떠올리기
- [ ] 실제 시험에서 드러난 자신의 취약점 및 강점을 적고 자기반성 하기
- [ ] 문제 풀 때의 상황과 자신의 공부 수준을 고려해 틀린 이유를 객관적으로 파악하기
    - [ ] 암기 부족
    - [ ] 지문 이해력 부족
    - [ ] 선지 끊어 읽기 부족
    - [ ] 집중력 부족
    - [ ] 시간 부족

2. 비교하기
- [ ] 시험지와 시험 범위 자료를 1:1로 비교 분석하기
    - [ ] 교과서
    - [ ] 자습서
    - [ ] 참고서
    - [ ] 프린트물
    - [ ] 학원 교재
- [ ] 시험 범위 자료 중 본문, 날개, 쪽글 등 어디에서 문제가 출제됐는지 정확히 찾아보기
- [ ] 서술형은 시험 범위 자료 중 어디에서 주로 출제됐고, 출제 방향은 어땠는지 분석하기
- [ ] 문제가 변형되어 출제됐다면 어떤 방식으로 변형됐는지 파악하기
- [ ] 암기했어야 할 부분은 어디이고, 이해가 더 필요했던 부분은 어디인지 확인하기

3. 다음 내신 시험 준비하기
- [ ] 2번에서 비교 분석한 내용을 토대로 다음 시험 준비하기
- [ ] 기록해둔 내용을 바탕으로 수업 시간에 필기를 받아 적고, 다음 내신 자료를 미리 확보하기

모의고사 전날/당일/직후 해야 할 일 체크리스트

• 전날 해야 할 일
- [ ] 마지막에 볼 공부 자료 정하기
  - [ ] 절대 사탐, 과탐 공부를 새벽까지 하지 않기
- [ ] 소화 잘되는 음식 선정하기
  - [ ] 기운 내겠다고 소고기, 삼겹살, 참치 같은 음식 먹지 말기
- [ ] 수면 유도제 또는 개인적인 수면 방법을 고려해 충분히 자기

• 당일 해야 할 일
- [ ] 기분·감정 조절하기
  - [ ] 최고 성적을 받았던 모의고사 시험지 가져가기
  - [ ] 아침에 엄마랑 싸우지 않기
- [ ] 긴장 완화하기
  - [ ] 신경안정제 복용, 10분 명상 등 자신만의 방법 써 보기
- [ ] 시험 전, 집중력 유지하기
  - [ ] 마지막 공부 자료로 시험 전 워밍업하기
- [ ] 시험 중, 집중력 발휘하기
  - [ ] 내 실력을 점검하는 시간으로 생각하기
  - [ ] 성적에 너무 의미 부여하지 않기
  - [ ] 집중력 분배 경험 쌓기

- [ ] 점검 및 실행하기
    - [ ] 시간 관리 루틴 점검하기
    - [ ] 나에게 최적화된 문제 풀이 순서 실험하기
- [ ] 실패 경험 쌓기
    - [ ] 지금 실패해야 수능에서 실패하지 않는다

• **직후 해야 할 일**

시험이 끝나고 다음 단계가 중요합니다. 통계와 데이터를 기반으로 나의 부족한 부분을 개선해야 해요. 시험이 끝나면 긴장이 풀리고 힘들겠지만, 시험 감각이 생생할 때 데이터를 분석하고 전략을 세워야 합니다.

1. 자기 객관화

- [ ] 시험 당시를 회상하며 그날의 기분과 감정, 컨디션 떠올리기
- [ ] 실제 시험에서 드러난 자신의 취약점 및 강점을 적고 자기반성 하기
- [ ] EBSi 사이트에서 해당 학년 등급컷 확인하기
- [ ] 목표 등급의 원점수 확인하기
    - [ ] 몇 문제 이내로 틀려야 목표 등급을 받을 수 있는지 계산하기
- [ ] 각 영역별 어떤 전략을 썼다면 등급이 올라갔을지 생각하기
    - [ ] 문학
    - [ ] 독서
    - [ ] 화법과 작문
    - [ ] 언어와 매체
- [ ] 시험지를 분석하며 틀린 문제에 별표나 고난도 표시가 되어 있는지 확인하기
- [ ] 문제 풀 때의 상황과 자신의 공부 수준을 고려해 틀린 이유를 객관적으로 파악하기
    - [ ] 암기 부족
    - [ ] 지문 이해력 부족

부록

- [ ] 선지 끊어 읽기 부족
- [ ] 집중력 부족
- [ ] 시간 부족

2. 비교·분석하기

- [ ] 오답률 확인하기
  - [ ] EBSi 사이트 기출 분석 서비스 탭으로 이동하기
  - [ ] 해당 시험 오답률 BEST15 찾기
  - [ ] 어떤 영역이 고난도로 출제되었는지 확인하기
  - [ ] 출제 난도에 맞게 틀렸는지 확인하기
- [ ] 오답 비교·분석하기
  - [ ] 내가 어렵다고 느낀 문제 순위와 실제 오답률 BEST15 순위를 비교하기
  - [ ] 위의 순위가 같다면, 그 의미가 무엇인지 확인하기
  - [ ] 위의 순위가 다르다면, 내가 개선해야 할 사항이 무엇인지 확인하기
  - [ ] 선택률이 가장 높은 오답 번호를 찾고 찍어서 틀렸는지 풀어서 틀렸는지 확인하기
  - [ ] 남들도 다 빠지는 함정에 빠져서 틀렸다면, 고난도 문제를 대비하기
  - [ ] 남들은 안 빠지는 함정에 나만 걸렸다면, 기초 이론 및 방법론 공부에 집중하기

3. 기록 및 복습하기

- [ ] 2번, 3번 사항을 기록하고 눈에 띄는 곳에 두기
- [ ] 매일 국어 공부 하기 전, 기록한 자료를 1회 정독하기
- [ ] 다음 모의고사가 끝날 때까지 복습 반복하기
- [ ] 다음 모의고사가 끝나면 기록해둔 자료와 비교하기
  - [ ] 얼마나 개선했는가
  - [ ] 개선하지 못한 부분은 어디인가

나만 알고 싶은
국어 1등급의 비밀

초판 1쇄 발행 · 2025년 3월 28일

지은이 · 엄태욱
발행인 · 이종원
발행처 · (주)도서출판 길벗
출판사 등록일 · 1990년 12월 24일
주소 · 서울시 마포구 월드컵로 10길 56(서교동)
대표 전화 · 02)332-0931 | **팩스** · 02)323-0586
홈페이지 · www.gilbut.co.kr | **이메일** · gilbut@gilbut.co.kr

책임편집 · 이미현(lmh@gilbut.co.kr), 황지영 | **마케팅** · 조승모, 이주연 | **유통혁신** · 한준희
제작 · 이준호, 손일순, 이진혁 | **영업관리** · 김명자, 심선숙, 정경화 | **독자지원** · 윤정아

교정교열 · 김영근, 강설빔 | **디자인** · 정윤경 | **인쇄소** · 영림인쇄 | **제본** · 영림제본

- 잘못 만든 책은 구입한 서점에서 바꿔 드립니다.
- 이 책은 저작권법에 따라 보호받는 저작물이므로 무단전재와 무단복제를 금합니다.
- 이 책의 전부 또는 일부를 이용하려면 반드시 사전에 저작권자와 출판사 이름의 서면 동의를 받아야 합니다.

ISBN 979-11-407-1284-7 (03590)

(길벗 도서번호 050233)

독자의 1초를 아껴주는 정성 길벗출판사

(주)도서출판 길벗 | IT교육서, IT단행본, 경제경영서, 어학&실용서, 인문교양서, 자녀교육서 www.gilbut.co.kr
길벗스쿨 | 국어학습, 수학학습, 어린이교양, 주니어 어학학습, 학습단행본 www.gilbutschool.co.kr